Credo
내가 믿사오며

사랑을 더하면 온전해집니다.
이 모든 것 위에 사랑을 더하라 이는 온전하게 매는 띠니라(골 3:14)

— 사랑플러스는 이 땅의 모든 교회와 성도를 섬기는 컨텐츠를 중심으로 하는
국제제자훈련원의 자매 브랜드입니다.

내가 믿사오며 Credo

초판 1쇄 발행 2007년 10월 1일
초판 6쇄 발행 2014년 4월 14일

지은이 레이 프리차드　　**옮긴이** 박세혁

펴낸이 사랑플러스
펴낸곳 사단법인 사랑플러스
등록번호 제2013-000170호(2013년 9월 25일)
주소 서울시 서초구 효령로68길 98 (서초동)
전화 02-3489-4300　**팩스** 02-3489-4329
E-mail dmipress@sarang.org

ISBN 978-89-90285-50-8　03230
* 책값은 표지 뒷면에 있습니다. 잘못된 책은 구입하신 곳에서 교환해 드립니다.

내가 믿사오며

레이 프리차드 지음 | 박세혁 옮김

Credo

Copyright © 2005 by Ray Pritchard
published by Crossway Books
A publishing ministry of Good News Publishers
Wheaton, Illinois 60817, U.S.A.

This edition published by arrangements
with Good News Publishers.
All rights reserved.

Translated and used by Permission of Crossway Books
through arrangement of rMaeng2, Seoul, Republic of Korea.

Korean Edition Copyright © 2007 by SarangPlus, Seoul, Republic of Korea.

이 한국어판의 저작권은 알맹2 에이전시를 통하여
Crossway Books사와 독점 계약한 (사)사랑플러스에 있습니다.
신 저작권법에 의하여 한국 내에서 보호받는 저작물이므로
무단 전재와 무단 복제를 금합니다.

톰과 캐럴

마이크와 벳시

톰과 페이

우정의 참된 의미를 이해하는 그들에게

감사의 말

이 책을 처음으로 기획했던 마빈 패짓에게 감사한다. 빌 젠슨은 내가 명료하게 초점을 맞출 수 있도록 도와주었고, 테드 그리핀은 내가 이 원고를 끝내고 편집을 시작할 수 있기까지 엄청난 인내심을 가지고 기다려 주었다. 나는 레인, 이베스, 제프 데니스의 끊임없는 격려와 도움에 감사한다. 나는 1989년 이래로 일리노이의 오크 파크에 있는 갈보리기념교회를 목회자로서 섬길 수 있는 특권을 누려왔다. 이 교회의 교인들은 나와 함께 2004년에 6개월 넘는 기간 동안 사도신경 전체를 살펴보았다. 우리가 함께 사도신경을 공부하는 동안 그들의 기도가 나를 붙잡아 주었다. 마지막으로 아내 말린과 세 아들, 조쉬, 마크, 닉이 고맙다. 그 누구도 이보다 더 좋은 가족을 기대할 수 없을 것이다.

윌리엄 바클레이(William Barclay)가 사도신경에 관한 글을 썼을 때 그는 수 세기에 걸쳐 사도신경에 관한 글을 썼던 수많은 사람들에게 빚을 졌음을 밝혔다. 나 역시 그 빚을 지고 있다.

이 책이 새로운 세대가 기독교 신앙의 본질적인 진리를 이해하는 데 도움이 될 수 있다면 참으로 기쁘겠다.

사도신경

전능하사 천지를 만드신 하나님 아버지를 내가 믿사오며,
그 외아들 우리 주 예수 그리스도를 믿사오니,
이는 성령으로 잉태하사,
동정녀 마리아에게 나시고,
본디오 빌라도에게 고난을 받으사,
십자가에 못박혀 죽으시고,
장사한 지 사흘만에 죽은 자 가운데서 다시 살아나시며,
하늘에 오르사 전능하신 하나님 우편에 앉아 계시다가,
저리로서 산 자와 죽은 자를 심판하러 오시리라.
성령을 믿사오며, 거룩한 공회와,
성도가 서로 교통하는 것과,
죄를 사하여 주시는 것과, 몸이 다시 사는 것과,
영원히 사는 것을 믿사옵나이다.
아멘.

머리말

왜 사도신경을 공부해야 하는가?

건전한 신학은 당신의 생명을 구할 수 있다

우리는 모두 건전한 신학이 자신의 영혼을 구할 수 있다는 것을 잘 알고 있다. 그러나 역경의 때에, 만약 당신이 진리를 알고 있으며 그것을 기억하고 있다면, 당신이 알고 기억하고 있는 바로 그것이 당신을 절망으로부터 구해 줄 수 있다.

댈러스(Dallas)의 한 라디오 방송국에서 전화상담을 하는 중에, 우리는 자신의 결혼생활과 건강, 가족관계 등으로 어려움을 겪고 있던 한 여인으로부터 전화를 받았다. 그녀의 이야기를 들으면서 나는 그녀가 절망에 빠진 그리스도인이라는 것을 알게 되었다. 나는 2분 안에 그녀의 문제들을 해결해 줄 수 없다는 것도 알고 있었다. 그래서 나는 그녀에게 가장 기본적인 원리로 돌아가서 자신이 진리라고 알고 있는 것들을 되새겨 볼 필요가 있다고 말해 주었다. "건전한 신학이 당신의 삶을 구해 줄 수 있습니다."라고 나는 그녀에게 말했다.

우리가 말하고 있는 '가장 기본적인 원리들'은 무엇을 말하는 가? 몇 가지만 예를 들어보자.

- 하나님은 선하시다.
- 하나님은 신실하시다.
- 그분은 결코 나를 버리시지 않으신다.
- 그분의 자비는 결코 그치지 않는다.
- 나에게 일어나고 있는 모든 일은 그저 단순한 실수가 아니다.
- 하나님은 목적을 가지고 계신다.
- 그분은 나를 향한 그분의 계획을 이루시고 계신다.
- 하나님은 아직도 나를 사랑하신다.
- 성령께서 내 안에 계신다.
- 예수께서는 오늘도 살아 계신다.
- 그분께서는 언젠가 자신의 백성을 위해 이 땅으로 돌아오실 것이다.

어느 주일, 예배가 시작되기 전 나는 한참을 못 만났던 한 친구와 담소를 나누고 있었다. 그와 그의 아내는 지난 2, 3년 동안 믿기지 않을 정도로 어려운 일들을 경험했다. 그는 내가 그날 예배에서 무엇에 관해서 설교를 할지 전혀 모르고 있었지만, 내 손을 잡으며 이렇게 말했다. "사람들에게 하나님께서는 신실하시다고 말하게. 사람들에게 이 두 마디의 말을 꼭 전해 주게. 하나님께서는 신실하다고 말일세." 그런 다음 그는 이렇게 덧붙였다. "나는 언제나 신실하지는 못했지만, 하나님께서는 나에게 항상 신실하셨네." 건전한 신학은 어려움의 때가 찾아왔을 때, 당신을 절망에서 구해 줄 것이다.

우리의 기독교 신앙은 진리 위에 서 있어야만 한다

1923년에 그레셤 메이첸이 『기독교와 자유주의』(Christianity and Liberalism)라는 혁명적인 책을 썼는데, 이 책에서 그는 성경적 기독교와 자유주의적 기독교 사이의 근본적인 차이점을 설명하고 있다.

> 그러나 기독교는 이미 일어난 어떤 사건에 관한 이야기에 기초하고 있으며, 그리스도의 일꾼은 본질적으로 증인이다. 사실이 그러하다면, 그리스도의 일꾼이 진리를 말하는 것은 매우 중요하다. 한 사람이 증언대 위에 섰을 때, 그가 어떤 외투를 입고 있는지, 혹은 그가 조리 있는 문장을 구사하는지 이런 것들은 별로 중요하지 않다. 중요한 것은 그가 진리를, 모든 진리를, 그리고 오직 진리만을 말해야 한다는 것이다.[1]

오늘날 예수를 안다고 주장하는 많은 사람들이 성경이 하나님의 말씀이라는 것을 믿지 않고 있다. 나는 사람들이 성경 안에 계시된 그리스도와 인격적인 관계를 가질 수 있도록 도와주고 싶다. 구원

---

1 J. Gresham Machen, *Christianity and Liberalism*, http://biblebelievers.com/machen/index.html.

은 그것이 진리에 기초를 두고 있다는 바로 그 사실 때문에 삶을 변화시키는 힘이 있다.

참된 믿음은 권위의 원리에 기초하고 있다

잠깐 생각해 보면, 그리스도인들은 매우 심오하고 급진적인 어떤 것을 믿고 있다는 것을 알 수 있다. 도덕적, 영적 무질서의 시대에서, 우리는 인류에게 계속해서 말씀하시는 하늘에 계신 하나님이 존재하시며, 그분께서는 결코 불분명하게 말씀하신 적이 없으시다는 것을 믿고 있다. 하나님께서는 그분의 말씀이신 성경 안에서 분명하게 말씀해 주셨다. 크리스티나 오던(Christina Odone)은 영국의 맨체스터(Manchester)에서 발행되는 《가디언》(*Guardian*)지에 기고한 글에서 이렇게 단언했다.

> 우리는 권위를 믿는다. 개인의 자유를 소중히 여기는 시대에, 그리스도인들은 우리의 말과 행동을 결정하는 궁극적인 존재를 믿는다. 현대인들에게 이런 생각은 참을 수 없을 정도로 독재적인 것처럼 들릴 것이다. 언제 죽을 것인가에서부터 언제 아이를 낳을지에 이르기까지, 누구와 섹스를 할 것인가에서부터 돈을 어떻게 쓸 것인가에 이르기까지, 이른바 교양 있는 사람들은 무제한의 자유를 누려야 한다고 믿는다. 그러나 그리스도인들에게는 자유 그 자체가 목적이 아니다. 아무런 구속을 받지 않는 개인주의는 탐욕과 이기심, 개인적 책임의 회피, 가정의 파괴를 뜻하는 것일 수도 있다. 그리스도인들은 옳은 것과 그

른 것이 존재한다는 것을 가르쳐 주는 분명한 판단의 체계가 어떤 전능한 권위자로부터 나온다고 믿는다.[2]

교회는 다시 한 번 담대하게 하나님의 진리를 선포해야 한다.

권위를 거부하는 세상을 향하여, 교회는 하나님의 권위를 선포해야 한다. "우리는 자유를 원해."라고 세상은 말한다. 하나님께서는 "만약 자유를 원한다면, 내 말에 순종해라."라고 말씀하신다. 오늘날 세상은 관용과 다양성, 다원주의라는 거짓 삼위일체를 따르고 있다. 하나님의 진리를 거부하는 사람들에게도 그 진리를 선포하는 것이 우리의 책무이다. 왜냐하면 그 진리가 바로 인간을 자유롭게 하기 때문이다.

영적 성장은 우연히 일어나지 않는다

"여러분은 가장 거룩한 여러분의 믿음을 터로 삼아서 자기를 건축하십시오"(유 1:20). 이 말씀에서 우리는 기독교 신앙의 거룩한 본질을 발견한다. 우리의 신앙은 거룩한 하나님으로부터 오는 것이기 때문에 '거룩한' 것이다. 우리에게는 그것이 불편하거나 인기가 없다고 해서 기독교 신앙을 바꿀 권리가 없다. 우리의 신앙은 거룩한 하나님으로부터 오는 것이기 때문에 그 신앙을 진지하게 받아들여

---

2 Christina Odone, "Some may hate us, but here we stand," *Manchester Guardian Online*, October 28, 2003, www.guardian.co.uk/comment/story/0,3604,1072386,00.html.

야 한다.

영적 성장은 선택사항이 아니다. 모든 그리스도인은 하나님의 은총, 즉 우리를 향한 그분의 끝없는 자비하심 안에서 자라나도록 부르심을 받았다(벧후 3:18). 에베소서 4장 15절은 우리에게 "모든 면에서 자라나서, 머리가 되시는 그리스도에게까지 다다라야 합니다."라고 말하고 있으며, 골로새서 2장 7절에서는 "그분 안에 뿌리를 박고, 세우심을 입어서, 가르침을 받은 대로 믿음을 굳게 하여 감사의 마음이 넘치게 하십시오."라고 말하고 있다. 하나님께서는 우리가 은혜 안에서 자라기를 원하신다. 지금부터 1년이 지난 후, 우리는 우리의 영적인 여정에서 오늘보다 더 멀리 나아가 있어야 한다.

1월이 되면 대부분의 사람들은 건강과 관련된 결심을 하곤 한다. 아마도 당신은 필요 없는 살들을 가지고 다니기에 지쳤고 맞지 않는 옷에 넌더리가 났을지도 모른다. 그래서 어쩌면 멋진 몸매를 가꾸겠다는 결심을 했을지도 모른다. 나는 비록 이 분야의 전문가가 아니며 몸매 가꾸기 비디오를 팔려고 하는 것도 아니지만, 이 사실은 잘 알고 있다. 만약 올해 살을 빼고 싶다면, 지금까지 해 온 것들을 그대로 계속해서는 안 된다. 만약 지금까지 해 온 것들을 계속한다면, 지금부터 열두 달이 지난 후에도 여전히 과체중이거나 망가진 몸매 그대로일 것이다.

영적 성장도 이와 같다. 어느 시점에선가 당신은 일정표를 바꾸고 우선순위를 재조정해야만 한다. 그것은 성경을 읽고 기도할 시간을 마련하기 위해서 더 일찍 일어나는 것일 수도 있다. 아니면 그것은 성경 연구 모임에 참여하거나 주일학교에서 아이들을 가르치는 사역을 시작하거나 교도소를 방문하거나 낙태반대운동을 위해 자원봉사를 하는 것일 수도 있다. 우리는 우리의 가장 거룩한 믿음 안에서 스스로를 세워 가라는 명령을 받았다. 영적 성장은 마술이 아니다. 영적 성장을 위해서는 우리의 진지한 헌신이 필요하다. 그렇지 않으면 영적 성장은 있을 수 없다.

우리는 세상을 위해, 우리 자신을 위해, 우리의 하나님을 위해 그것을 해야 할 책임이 있다

로마서 12장 2절은 우리에게 이 세대를 본받지 말라고 말하고 있다. 우리는 세상이 정해 놓은 틀에 우리를 끼워 맞추도록 내버려 두어서는 안 된다.

우리는 시류를 따르지 않는 훌륭한 그리스도인들을 필요로 한다.

이 성경 구절은 우리가 어떻게 철저하게 이 세대를 거스르는 사람이 될 수 있는지에 대해서 말해 주고 있다. 우리의 마음을 '새롭게 함'으로써 우리는 '변화'를 받게 된다. 우리가 하나님의 진리를 배우게 될 때 영적 성장은 우리의 마음속에서 시작된다. 그때에 비로소 우리는 예수께서 어떤 분이신지를 세상에 보여 줄 수 있게 된다.

바로 이를 위해서 사도신경이 필요하다. 우리는 성경을 제외하면 기독교 신앙의 가장 오래된 진술인 사도신경을 좀더 주의 깊게 살펴볼 필요가 있다. 기독교 신앙의 모든 분파들이 사도신경을 인정하고 있기 때문에, 그것은 교파 간의 차이를 초월하는 기독교 통일

성의 토대를 제공한다. 짧고도 간결한 사도신경은 주요한 기독교 교리의 대체적인 윤곽을 우리에게 보여 주고 있다. 이 책에서 우리는 사도신경을 한 구절 한 구절, 심지어 때로는 한 단어 한 단어 천천히 살펴보게 될 것이다.

오늘날 우리가 겪고 있는 도덕적, 영적 혼란은 예수 그리스도의 교회에 놀라운 기회를 제공하고 있다. 만약 이 세대의 사람들이 하나님의 진리를 발견하지 못한다면, 그들은 사탄의 거짓말을 믿게 될 것이다. 굶주린 개는 자기 앞에 놓여진 것이 무엇이든 결국 그것을 먹으려고 하게 마련이다. 무언가가 그 빈 배를 채워 주어야만 한다. 그리고 이 사실은 우리에게 큰 기회가 찾아왔다는 것을 뜻한다. 그저 우리의 자녀들을 보호한 것만으로는 부족하다. 무엇이 진리인지 무엇이 거짓인지를 배우는 것만으로는 충분치 않다. 우리에게는 우리 교회의 울타리를 넘어서는, 그리고 우리 자신의 가족을 넘어서는 의무가 있다. 하나님께서는 우리를 온 세상에 빚진 자들로 만드셨다. 최후의 날에 "하지만, 주님, 저는 제 가족을 돌보았습니다. 나는 가족들에게 하나님에 관하여 이야기해 주었습니다. 보십시오. 그들 모두 여기에 와 있습니다."라고 말하는 것으로는 부족할 것이다. 주께서 우리에게 되물으실 것이다. "나의 자녀야, 너는 네 친구들과 이웃들을 위해서 무엇을 했느냐? 네 집에 찾아온 그 사람을 위해서는 무엇을 했느냐? 네 형제와, 네 아버지, 네 직장상사, 네 직장 동료들을 위해서 무엇을 했느냐? 그들에게 나에 관해서 이야기하려고 노력은 했느냐?"

우리는 인류 역사 상 가장 위대한 날들을 살아가고 있다. 우리가 그리스도의 재림하시기 이전의 마지막 세대일지도 모른다. 그렇기 때문에 사탄이 자기 거짓말을 퍼뜨리려고 그다지도 애쓰고 있는지도 모른다. 하나님과 사탄 사이의 싸움이 지금 진행 중이다. 그러나 죄가 넘치는 곳에 은혜는 훨씬 더 많이 넘치기 마련이다. 우리가 이러한 영적 어두움 속에서 살고 있다는 바로 이 사실은, 빛이 비취면 그 빛은 정말 빛나게 된다는 것을 의미한다. 이 책무가 어렵다고 낙담하지 말라. 오히려 이 시간이 주는 기회를 생각하고 용기를 얻으라. 우리의 책무는 우리가 무엇을 믿는지를 알고, 그 믿음에 굳게 섬으로써 영원한 가치를 지닌 것을 다른 이들과 함께 나누는 것이다. 이 말이 흥미로운가?

차례

감사의 말 _ 7

사도신경 _ 8

머리말 _ 9

1 무엇을 믿는가? : 사도신경이 중요한 까닭 _ 21

2 가장 어려운 모험 : "하나님을 내가 믿사오며" _ 35

3 누가 여기를 책임지고 있는가? : "전능하신 하나님 아버지" _ 49

4 우연은 없다 : "천지를 창조하신" _ 61

5 비교할 수 없는 그리스도 : "그 외아들 우리 주 예수 그리스도" _ 75

6 왜 동정녀 탄생이 중요한가 : "성령으로 잉태하사, 동정녀 마리아에게 나시고" _ 93

7 예수를 죽인 남자 : "본디오 빌라도에게 고난을 받으사" _ 111

8 하나님께서 죽으신 날 : "십자가에 못박혀 죽으시고" _ 129

9 하나님의 희생양 : "장사한 지" _ 145

10 사도신경에서 가장 이상한 부분 : "지옥으로 내려가사"_161

11 올인 : "사흘 만에 죽은 자 가운데서 다시 살아나시며"_177

12 지극히 높은 곳에 계신 친구 :
"하늘에 오르사 전능하신 하나님 우편에 앉아 계시다가"_191

13 보라, 재판관이 오신다 :
"저리로서 산 자와 죽은 자를 심판하러 오시리라"_211

14 우리 가까이에 오신 하나님 : "성령을 믿사오며"_229

15 하나님의 대가족 : "거룩한 공회와"_241

16 우리는 한 몸 : "성도가 서로 교통하는 것과"_261

17 용서가 주는 긍정적인 힘 : "죄를 사하여 주시는 것과"_275

18 가장 믿기 힘든 교리 : "몸이 다시 사는 것과"_289

19 아직 이르지 못한 본향 : "영원히 사는 것을 믿사옵나이다"_307

1
무엇을 믿는가?
: 사도신경이 중요한 까닭

당신이 만일 예수는 주님이라고 입으로 고백하고,
하나님께서 그를 죽은 사람들 가운데서 살리신 것을
마음으로 믿으면 구원을 얻을 것입니다.
사람은 마음으로 믿어서 의에 이르고, 입으로 고백해서 구원에 이르게 됩니다.
| 로마서 10 : 9 –10 |

왜 사도신경이 중요한가?

이 질문에 대한 세 가지 훌륭한 대답이 있다. 첫째, **사도신경은** 모든 기독교 분파들, 즉 개신교, 가톨릭교회, 정교회가 인정하는, **가장 오래되고 가장 널리 받아들여지는 신조이다**. 2천 년 동안 사도신경은 더 이상 줄일 수 없는 기독교 신앙에 관한 최소한의 진리를 간결하게 진술한 고백으로 인정받아 왔다. 둘째, **사도신경은 기독교 교리를 개략적으로 설명해 주고 있다**. 사도신경은 창조로부터 시작하여 영생으로 끝난다. 그것은 우리가 다룰 수 있는 가장 넓은 범위이다. 앞으로 우리가 살펴보게 될 것처럼, 사도신경은 모든 것을 다 포괄하지는 않는다. 하지만 사도신경이 다루고 있는 모든 것은 중요하다. 만약 당신이 기본으로 돌아가고 싶다면, 바로 여기서부터 시작해야 할 것이다. 셋째, **사도신경은 이 세대의 회의적인 태도에 대해 급진적으로 도전한다.** 세상의 사람들은 어떤 것에 대해서도 확신할 수 없다고 생각한다. 그러나 이러한 의심에 맞서 사도신경은 우리에게 "믿사옵나이다." 라고 고백할 것을 가르치며, 이것은 우리의 영혼에 유익하다.[1]

사도신경의 필요성

비록 3천 년 전에 기록되었지만, 사사기의 핵심 구절은 오늘날의 현상에도 아주 잘 들어맞는 표현이다. "그때에는 이스라엘에 왕이 없었으므로, 사람들은 저마다 자기의 뜻에 맞는 대로 하였다"(삿 21:25). 현재 우리의 삶을 이보다 더 정확하게 묘사하는 말을 찾기는 어려울 것이다. 만약 거리를 지나는 사람들에게 무엇을 믿느냐고 물어본다면, 정말 놀라울 정도로 다양한 대답을 듣게 될 것이다. 무엇을 믿느냐고 물었을 때, 배낭을 매고 있던 보스턴의 한 20대 청년은 이렇게 대답했다. "어떤 강력한 힘의 존재를 믿는 것 같아요. 하지만 모르겠어요. 지금은 무엇을 믿어야 할지 모르지만 나는 모

---

[1] 이 장을 준비하면서 나는 피터 반즈의 설교 "믿나이다"에 많은 도움을 받았다. Peter Barnes, 1999년 9월 12일, www.fpcboulder.org/Sermons/Sermon9-12-99.htm.

든 것에 대해 열려 있어요. 내가 정말 믿고 있는 것이 무엇인지 모르니까, 모든 것을 믿고 싶어요." 이 솔직한 대답에 나는 깜짝 놀랐고, 그의 대답이 이 세대 전체를 대변하고 있다는 생각이 들었다.

'성경 맹신자'는 안 돼

길을 가는 사람들에게 자신이 믿는 것을 어떻게 결정하는가 물어보면, 거의 대부분의 사람들이 자신들의 견해나 감정에 따른다고 하면서, "내 생각엔 그게 최선이거든요."라고 말할 것이다. 오늘날은 사람들이 다른 어떤 것보다 감정을 중요시한다. 어느 날 한 친구가 나에게 이런 이메일을 보내왔다.

얼마 전에 내 동생이 '기독교' 인터넷 중매 사이트에서 만난 여자와 약혼하게 되었다고 알려 왔다네. 저녁을 같이 먹으면서 동생은 나한테 그녀에 관해 이것저것 얘기해 주었지. 자기가 생각하는 신부의 자격 요건 중 하나는 기독교 신앙을 가지고 있어야만 하지만 '성경 맹신자'처럼 행동하지 않아야 한다는 거야. 그게 무슨 뜻이냐고 했더니, 자기는 기독교적 가치를 믿는 여자를 원하지만 꼭 그리스도인으로서 그 믿음대로 사는 사람일 필요는 없다는 거야.

나는 동생에게 기독교에 대해 어떻게 생각하는지 물었지. 동생은, 자기는 그리스도인이며 예수께서 우리의 죄를 위해 십자가에서 죽으셨다는 것을 믿는다고 대답했네. 그리고 자기는 "예수 세미나(Jesus Seminar)"[복음서와 기타 문헌의 역사적 연구를 통하여 역사적 인물로서의 예수가 실제로 어떤 말을 했고 어떤 일을 했는지를 밝혀내고자 하는 학문 단체. Robert W. Funk, John Dominic

Crossan, Marcus Borg 등이 대표적인 인물들이다.-역자]에서 주장하는 내용에 모두 동의한다고 말했다네. 또 자기는 그리스도가 처녀에게서 태어나지 않았고, 죽은 자 가운데서 육체적으로 부활하지 않았으며, 동성애자들을 목회자로 안수하는 것도 아무 문제가 없다고 믿는다 하더군. 그래서 동생한테 무슨 근거로 그렇게 믿느냐고 물었더니, 하나님께서 어떤 분이신가에 대한 자신의 이해를 근거로 그런 믿음을 가지게 되었다고 대답하더군.

나는 '그것 참 편리한 종교'라고 생각했다. 성경에서 자신이 좋아하는 부분만 취하고, 나머지는 내던져 버리면 되는 것이다. 바로 이런 까닭에 우리에게 사도신경이 절실하게 필요하다.

사도신경은 오늘날의 '나' 중심의 신학에 대한 중요한 교정책이다.

사도신경은 기독교 신앙에는 경계가 있다는 점을 우리에게 상기시켜 준다. -모든 것이 협상의 대상은 아니다. 당신이 그리스도인이라고 불리고 싶다면, 어떤 것들은 반드시 믿어야만 한다. 당신은 그 경계의 바깥에서 살겠다고 결정할 수 있다. 그러나 그렇게 한다면, 당신은 그리스도인으로서 사는 것이 아니며, 스스로를 그리스도인이라 불러서도 안 된다.

> 모든 것이 협상의 대상이 될 수는 없다.
> 당신이 그리스도인이라고 불리고 싶다면,
> 어떤 것들은 반드시 믿어야만 한다.

이 점은 우리에게 매우 중요한 한 가지 진리를 말해 주고 있다. 기독교는 교리적인 신앙이다. 그저 당신이 원하는 내용으로만 그 신앙을 채울 수는 없다. 기독교는 성경의 교리에 기초한 삶이다. 우리는 결코 "예수를 믿기만 하면, 다른 것은 무엇을 믿든지 전혀 문제될 것이 없어."라고 말해서는 안 된다. 우리가 믿는 예수가 성경의 그리스도가 아니라면, 그분은 결코 진짜 예수라고 할 수 없다.

이것은 기독교가 회심 체험 이상의 것이라는 뜻이다.

배워야 할 것들이 있으며, 우리가 반드시 믿어야만 하는 교리들이 있다. 그렇기 때문에 교회사를 통하여 사도신경이 그렇게도 중요하게 취급된 것이다. 진리는 누구나 쉽게 얻을 수 있는 것이 아니며, 우리의 감정이나 다수결 투표, 혹은 최신의 여론 조사를 통해서 결정될 수 있는 것이 아니다. 사도신경은 진리가 하나님께로부터 왔다는 것을 우리에게 상기시켜 준다. 우리의 영적 여정은 바로 여기서부터 시작되어야 한다.

사도신경의 역사

신경이라는 단어는 **"나는 믿는다"**라는 뜻을 가진 라틴어 credo에서 기원한다. 원래 사도신경은 공식적으로 기록된 문서가 아니었다. 사도신경은 초대 교회의 세례식에서 사용된 기도문으로 시작되었다. 세례를 베풀 때마다 나는 먼저 각 사람에게 네 가지의 질문을 한다.

－"당신은 예수 그리스도께서 하나님의 아들이심을 믿습니까?"

- "당신은 예수께서 십자가에서 죽으셨고 죽은 자 가운데서 다시 살아나셨다는 것을 믿습니까?"
- "당신은 예수 그리스도를 믿고 오직 그분이 당신의 구주가 되심을 믿습니까?"
- "당신은 세례를 받고 그분을 위해 살기를 원합니까?"

나는 세례 받는 이들이 왜 세례를 받는지를 회중도 알 수 있도록 큰 목소리로 대답해 달라고 부탁한다. 세례를 받기 전에 이 물음에 대답함으로써 그들은 신앙을 공적으로 고백한다. 만에 하나 세례를 받게 될 사람이 대답하기를 거부하거나 그의 대답이 틀렸다면 (하지만 내가 목회하는 동안 한번도 그런 적은 없었다), 나는 그에게 세례를 주지 않을 것이다. 그만큼 이 물음이 중요하기 때문이다.

초대 교회 교인들도 이와 비슷한 문답을 했지만, 그들의 물음은 약간 달랐다. 분명히 그들은 이런 질문을 했을 것이다.

- "당신은 천지의 창조주이신 전능하신 성부 하나님을 믿습니까?"
- "당신은 하나님의 아들이시며 우리의 주님이신 예수 그리스도를 믿습니까?"
- "당신은 그리스도께서 십자가에 달려 죽으시고 죽은 자 가운데서 다시 살아나셨음을 믿습니까?"

사도신경은 이러한 물음들로부터 시작되어 오랜 세월을 거쳐 현재의 형태로 발전하였다.[2]

---

2 윌리엄 바클레이(William Barclay)는 사도신경은 '주후 100년 무렵에' 그 최초의 형태를 갖추었을 것이라고 말하고 있다. *The Apostles' Creed* (Louisville: Westminster John Knox Press, 1998), 4.

말씀이 먼저 있었다

이 책은 사도신경에 관한 책이기 때문에, 나는 먼저 우리의 신앙의 기초를 어떤 신조나 신앙에 관한 진술 위에 두지 않는다는 점을 분명히 말한다.

우리에게 권위의 궁극적인 원천은 기록된 하나님의 말씀이다.

성경은 하나님의 영감으로 된 것이기 때문에(딤후 3:16), 그 말씀을 이루는 모든 부분이 참되며 전적으로 믿을 수 있다. 어떤 신조도 그 자체로는 이러한 주장을 할 수 없다. 이렇게 생각해 보자. 먼저 우리에게 자신의 말씀을 주시는 하나님이 계신다. 그 다음 그 말씀으로부터 교회의 신조와 고백이 나온다. 신조와 고백이 하나님께서 그분의 말씀 속에서 말씀하신 것을 반영하고 있기 때문에 교회는 그 신조와 고백을 믿는다. 이것은 각 신조와 고백 속에 담긴 모든 내용이 옳다는 의미는 아니다. 그러나 신조와 신앙고백은 하나님의 말씀이 실제로 말하고 있는 것을 반영하는 한 유익하다는 것을 의미한다.

믿음은 자판기에 넣는 동전이 아니다. 그것은 동전처럼, 충분히 넣으면 당신이 하나님께 원하는 것을 얻게 되는 그런 것이 아니다. 믿음은 왕의 선물을 받기 위해서 거지가 내미는 빈손과 같은 것이다.

Rodney A. Stortz, Daniel: The Triumph of God's Kingdom

사도신경의 중요성

사도신경에 관한 여섯 가지 사실부터 시작해 보자. 첫째, 우리가 살펴본 것처럼, **사도신경은 아주 오래된 것이다.** 학자들은 사도신경의 가장 초기의 형태는 주후 120년까지 거슬러 올라간다고 믿는다. 둘째, 놀랍게도 **사도신경은 사도들이 작성한 것이 아니다.** 사도신경은 사도들이 가르쳤던 내용을 요약하고 있기 때문에 사도신경이라고 불리는 것이다. 셋째, **사도신경은 짧다.** 대부분의 영어 번역본은 110-120 단어로 이루어져 있다. 넷째, **사도신경은 하나님 중심적이다.** 사실, 사도신경은 삼위일체적이다. 첫 부분은 성부 하나님에 대해서, 둘째 부분은 성자 하나님에 대해서, 셋째 부분은 성령 하나님에 대해서 다루고 있다. 다섯째, **사도신경은 선택적이다.** 사도신경은 기독교 신앙의 핵심 이슈를 다루고 있지만, 많은 내용에 대해서는 다루지 않고 지나치고 있다. 사도신경은 사탄이나 천사, 귀신, 예정, 세례, 교회의 치리, 그리스도의 재림에 관련된 세부사항 등에 대해서는 아무런 언급을 하지 않는다. 여섯째, **사도신경은 암기하기 쉽다.**

쉬운 예를 통해서 사도신경이 어떤 것인지 생각해 보자. 당신이 휴가를 떠나기 전에 길을 찾는 데 도움이 될 지도책을 산다고 가정해 보자. 이 지도책은 50개 주별로 각기 독립된 지도를 포함하고 있으며, 각 주의 대도시에 대해서는 좀더 작은 크기의 지도가 삽입되어 있다. 책의 앞부분에는 두 쪽에 걸쳐진 큰 미국 지도가 있다. 만약 당신이 로스앤젤레스(Los Angeles) 지역에 살고 있고, 다우니(Downey)에서 라 하브라(La Habra)까지 차를 운전해 가고 싶다면, 미국 지도는 아무 쓸모가 없을 것이다. 그리고 주별 지도 역시 큰 도움이 못될 것이다. 당신은 로스앤젤레스 지역의 지도를 찾아 보아야 할 것이다. 그러나 당신이 마이애미(Miami)에서 시애틀(Seattle)까지 운전해 가고 싶다면, 이 책에 있는 미국 지도를 펼쳐 두어야 할 것이다. 사도신경은 이런 큰 지도와 같다. 사도신경은 그리스도인들이 믿는 것이 무엇인지에 관한 큰 그림을 당신에게 보여 줄 것이다. 우리는 사도신경이 말하고 있는 것보다 더 많은 것을 믿는다. 그러나 우리는 그보다 더 적은 내용을 믿지는 않는다.

여기까지 읽었다면, 이런 의문이 들 수도 있을 것이다. "이 모든 것들이 나와 무슨 상관이 있단 말인가?" 좋은 질문이다. 사실, 우리는 사람들이 진리가 그들의 개인적인 삶에 어떤 영향을 주는지를 알고 싶어 하는 실용주의적인 시대에 살고 있다. 이에 대한 대답은 사도신경의 첫 문장에 담겨 있다. "내가 믿사오며." 이 말은 매우 강력한 주장이다. "나는 믿습니다."라는 말은, '나는 압니다.' '나는 생각합니다.' 혹은 '나는 느낍니다.' 라는 말과는 전혀 다르다.

다시 말해서, "나는 믿습니다."라는 말은 진리를 위해 당신이 개인적으로 헌신하고 있다는 것을 뜻한다.

로마서 1장 16절은 복음이 "모든 믿는 사람을 구원하는 하나님의 능력"이라고 선언하고 있다. 그리고 로마서 10장 9-10절은 "마음으로" 믿는다는 개념에 대해서 말하고 있는데, 이는 당신 존재의 심층으로부터 믿는다는 것을 뜻한다. 요한복음에서 믿는 이들에게 구원이 이른다는 것을 80회 이상 선포하고 있는 것도 바로 이런 이유 때문이다. 심층적인 차원에서, 당신이 믿는 것은 바로 당신 자신이다.

당신이 무엇을 믿는지가 당신의 운명을 결정한다.

요한복음 3장 16절은 하나님께서 자기 아들을 주셨고 그 아들을 믿는 사람은 누구든지 멸망하지 않고 영원한 생명을 얻게 된다고 우리에게 말하고 있다. 당신의 영원한 운명은 당신이 '마음으로' 예수를 믿는가, 믿지 않는가에 달려 있다.

"내가 믿사오며"라고 말하는 것은 어떤 의미를 가지고 있는가

신약 성경에 "믿는다."라고 번역된 그리스어 원어는 pisteuo로서 누군가 혹은 어떤 것을 '믿고 맡긴다.'라는 의미를 가지고 있다. 만약 내가 "내일 비가 올 거라고 믿어."라고 말한다면, 이것은 예감에 불과한 것이다. 만약 내가 "나는 조지 워싱턴이 미국의 초대 대통령이었다고 믿어."라고 말한다면, 이것은 이미 확정된 역사적 사실을 인정할 뿐이다. 그러나 내가 "나는 전심으로 예수님을 믿어."라고 말한다면, 이것은 전혀 다른 종류의 진술이라고 할 수 있다.

의사가 나에게 이렇게 말한다고 가정해 보자. "죄송합니다. 당신은 치명적인 암에 걸렸습니다. 약물요법으로 암세포를 죽일 수 있지만, 고통스러울 것입니다. 그러나 기꺼이 치료를 받는다면, 당신은 완치될 것입니다." 이 경우에, "나는 나의 주치의를 믿는다."라는 말은 매우 구체적인 의미를 담고 있다. 그것은 "나는 그가 정말 의사라는 것을 믿는다."라든가 "내가 암에 걸렸다는 그의 말이 옳다는 것을 나는 믿는다." 혹은 "나는 약물요법으로 치료받을 수 있다는 것을 믿는다."라는 뜻이 아니다. 소매를 걷어 올리고 그 생명을 구하는 주사약을 정맥에 맞지 않는다면, 당신은 주치의를 진정

으로 믿지 않는 것이다. 당신이 의사를 믿는다는 것은, 전적으로 자신에 대한 그의 진단을 받아들이고, 그에게 치료를 받고, 그의 손에 당신의 목숨을 맡기는 것을 의미한다.

예수를 믿는다는 것은 당신의 영원한 운명을 전적으로 그분께 맡기는 것을 의미한다.

그것은 그리스도를 온전히 신뢰한다는 뜻이며, 만약 그분이 당신을 천국으로 데려가지 않는다면 당신은 그곳에 갈 수 없다는 뜻이다.

찰스 블론딘

19세기에 세상에서 가장 위대한 밧줄타기 선수였던 찰스 블론딘(Charles Blondin)이라는 남자가 있었다. 1859년 6월 30일에 그는 역사 상 최초로 밧줄을 타고 나이아가라 폭포(Niagara Falls)를 횡단한 사람이 되었다. 그가 맹렬하게 흐르고 있는 물줄기 위 50미터 높이에 걸린 330미터 길이의 가는 밧줄 위로 걸어가는 것을 보기 위해서 2만 5천 명이 넘는 사람들이 모여들었다. 그는 그물이나 그 어떤 종류의 보호장비도 없이 이 도전에 나섰다. 조금만 미끄러져도 치명적인 결과를 초래할 터였다. 그가 안전하게 이 폭포의 캐나다 쪽 구역에 도달했을 때, 군중은 엄청난 함성을 질렀다. 그는 이후에 이 폭포를 수차례 횡단했다. 한 번은 죽마를 타고 횡단하기도 했다. 한 번은 의자와 버너를 가지고 가서 줄 한 가운데에 앉아 오믈렛을 요리해 먹기도 했다. 또 한 번은 자기 매니저를 목말 태운 채로 폭포를 건너기도 했다.

언젠가 그는 모여든 구경꾼들에게 자신이 한 사람을 외발수레에 태워 건너게 할 수 있을 것 같냐고 물었다. 군중은 우레와 같은 박수를 보냈다. 그는 열렬히 환호하고 있던 한 사람을 발견하고 이렇게 물었다. "선생님, 제가 당신을 이 외발수레에 태워 줄을 건너게 할 수 있을 것이라고 생각하세요?" "예, 물론이죠." 위대한 블론딘은 미소 지으며 "그럼, 타 보세요."라고 말했다. 하지만 그 남자는 거부했다.

한 사람이 혼자서 건널 수 있다고 믿는 것과, 그가 누군가를 안전하게 옮길 수 있다고 믿는 것은 다르다. 그러나 당신 스스로 그 외발수레에 타는 것은 전적으로 다른 차원의 문제이다. 예수를 믿는 것은 그 외발수레에 타는 것과 마찬가지이다. 그것은 당신의 존재 전부를 그분께 맡겨드리는 것이다.

> 예수를 믿는다는 것은
> 당신의 존재 전부를 그분께 맡기는 것이다.

나는 최근에 아버지를 여읜 한 사람과 이야기를 나눈 적이 있다. 그의 아버지는 교회를 다녔고 자주 예수님에 관한 이야기를 들었지만, 아들은 그의 아버지가 구원을 받았을까 걱정하고 있었다. 나는 그에게 중요한 것은 믿음의 양이 아니라는 것을 상기시켜 주었다. 중요한 것은 믿음의 대상이다. 결국 우리에게 필요한 것은 약한 대상에 대한 강한 믿음이 아니라 강한 대상에 대한 약한 믿음이다.

얼마나 많이 믿고 있는가는 중요하지 않다. 중요한 것은 당신을 구원하실 주 예수 그리스도를 신뢰하고 있는지 여부이다.

디모데후서 2장 12절에서 바울은 "내가 믿어 온 분을 잘 알고 있고"라고 말한다. 스펄전이 지적한 대로, 여기서 바울은 "나는 지금의 나의 조건과 나의 영원한 운명을 맡겨 드린 그분을 잘 알고 있습니다. 나는 그분이 어떤 분이신지 잘 알고 있습니다. 그러므로 나는 망설이지 않고 나를 그분 손에 맡겨드립니다. 이것이 바로 예수 그리스도를 믿는 영적인 삶의 시작입니다."라고 말하고 있는 것이다.[3] 당신 자신을 안전하게 지켜 낼 힘이 당신에게는 없다. 당신의 유일한 희망은 당신의 존재 전부와 소유 전부를 예수께 맡기는 것이다.

몇 해 전 나는 책에 다음과 같은 예화를 들었던 적이 있다. 세 마리의 개구리가 통나무 위에 앉아 있다. 그 중에 둘이 거기서 뛰어내리기로 결심했다. 이제 그 통나무 위에는 몇 마리가 남아 있을까? 세 마리 모두. 뛰어내리겠다고 결심하는 것과 실제로 뛰어내리는 것은 전혀 별개의 것이다. 교도소에 있던 한 남자가 이 예화를 읽고서, 나에게 편지를 써 이 예화가 그의 삶에 어떤 영향을 미쳤는지를 알려 주었다. 지금까지 그는 예수를 믿겠다는 결심을 수없이 해 왔다. 그러나 당신이 그저 결심만 하고 있다면, 당신은 아직까지도 믿지 않고 있는 것이다.

마지막으로 한 마디. (영어에서) 사도신경은 "나는 믿습니다."라는 말로 시작하고 있다. 왜 "우리는 믿습니다."가 아닐까? 답은 간단하다. 참된 믿음은 언제나 개인적이다. 내가 당신을 대신해서 믿

---

3 Charles Spurgeon, "Confidence and Concern," www.suprgeon.org, August 21, 1859.

어 줄 수 없고, 당신이 나를 대신해서 믿어 줄 수 없다. 당신은 주위 사람들의 믿음으로 살아갈 수 없다.

본질적으로 교회는 예수 그리스도에 대한 믿음을 공유하고 있는 신자들이 모인 공동체이다.

바로 그런 까닭에 교회는 2천 년 동안 사도신경을 고백해 왔다. 사도신경은 그리스도에 대한 우리의 공통된 신앙을 표현하고 있다. 사도신경은 "나는 믿습니다."라는 간단한 두 단어로 시작된다. 당신은 믿고 있는가? 영원히 경계선 위에 머물러 있을 수 있는 사람은 아무도 없다. 기억하라. 그리스도인은 예수 그리스도를 진정으로 믿는 사람이다. 당신은 예수 그리스도를 믿는가? 이 물음에 대한 당신의 대답에 영원이 달려 있다.

생각해 볼 문제들

✝ 2천 년이나 된 사도신경이 오늘날의 우리에게도 참으로 의미 있는 것일 수 있을까? 왜 그런가? 혹은 왜 그렇지 않은가? 사도신경이 가지고 있는 구체적인 가치들은 무엇인가?

✝ 당신은 기독교가 회심 체험 이상의 것이라는 점에 동의하는가, 동의하지 않는가? 성경에 따르면, 그리스도인이 된다는 것의 참된 의미는 무엇일까?

✝ 당신이 무엇을 믿고 있는지가 그렇게도 중요한 까닭은 무엇인가? 개인적으로 당신은 예수 그리스도를 당신의 구주로 믿고 있는가? 이 믿음은 당신에게 어떤 의미를 가지고 있는가? 그것은 당신의 삶에 어떤 영향을 미치고 있는가?

2
가장 어려운 모험
: "하나님을 내가 믿사오며"

믿음이 없이는 하나님을 기쁘게 해 드릴 수 없습니다.
하나님께 나아가는 사람은, 하나님이 계시다는 것과,
하나님은 자기를 찾는 사람들에게 상을 주시는 분이시라는 것을 믿어야 합니다.
| 히브리서 11:6 |

당신이 할 수 있는 선택은 하나님을 믿거나, 혹은 그분을 믿지 않는 것이다.

만약 하나님을 믿고 있다면, 다수 의견에 속해 있다고 할 수 있다. 최근 팍스 뉴스(Fox News)에서 실시한 여론조사에 따르면, 조사 대상의 92퍼센트가 하나님을 믿는다고 대답했다.[1] 비록 어떤 하나님을 믿고 있는지에 관해서는 의견이 일치하지 않겠지만, 대부분의

---

1 Dana Blanton, "More Believe in God Than in Heaven," June 18, 2004, foxnews.com.

사람들은 하나님을 믿고 있다. 그래서 한 장 전체를 "하나님을 내가 믿사오며"라는 사도신경의 첫 구절을 이야기하는 데 할애하는 것은 불필요한 것처럼 보일지도 모르겠다. 그러나 우리의 믿음을 당연하게 받아들이는 것은 언제나 위험하다.

"하나님을 내가 믿사오며"를 몇 개의 문장으로 나누어서 이 구절의 의미에 대해서 알아보도록 하자.

기초 명제:
하나님은 계시다 / 하나님은 우주의 중심이시다

성경의 첫 구절은 장엄하고도 단순한 말로 이 같은 진리를 분명히 나타내고 있다. "태초에 하나님이 천지를 창조하셨다." 하나님께서 우리에게 알려 주시고자 하는 모든 것은 바로 여기서부터 시작된다. 이 절은 논증이 아니라 선포이다. 몇 해 전 힐(E. V. Hill)은 시카고(Chicago)에서 열린 프라미스 키퍼스(Promise Keepers) 집회[1990년 미국에서 시작된 남자들의 영적 회복 운동 - 역자]에서 힘있는 설교를 했다. 그는 잊을 수 없는 자신만의 독특한 스타일로 40분 동안 "하나님이 계시다."라는 단 두 단어에 대해서 설교했다. 그는 이 말을 계속해서 반복하였다. 때로는 속삭이듯 말했고, 때로는 큰 소리로 외쳤다. 예화를 들기도 했고, 이 진리를 선포하기도 했고, 누구든지 이 진리를 부인할 수 있다면 해 보라고 말하기도 했다. 일단 '하나님이 계시다.'라는 사실을 마음에 받아들이기만 한다면, 수많은 다른 문제들도 한꺼번에 해결될 것이다.

> 일단 '하나님이 계시다.'라는 사실을 마음에 받아들이기만 한다면,
> 수많은 다른 문제들도 한꺼번에 해결될 것이다.

논리적 귀결:
만물이 존재할 수 있는 것은 하나님이 계시기 때문이다

하나님께서는 창조주이시기 때문에 만물의 주인이시기도 하다. 만약 내가 장난감 배를 만들었다면, 나는 "내가 이걸 만들었고 이건 내 꺼야."라고 말할 수 있다. 하나님께서 우리를 만드셨기 때문에 그분께서는 원하시는 것을 우리에게 행하실 수 있다. 이런 주제는 현대인들의 삶에서 인기를 얻기 힘들다. 왜냐하면 우리는 원하는 바를 행하고, 원하는 길로 가고, 원하는 방식대로 살고, 하고 싶을 때는 언제든지 하고 싶은 것을 할 수 있기를 바란다. 그러나 하나님께서 우리를 창조하셨고, 그분께서는 우리의 주인이시다. 그래서 우리는 말하고 행동하는 모든 것에 대해 그분 앞에 책임을 져야 한다. 이것은 많은 이들에게 만족스러운 생각이 아닐 것이다. 그럼에도 불구하고 이것은 진리이다.

다른 많은 경우에서처럼, 우리는 이 점에 관해서 마르틴 루터(Martin Luther)로부터 아주 훌륭한 조언을 얻을 수 있다. 450년 전에 쓴 글에서 그는 이렇게 설명했다. "나는 하나님께서 나와 모든 피조물을 창조하셨다고 믿습니다. 그분께서는 나에게 몸과 영혼, 눈과 귀, 내 몸의 모든 부분들, 생각과 감각을 주셨고, 또한 그 모든

것을 지켜주십니다. 그분께서는 나에게 옷과 신발, 먹을 것과 마실 것, 집과 땅, 아내와 자녀들, 들판과 가축, 내가 소유한 모든 것을 주셨습니다. 매일 그분께서는 내 몸을 지키기 위해서 필요한 모든 것을 풍성히 공급하십니다. 그분께서는 모든 위험으로부터 나를 보호하시며, 모든 악으로부터 나를 지키십니다. 그분께서 이 모든 것을 베푸시는 것은, 내가 상 받을 일을 하거나 그럴 자격이 있어서가 아니라, 그분의 순전하고 자애로우시며 거룩하신 선하심과 자비하심 때문입니다. 이 모든 것 때문에 나는 그분께 감사 드리고, 그분을 찬양하고, 그분을 섬기며, 그분께 순종해야 합니다. 그렇습니다. 이것은 진리입니다!"[2] 그의 말에 나는 이렇게 말하겠다. "형제여! 옳은 말씀입니다."

피할 수 없는 계시:
하나님에 관한 진리는 이미 모든 이들에게 알려져 있다

로마서 1장 19-20절은 이 사실을 분명히 밝히고 있다. **"하나님을 알 만한 일이 사람에게 환히 드러나 있습니다.** 하나님께서 그것을 환히 드러내 주셨습니다. 이 세상 창조 때로부터, 하나님의 보이지 않는 속성, 곧 그분의 영원하신 능력과 신성은, 사람이 그 지으신 만물을 보고서 깨닫게 되어 있습니다. 그러므로 사람들은 **핑계를 댈 수가 없습니다.**" (강조는 저자의 것) 바울은 하나님께서 자신을 모

---

2 Luther's Little Instruction Book, www.ccel.org/ccel/luther/smallcat.text.ii.1.html.

든 인류에게 계시하셨음을 설명하기 위해서 '환히'라는 말을 사용하고 있다. 그런 다음 20절에서는 하나님에 관한 진리가 자연 속에 "분명히 보여 알려졌다."고 덧붙인다. 우리는 이것을 이렇게 말할 수 있을 것이다.

모든 이들은 하나님께서 계심을 알고 있으며, 하나님을 믿지 않는다고 말하는 이들은 스스로를 속이고 있는 것이다.

하나님께서는 우리가 볼 수 있는 모든 것을 창조하셨다. 그분께서 해와 별, 달과 행성을 창조하셨다. 그분께서 혜성과 소행성을 창조하셨다. 그분께서 준성(準星)과 우주의 블랙홀을 창조하셨다. 과학자들은 은하계에 4천억 개의 별이 있을 것이라고 추정한다. 그리고 각각 적어도 백억 개 이상의 별을 가지고 있는 은하계가 백억 개 넘게 있을 것이라고 추정한다. 한번 상상해 보라. 하나님께서는 우주에 각각의 별을 매달아 두시고 하나하나 그 이름을 불러 주신다. ("별들의 수효를 헤아리시고, 그 하나하나에 이름을 붙여 주신다" 시 147:4.) 그러므로 성경은 이렇게 말한다. "하늘은 하나님의 영광을 드러내고, 창공은 그의 솜씨를 알려준다" (시 19:1).

하나님께서는 온 우주에 그분의 지문을 남겨 두셨다. 눈이 멀지 않았다면 그분의 지문을 알아보지 않을 수가 없다. 당신이 내가 없는 사이에 우리 집에 방문했다고 가정해 보자. 그저 둘러보는 것으로 우리 가족에 대해 얼마나 많이 알 수 있을까? 당신은 차고 문 위로 농구 골대를 보고 우리 집에 남자 아이들이 있음을 짐작할 것이다. 냉장고 옆에 있는 마크가 유니폼 입고 찍은 사진과 닉의 침실에 있는 일라이 매닝(Eli Manning)[NFL 뉴욕 자이언츠 팀의 쿼터 백-역자]의

자필 사인을 보고 우리가 미식축구를 좋아한다는 것을 알게 될 것이다. 내가 목사라는 것까지는 몰라도, 식당 한쪽에 있는 컴퓨터 주위에 널려 있는 성경과 주석들을 보고 내가 자주 성경을 공부한다는 것을 분명히 알 수 있을 것이다. 우리의 침실에서 당신은 우리가 성지순례를 가서 사온 유물들을 발견하게 될 것이다. 침대의 수를 세어 보면 우리 집에 세 명의 아이들이 있음을 짐작할 것이다. 그리고 나의 옷장에 걸려 있는 정장만 보고도 내가 키가 크다는 것을 알게 될 것이다. 설령 나를 개인적으로 알지 못하더라도 당신이 우리 집에만 와 보아도 나에 관해서 많은 것을 알게 될 것이다. 주의 깊게 보는 사람에게는 실마리가 사방에 널려 있다.

> 조개 껍질 속에서 파도 소리를 들을 수 있는 것처럼,
> 정교한 피조물 속에서 우리는 하나님에 대한 찬양 소리를 듣게 된다.
> Charles Haddon Spurgeon, Spurgeon's Daily Treasure from the Psalms

이 세상은 하나님의 집이다. 그분께서는 자신이 어떤 종류의 하나님이신지에 관한 실마리를 도처에 남겨두셨다. 그랜드 캐니언(Grand Canyon)에 가 보면, 그 장엄한 광경을 창조하신 하나님의 놀라운 능력에 압도된다. 하나님께서는 틀림없이 콜로라도(Colorado)의 로열고지(Royal Gorge)[로키산맥에 있는 계곡으로서 세계에서 가장 높은 현수교가 있다.-역자]를 만들어 내신 위대한 손을 가지고 계시다. 그레이트스모키산맥(Great Smoky Mountains)의 다채로운

빛깔은 하나님께서 세상을 창조하신 놀라운 능력을 선포하고 있다. "그분께서 여기에 계시다."라고 은하수가 외친다. "그분께서 여기에 계시다."라며 들꽃들이 한 목소리로 노래한다. "그분께서 여기에 계시다."라며 잔잔히 흘러가는 시냇물도 함께 노래한다. 새들도 노래하고, 사자들은 포효하며, 물고기들은 바다에 이렇게 적고 있다. -"그분께서 여기에 계시다." 모든 피조물들이 함께 그분을 찬양하며 노래한다. 하늘이 이를 선포하고, 땅이 그에 화답하고, 바람이 속삭인다.-"그분께서 여기에 계시다." 거대한 삼나무는 그 위로 날아오르는 독수리에게 그렇게 말하며, 양과 늑대는 고개를 끄덕인다. "그분께서 여기에 계시다." 하나님께서는 온 세상에 그분의 지문을 남겨 두셨다. 모든 바위, 모든 나뭇가지, 모든 강, 모든 산에 그분의 낙관이 남아 있다.

로마서 1장은 바로 이 점에 관해서 말하고 있다. 모든 사람이 하나님에 관해서 무언가를 알고 있다. 그들이 그에 관해서 의식적으로 생각하든지 아니든지 그것은 중요하지 않다. 이 진리는 너무나도 분명히 드러나 있기 때문에 그 누구도 놓치고 지나칠 수 없을 정도이다. 남태평양의 한 섬에 살고 있는 식인종이든지 시카고 시내에 살고 있는 엘리트이든지, 당신은 하나님에 관한 진리를 이해하지 못할 수가 없다. 그리고 하나님께서는 자신에 관한 진리를 너무나도 명백하게 보여 주셨기 때문에 그것을 이해하지 못한 사람은 지금까지 아무도 없었다. 그러므로 바울은 20절에서 "사람들은 핑계를 댈 수가 없습니다."라고 말하고 있다. 모든 인류는 하나님에 관해서 알고 있다. "나는 모른다."라고 말할 수 있는 사람은 아무도 없다. 지구 상의 모든 문명이 최고의 존재에 관한 관념을 가지고 있는 것도 바로 이 때문이다. 비록 그 관념이 아무리 왜곡된 것이라고 할지라도 말이다. 인간은 자신의 외부에서 해답을 찾을 수밖에 없도록 만들어진 존재이다. 인간의 본성은 종교적일 수밖에 없다. 프랑스의 철학자 파스칼(Pascal)은 모든 사람의 마음에는 "하나님께서 만들어 놓으신 텅 빈 공간"이 있다고 말했다. 그리고 아우구스티누스(Augustine)는 "오 주님, 당신께서는 직접 우리를 지으셨습니다. 당신 안에서 안식을 얻기까지 우리의 마음에는 평안이 없습니다."라고 말했다. 전도서 3장 11절에서는 하나님께서 "사람들에게는 영원을 사모하는 마음을 주셨느니라."라고 말하고 있는데, 이것은 궁극적인 해답을 갈망하는 마음도 하나님께서 주신 것이라는 뜻이다. 하나님께서는 사람의 마음 속에 그런 갈망을 심어 주셔서 사람들로 하여금 하나님을 경배하게 만드셨다.

무신론은 지구상에서 가장 부자연스러운 철학이다.

우상숭배는 차라리 무신론보다 자연스러운 현상이다. 왜냐하면 적어도 우상을 숭배하는 이들은 그들 외부에 더 뛰어난 능력이 존재한다는 것을 인정하기 때문이다. 무신론자는 자신이 자연 속에서 보게 되는 하나님에 관한 진리를 부인할 뿐만 아니라, 자신의 양심을 통해 발견하게 되는 하나님에 관한 진리를 고의적으로 그리고 계속해서 억누르는 사람이다. 결국 하나님을 믿지 않기 위해서는 더 많은 믿음이 필요하다. 몇 해 전 레이 컴포트(Ray Comfort)는 *God Doesn't Believe in Atheists*(하나님은 무신론자들을 믿지 않으신다)라는 기발한 제목의 책을 썼다. 그의 말이 옳다. 당신이 믿거나 말거나 하나님께서는 존재하신다. "어리석은 사람은 마음속으로 '하나님이 없다' 하는구나"(시 14:1). 하나님께서는 세상의 모든 죄인들을 사랑하시는 것처럼 무신론자들을 사랑하신다. 그리고 무신론자도 다른 모든 사람들과 마찬가지로 구원 받을 수 있다. 무신론자들도 마음 깊은 곳에서는 하나님께서 계시다는 것을 알고 있다. 다만 그들은 이를 받아들이려고 하지 않을 뿐이다.

구원의 현현(顯現): 하나님께서는 자신의 아들 주 예수 그리스도 안에 스스로를 계시하셨다

하나님께서는 우리 스스로 하나님께서 어떤 분이신지 알아내도록 그저 내버려 두지 않으신다. 그분께서는 자연 속에서 스스로를 계시하시며, 인간의 마음속에서 스스로를 드러내신다. 그러나 기독교는 하나님께서 예수 안에서 자신을 궁극적으로 계시하셨다고 선포한다. 만약 하나님을 알기 원한다면, 우리는 그분께서 제시하신 길로 나아가야 한다. 다시 말해서 우리는 그분의 아들을 통해서 하나님을 알 수 있다. 예수께서는 요한복음 14장 6절에서 "나는 길이요, 진리요, 생명이다. 나를 거치지 않고서는, 아무도 아버지께로 갈 사람이 없다."라고 말씀하셨다. 요즘 이 성경 구절은 그다지 인기가 없다. 하지만 진리는 다수결로 결정되는 것이 아니다.

사람들이 신학적인 타협을 서슴지 않고 복음주의적인 세력은 약해져 있는 요즘과 같은 때에, 우리는 하나님의 사랑은 넓고 이 세상

끝까지 이르기 때문에 그 누구든지 구원 받을 수 있다는 메시지를 다시 한 번 선포해야만 한다. 또한 우리는 오직 예수 그리스도를 통해서만 구원을 받을 수 있으며, 예수를 통해서 하나님께 나아오지 않는 이들에게 다른 길은 없음도 선언해야 한다.

개인적인 변화:
우리가 하나님을 만나게 되면
우리의 삶은 영원히 변화를 받게 된다

"믿음이 없이는 하나님을 기쁘게 해 드릴 수 없습니다. 하나님께 나아가는 사람은, 하나님이 계시다는 것과, 하나님은 자기를 찾는 사람들에게 상을 주시는 분이시라는 것을 믿어야 합니다"(히 11:6). 우리 시대에는 채워지지 않는 하나님에 대한 갈망이 존재한다. 사람들이 『다 빈치 코드』(The Da Vinci Code)를 읽는 것도, 천2백만 명이 릭 워렌(Rick Warren)의 책 『목적이 이끄는 삶』(The Purpose-Driven Life)을 사서 읽는 것도 바로 이 때문이다. 이 두 권의 책은 정반대의 내용을 담고 있지만, 내가 이 책을 쓰고 있는 지금, 두 권 다 《뉴욕타임즈》(New York Times)의 베스트셀러 순위에 올라 있다.

> 우리 시대에는 채워지지 않는
> 하나님에 대한 갈망이 존재한다.

나의 친구인 존과 앤 오커스 부부는 오랫동안 니제르(Niger)에서 주님을 섬겼다. 존은 나에게 자신의 첫 번째 부인이었던 에벌린이 선교지에서 어떻게 죽었는지, 그리고 어떻게 자신이 그녀를 나이지리아(Nigeria) 미앙고(Miango)의 선교사 묘지에 묻었는지 이야기해 주었다. 몇 해 전 말린과 내가 나이지리아를 방문했을 때, 우리는 그 선교사 묘지에 갔다. 거기에는 복음을 위해 최후의 희생을 바친 60여 명 사람들의 무덤이 있었다. 20세기 초에 아프리카에 온 선교사들의 수명은 고작 8년에 불과했다. 나는 "사랑하는 그의 아내와 자녀들의 기억 속에 잠들다."라는 비문과 함께 그들의 이름이 적혀 있던 묘를 보게 되었다. 그 밑에는 이 네 마디가 적혀 있었다. "넘치도록 만족한 삶을 살았던." 너무나도 많은 비문이 있었다. 한 아이는 태어난 지 하루 만에 죽었다. 또 다른 아이는 고작 며칠을 살았다. 아버지와 아들이 나란히 묻혀 있는 경우도 있었다. 그는 범람하는 강에서 아들을 구하려다가 죽었다. 둘 다 익사한 것이다.

왜 하나님께서는 복음을 위해서 그렇게 헌신했던 당신의 종들이 이런 고통을 받도록 하시는 것일까?

하나님의 은총은 값없지만, 결코 값싼 것은 아니다.

세상에 복음을 전하는 것은 결코 쉬운 일이 아니다. 그리고 예수께서는 이를 너무나도 잘 아셨다. 그렇기 때문에 예수께서는 "너희는 세상에서 환난을 당할 것이다."(요 16:33)라고 말씀하셨다. 수백 년 전에 테르툴리아누스(Tertullian)는 "순교자의 피가 교회의 씨앗이다."라고 선언했다. 교회가 가는 곳마다 새로운 땅이 요구하는 대가는 항상 피로 치러져 왔다. 미앙고에서 나는 1950년대에 죽은 한 어린 아이-내 생각에는 남자 아이인 것 같다-의 비문을 보았다. 비문에는 이렇게 적혀 있었다. "우리는 이 씨앗이 언젠가 하나님 나라를 위한 영혼의 열매를 맺게 되기를 소망하며 이 씨앗을 여기에 심는다." 숙소로 돌아오는 동안 나는 눈시울을 적셨다. 나는 말린에게 말했다. "제단에 내가 바친 것은 얼마나 초라한지…."

우리가 그 선교사 묘지에 방문한 것은 몇 해 전의 일이다. 최근에 나는 플로리다(Florida)에서 살고 있는 은퇴한 선교사들을 찾아갔었다. 며칠에 걸쳐 나는 연로한 선교사들이 평생 동안 어떻게 그리스도를 섬겨 왔는지 회상하는 이야기를 들었다. 먼 나라에서 몇 십 년 동안 봉사한 것에 대해서 후회하는 사람은 아무도 없었다. 그들 모두 고향에 머무르고 있었다면 훨씬 더 편안한 삶을 살았을 것이다. 그러나 그들은 하나님의 부르심을 들었고, 그 부르심에 순종하는 삶을 살았다. 그들 중 어떤 이들은 수년간 고초를 겪었고, 이슬람 국가에서 사역했던 이들은 선교 활동을 마칠 때가 되어서도 개종자가 고작 몇 명에 불과하기도 했다. 한 여자분은 아프리카에서 선교를 마칠 때가 되어서도 이슬람교에서 개종한 사람이 "셋 아니면 넷" 밖에 안 되었다고 회고했다. 사역을 시작했던 1940년대에, 그녀는 SIM[미국에 본부를 두고 아프리카사역을 하는 초교파선교단체-역자] 소속의 노(老)선교사를 만났는데 그 선교사는 "이슬람교 지역에서 사역한다는 어려움을 생각하지 말고, 십자가에 초점을 맞추라."라고 말했다고 한다. 정말 그들은 그렇게 일했다. 그들은 그 먼 곳에 가서 병원과 진료소, 학교, 교회, 선교 본부를 지었다.

그들은 결코 후회하지 않았다. 뿐만 아니라 나는 그들이 참 기쁨을 누리고 있음을 알 수 있었다. 그들은 "기쁨으로 여호와를 섬기며 노래하면서 그의 앞에 나아갈지어다!"(시 100:2, 개정개역)라는 말씀 그대로 살아왔다. 그들은 참된 기쁨을 누리며 살았고 외부적인 상황에 관계없이 깊은 만족을 누리고 있었다.

아무런 후회도 없이 마음의 기쁨을 누리며 사는 하나님의 사람들과 함께 있는 것만으로 많은 도전과 격려를 받을 수 있다.

이 선교사들은 자신들이 감당해야 할 어려움, 낙심, 반대, 질병, 상실, 좌절, 외로움, 육체적인 고통, 영적 전쟁에 대해서 잘 알고 있었다. 그러나 그들은 이런 문제에 연연하지 않았다. 그들은 하나님께서 복음의 능력으로 사람들의 마음과 그들의 삶, 가족과 마을, 온 부족을 어떻게 변화시키셨는지 증언하면서 흥분을 감추지 못했다. 그들은 그리스도를 섬기면서 당하는 여러 가지 시험을 "더할 나위 없는 기쁨으로 생각"했다(약 1:2). 이처럼 위대한 하나님의 성도들과 함께 있을 때 진한 감동과 함께 스스로 겸손해지게 된다. 세상은 그들이 여기 있다는 것을 아마도 모를 것이다. 하지만 하늘에서는 그들의 이름이 금으로 적혀 있을 것이다.

그들은 하나님께서 진정으로 자기를 찾는 이들에게 상 주시는 분이심을 증명해 보여 주고 있다.

편안한 집을 떠나 타국에서 몇 십 년 동안 힘든 삶을 살아온 데에 다른 이유는 없다. 그들은 "하나님께서 계시다."는 것을 믿었기 때문에, 그분의 부르심을 들었고 기꺼운 마음으로 그 부르심에 응답했다. 그들은 그분을 구했고, 그분을 찾았다. 그리고 그 순례를 마쳤을 때 그들은 전혀 후회없이 오히려 마음으로 기뻐하며 세상이 그리스도께 돌아오기를 간절히 기다리고 있다.

사도신경이 "하나님을 내가 믿사오며"라는 말로 시작하는 데는 다 그럴 만한 이유가 있다. 그것은 당신을 기다리고 있는 가장 큰 위험이다. 그것은 쉬운 길이 아니다. 그러나 그 길에는 기쁨이 있고 그 여정을 마치면 환희를 맛보게 될 것이다. 전심으로 하나님을 찾아보라. 그러면 당신의 삶은 완전히 달라지게 될 것이다.

생각해 볼 문제들

✝ 정말 모든 사람들이 하나님께서 계시다는 것을 알고 있는가? 어떻게? 그렇다면 왜 어떤 이들은 무신론자인가?

✝ 이 땅 위에 인간으로 오신 하나님의 아들 예수께서 하나님의 현현이시며 우리를 향한 그분의 사랑에 대한 최고의 표현이라는 점에 당신은 동의하는가?

✝ 당신의 비석에 "넘치도록 만족한 삶을 살았던."이라는 문구가 적히기를 원하는가? 왜 그런가? 아니라면 왜 아닌가? 당신은 현재의 삶에 만족하는가? 그렇지 않다면, 어떻게 만족하는 삶을 살 수 있을까?

3
누가 여기를 책임지고 있는가?
: "전능하신 하나님 아버지"

> 피곤한 사람에게 힘을 주시며, 기운을 잃은 사람에게 기력을 주시는 분이시다.
> 비록 젊은이들이 피곤하여 지치고, 장정들이 맥없이 비틀거려도,
> 오직 주님을 소망으로 삼는 사람은 새 힘을 얻으리니,
> 독수리가 날개를 치며 솟아오르듯 올라갈 것이요,
> 뛰어도 지치지 않으며, 걸어도 피곤하지 않을 것이다.
> | 이사야 40:29-31 |

두 단어로 하나님을 정의해 보라.

정말 어렵다. 그렇지 않은가? 하지만 스무 단어, 혹은 천 단어, 혹은 백만 단어가 우리에게 주어진다고 해서 우리가 하나님을 더 잘 정의할 수 있을까? 그러니 우선 먼저 이 두 단어로부터 시작해 보자. 단 두 단어로 하나님을 정의하라는 부탁을 받았다고 가정해 보라. 어떤 단어를 선택하겠는가? 이 물음은 정말 매혹적이다. 왜냐하면 사도행전은 **"전능하신 아버지"**라는 단 두 단어 안에 하나님의 모든 속성을 압축하고 있기 때문이다. 아버지를 뜻하는 그리스어

중에 흔히 쓰이는 말로 아바(Abba)라는 말이 있는데, 이 말은 우리 말의 '아빠' 처럼 아버지와의 친밀한 관계를 뜻하고 있다. 구약 성경의 '전능하신' 이란 말은, '전능하신 하나님' 이라는 뜻의 엘 샤다이(El Shaddai)에서처럼 샤다이(shaddai)라는 히브리어를 번역한 말이다.

엘 샤다이라는 하나님의 이름은 창세기 17장에서 처음으로 등장한다. 여기서 하나님께서는 (아흔아홉 살인) 아브람에게 (나중에 사라로 그 이름이 바뀌게 될) 그의 아내 사래가 1년 후에 아들을 낳게 될 것임을 알려 주신다. (하나님께서 그 이름을 '열국의 아비' 라는 뜻의 아브라함으로 바꾸어 주실) 아브람은 이것은 말도 안 된다고 여겨서 큰 소리로 웃었다. 주님께서는 자신의 이름, 즉 엘 샤다이(전능하신 주)를 걸고 이 약속을 보증하셨다. 성경 전체를 계속 읽다 보면 우리는 '전능하신' 주라는 하나님의 이름을 계속해서 만나게 된다. 요한계시록 1장 8절은 그 전형적인 예를 보여 준다. "지금도 계시고 전에도 계셨고 앞으로 오실 전능하신 주 하나님께서 '나는 알파요 오메가다.' 하고 말씀하십니다."

그러므로 사도신경은 이 두 단어를 한데 묶어서 하나님께서 어떤 분이신지를 간추려서 말해 주고 있다. 즉, 한 단어는 친밀하고 인격적인 하나님에 관해, 다른 한 단어는 그분의 무한하신 능력에 관해 말하고 있다. 그분을 '아버지' 라고 부르는 것은, 그분께서는 나를 돌보시는 인격적인 하나님이시라는 것을 의미한다. 그분을 '전능하신' 분이라고 부르는 것은, 그분께서는 무슨 일이든지 행하실 수 있으시다는 것을 의미한다.

> 사도신경은 이 두 단어를 한데 묶어서
> 하나님께서 어떤 분이신지를 간추려서 말해 주고 있다.
> 즉, 한 단어는 친밀하고 인격적인 하나님에 관해,
> 다른 한 단어는 그분의 무한하신 능력에 관해 말하고 있다.

미시시피 출신의 남자

"전능하신 하나님"이라는 구절을 묵상하다가 새로운 생각이 떠오른 적이 있다. 나의 아버지는 나에게 '전능하신 아버지'였다. 아버지의 이야기는 미시시피(Mississippi)의 옥스퍼드(Oxford)에서 몇 마일 떨어진 곳에서 시작된다. 어렸을 적 아버지는 농장에서 자라면서 사냥하고 낚시하는 법을 배웠다. 아버지는 목화를 심고 말과 소를 돌보는 법을 아주 잘 알고 있었다. 모든 것이 너무나도 힘들었던 대공황 기간 동안 아버지는 열심히 일하고 한 푼이라도 낭비하지 않은 것이 얼마나 중요한지를 배우게 되었다. 고등학교를 졸업하고 아버지는 대학에 들어갔고, 그 다음에는 의과대학 2년을 마쳤다. 그때 제2차세계대전이 터졌고, 아버지는 알래스카(Alaska)의 놈(Nome)에서 군의관으로 복무하게 되었다. 거기에서 아버지는 군 병원의 간호사였던 나의 어머니를 만났다. 전쟁이 끝난 후 그들은 결혼하여 멤피스(Memphis)로 이주했고, 거기에서 나의 형인 앤디와 내가 태어났다. 그후에 아버지는, 1954년에 뇌출혈로 돌아가신 큰아버지 클레런스가 시작했던 병원을 맡아서 일하기 위해서 앨라배마(Alabama)의 러셀빌(Russellville)로 이주했다. 내가 앨라배마의 작은 마을에서 자라나게 된 것은 이 때문이다. 그리고 나의 아버지는 1974년에 돌아가실 때까지 그곳에서 살았다. 우리는 큰아버지의 무덤에서 멀리 떨어지지 않은 언덕배기에 아버지를 묻었다.

나의 아버지는 코트와 넥타이를 즐겨 입으셨고, 언제나 사람들을 깍듯이 대하셨다. 예의를 지키는 것을 중요하게 여기셨고, 아이들은 부모님에게 말대꾸해서는 안 된다고 생각하셨다. 그런 점에서 아버지는 보수적이셨다. 요즘 아버지들은 자녀들과 친구처럼 지내는 경우가 많다. 나의 아버지는 이런 태도를 도저히 이해하지 못하셨을 것이다. 부모는 부모이고, 자식은 자식이다. 우리 모두가 자신이 누구인지를 기억할 때 이 세상은 제대로 돌아간다. 아버지는 분명 나의 가장 좋은 친구는 아니셨다. 그분은 나의 아버지셨다. 그리고 친구와 아버지 사이에는 큰 차이가 있다.

내가 십대였을 때 아버지와 나는 관계가 좋지 못했다. 아버지는 나를 잘 이해하지 못하셨고, 나도 아버지께 잘하지 못했다. 나는 아버지와 언쟁을 한 적도 있었다. 내가 목회의 소명을 느끼기 시작했던 대학시절까지도 아버지와의 불편한 관계는 계속되었다. 나는 젊었고 미숙했으며 약간 건방지기도 했다. 나는 많은 것을 알고 스스로 생각했지만, 모르는 것도 그것만큼 많았다. 내가 설교자가 되겠다고 말씀 드렸을 때, 아버지는 내게는 전혀 우습게 들리지 않았던 우스갯소리를 하셨다. 그러나 돌이켜보면, 내가 알고 있던 나보다 아버지께서 나에 대해서 더 잘 알고 계셨다는 것을 부인할 수 없다.

아버지들만 가지고 있는 지혜로, 그분은 목회자나 설교자가 되기 위해서 필요한 성품이 나에게는 부족했음을 알고 계셨던 것이다. 내 삶이 바뀌지 않으면 내가 성공할 수 없을 것이라는 것을 아버지는 알고 계셨다.

1972년에 한 세미나에 참석했는데, 거기서 나는 처음으로 깨끗한 양심의 중요성에 대해서 듣게 되었다. 강사는 우리가 상처를 입힌 사람들에게 용서를 구할 때까지는 우리가 한 발짝도 앞으로 나아가지 못할 것이라고 말했다. 그것은 쉬운 일이 아니었다. 그러나 나는 어느 날 밤 아버지를 찾아가 이야기했다. 내가 들어갔을 때 아버지는 책상에서 병원의 서류작업을 하고 계셨는데 하던 일을 멈추지는 않으셨다. 나는 그동안 내가 많은 실수를 했고 아버지와 어머니를 가슴 아프게 했다고 더듬더듬 말했다. 그리고 이 모든 것에 대해 죄송하다고 아버지에게 말씀 드렸다.

아버지는 잠깐 나를 쳐다보시고는 이렇게 말씀하셨다. "괜찮다. 아들아!" 아버지는 그 한마디를 하셨지만 그날 나는 내가 용서 받았다는 것을 알게 되었다.

조슈아 타이러스 프리차드(Joshua Tyrus Pritchard)

이듬해 말린과 나는 약혼을 했다. 우리는 대학을 졸업한 후 6월에 [미국의 대학은 대개 5월에 졸업식을 한다.-역자] 나는 앨라배마에 계신 부모님께 6주 후인 8월에 피닉스(Phoenix)에서 결혼하고 싶다고 말씀 드렸다. 어머니는 화가 나서 말씀을 잇지 못하셨고, 아버지는 그저 미소만 지으셨다. 결혼식에서 아버지는 나의 첫 번째 들러리(best man)가 되어 주셨다. 아버지는 우리가 결혼한 후 두 달이 좀 지나서 돌아가셨다. 아버지는 정말 건강한 분이셨는데, 갑자기 2주 동안 아프시다가 돌아가셨다. 아직도 내 기억 속에 남아 있는 한 순간이 있다.

결혼식을 마치고 말린과 나는 앨라배마를 떠나 댈러스로 돌아오고 있었다. 그때 나는 댈러스에 있는 신학교 1학년 학생이었다. 미시시피 주의 경계를 넘고 얼마 안 돼서 나는 울기 시작했다. 나는 말린에게 그 누구에게도 이야기하지 않았던 비밀을 이야기했다. 오랫동안 나는 아들을 낳아서 아들에게 내 아버지의 이름을 붙여주기를 꿈꿔왔다는 것을. 나는 아버지가 자기와 같은 이름을 가진 손자도 못 보시고 돌아가신 것이 슬퍼서 울었다. 5년 후 첫째 아들이 태어났다. 우리는 그 아이의 이름을 조슈아 타이러스, 내 아버지의 이름을 따라 타이러스 프리차드라고 지었다.

아버지가 돌아가신 후, 내가 아버지를 제대로 바라보기까지는 얼마 간의 시간이 필요했다. 내가 아버지를 필요로 할 때, 언제나 그분은 거기에 계셨다. 아버지는 어떤 물음에 대해서든 대답해 주셨다. 아버지는 어떤 문제든 해결해 주셨다.

아버지가 돌아가신 후, 세상은 나에게 더 이상 안전한 곳이 아니었다. 그리고 이제 다시는 세상이 정말 안전한 곳처럼 보이지 않았다. 나는 아버지를 사랑했고, 아버지를 존경했으며, 아버지를 두려워했다. 나는 아버지가 나로 인해 기뻐하시기를 바랐다. 나는 아직도 아버지를 그리워한다. 그분은 나에게 '전능하신 아버지'였다.

하나님의 자리를 대신하여

어쩌면 내가 이 장에서 나의 아버지에 관한 이야기를 하는 데 너무 많은 시간을 할애한 것처럼 보일 수도 있겠다. 그러나 나는 지금까지 좋은 성경적 기초를 놓았다고 생각한다. 오랫동안 우리는, 자녀들에게 부모는 하나님의 자리를 대신한다고 알고 있었다. 부모는 하나님이 아니다. 그러나 우리는 부모님에게서 (좋든 나쁘든) 하나님에 관한 무언가를 배우게 된다.

제자들이 예수께 어떻게 기도할지를 가르쳐 달라고 부탁했을 때, 예수께서는 그들에게 "하늘에 계신 우리 아버지여"라는 말로 기도를 시작하라고 말씀하셨다. 예수께서도 하늘에 계신 우리 아버지를 지상의 아버지들에 비유하셨다.

"너희 가운데서 아들이 빵을 달라고 하는데 돌을 줄 사람이 어디에 있으며, 생선을 달라고 하는데 뱀을 줄 사람이 어디에 있겠느냐? 너희가 악해도 너희 자녀에게 좋은 것을 줄줄 알거든, 하물며 하늘에 계신 너희 아버지께서, 구하는 사람에게 좋은 것을 주지 아니하시겠느냐?"(마 7:9-11).

자녀들에게 참으로 필요한 것을 주는 것이 아버지의 기쁨이자 의무이며 특권이다. 내 아버지는 나에게 그렇게 해 주셨고, 나도 내 자녀들에게 그렇게 하려고 노력한다. 그러나 나는 죄인이며, 나의 아버지도 죄인이셨다. 완벽한 아버지는 오직 한 분, 즉 하늘에 계신 우리 아버지뿐이시다. 그분께서는 지상의 아버지들이 하는 모든 것을 기꺼이 우리에게 베푸시며 그것 말고도 훨씬 많은 것을 해 주신다.

> 우리 삶의 모든 환경은 결코 우연이 아니다. 그것은 악의 결과일 수도 있다. 그러나 악은 우리 전능하신 하나님의 강력한 손 안에 꼼짝없이 붙들려 있다. … 모든 악은 그분의 지배 아래 있으며, 그분께서 허락하지 않으시면 악은 그분의 자녀들을 건드릴 수도 없다.
>
> Margaret Clarkson, Grace Grows Best in Winter

말라기 1장 6절에서 하나님께서는 "아들은 아버지를 공경하고 종은 제 주인을 두려워하는 법인데, 내가 너희 아버지라고 해서 너희가 나를 공경하기라도 하였느냐? 내가 너희 주인이라고 해서 너희가 나를 두려워하기라도 하였느냐? 나 만군의 주가 말한다."라고 말씀하셨다. 이 구절은 아버지이신 하나님과 전능하신 하나님을 같은 절에서 동시에 말하고 있는 몇 안 되는 성경 구절 중의 하나이다. 만약 하나님께서 '전능하신 아버지'가 되심을 믿는다면, 우리는 마땅히 그분께 존귀와 영광을 돌려야 할 것이다.

이를 좀더 분명히 이해하기 위해서 이 두 개념을 나란히 두고 생각해 보자.

- 그분께서는 전능하시다: 그분께서는 하시고자 하는 것은 무엇이든 하실 수 있으시다.

  그분께서는 우리의 아버지이시다: 그분께서는 우리의 행복을 위해서 필요한 모든 것을 베풀어 주신다.

- 그분께서는 전능하시다: 그분께서는 할 수 있으시다!

  그분께서는 우리의 아버지이시다: 그분께서 해 주신다!

> 하나님을 전능하신 아버지라고 부르는 것은
> 우리가 어떤 상황에 처하든지 그분을 신뢰할 수 있다는 것을 뜻한다.
> 왜냐하면 하나님께서는 우리를 지켜 주시기 위해 필요한 일은
> 무엇이든 해 주시기 때문이다.

하나님을 전능하신 아버지라고 부르는 것은 우리가 어떤 상황에 처하든지 그분을 신뢰할 수 있다는 것을 뜻한다. 왜냐하면 하나님께서는 우리를 지켜 주시기 위해서 필요한 일은 무엇이든 해 주시기 때문이다.

로마서 8장 31-32절은 이 진리를 아름답게 그려내고 있다. "그렇다면, 이런 일을 두고 우리가 무엇이라고 말할 수 있겠습니까? 하나님이 우리 편이시면, 누가 우리를 대적하겠습니까? 자기 아들을 아끼지 않으시고, 우리 모두를 위하여 내주신 분이, 어찌 그 아들과 함께 모든 것을 우리에게 선물로 거저 주지 않으시겠습니까?"

우리에게 참으로 필요한 것은 무엇이든지 우리 아버지께서는 우리가 틀림없이 그것을 가질 수 있도록 해 주실 것이다. 왜냐하면 그분께서는 '전능하신 아버지', 엘 샤다이, 전능하신 하나님이시기 때문이다.

이사야 40장이 그리고 있는 지친 이들에 힘을 주시겠다는 약속은 바로 이와 같은 하나님의 본질에 기초를 두고 있다.

너는 알지 못하였느냐? 너는 듣지 못하였느냐? 주님은 영원하신 하나

님이시다. 땅 끝까지 창조하신 분이시다. 그는 피곤을 느끼지 않으시며, 지칠 줄을 모르시며, 그 지혜가 무궁하신 분이시다. [29] 피곤한 사람에게 힘을 주시며, 기운을 잃은 사람에게 기력을 주시는 분이시다. [30] 비록 젊은이들이 피곤하여 지치고, 장정들이 맥없이 비틀거려도, [31] 오직 주님을 소망으로 삼는 사람은 새 힘을 얻으리니, 독수리가 날개를 치며 솟아오르듯 올라갈 것이요, 뛰어도 지치지 않으며, 걸어도 피곤하지 않을 것이다(28-31절).

전능하신 아버지. 바로 그분이 내가 믿는 하나님이시다.

"어떤 일이 일어나든지 나는 이겨낼 것입니다"

전능하신 아버지를 알게 될 때, 당신은 가장 힘든 삶의 순간들을 이겨낼 힘과 용기를 얻게 될 것이다. 나는 하나님을 믿는 믿음으로 자신의 삶에 닥쳐온 엄청난 위기를 헤쳐가고 있던 펜실베이니아의 한 남자로부터 이메일을 받은 적이 있다.

이 글을 쓰는 지금 나는 간암 4기로 고통 받고 있습니다. 3주 전에 발견했고 지금은 수술조차 할 수 없다고 합니다. 다음 주에 항암치료를 시작하게 됩니다. 인생의 최고의 시기를 누리고 있는 마흔다섯 살인 나에게 이 병이 찾아왔습니다. 우리에게는 다섯 명의 자녀와 세 명의 손주들이 있고, 지금까지는 모든 것이 그야말로 완벽했습니다. 이 시련이 최악이기 때문에 최고의 기적이 있을 것이라고 믿습니다. 어떤 일이 일어나든지 나는 이겨낼 것입니다! 항암치료를 하지 않으면 6개월을, 하면 2년을 더 살 수 있다고 합니다. 나는 가족과 친구들에게서 엄청난 사랑을 받고 있습니다. … 하나님께서는 만물을 통치하시고, 모든 일을 주관하시며, 결코 실수하지 않으십니다. 하나님께서 최고로 관심을 가지고 계신 대상은 바로 우리들입니다. 나는 알고 있습니다. 하나님께서 나에게 그렇게 말씀하셨기 때문입니다.

이것은 참으로 놀라운 생각이다. 나는 "어떤 일이 일어나든지 나는 이겨낼 것입니다!"라는 말이 좋다. 전능하신 아버지를 믿는 사람만이 이렇게 말할 수 있다.

"만약 내가 진정으로 전능하신 하나님 아버지를 믿고 있다면, 나는 _____ 할 것이다." 당신은 이 빈칸을 어떻게 채우겠는가? 나는 '그분을 더 많이 신뢰하고 불평은 덜 하게 될 것이다.'라고 말하고 싶다. 나는 더 많이 미소 짓고 덜 찌푸리게 될 것이다. 나는 더 이상 하나님을 속이려고 하지 않고, 내 삶 속에서 하나님께서 하나님 되시게 할 것이다. 나는 더 빨리 용서하게 될 것이고, 화내는 것은 더뎌지게 될 것이다. 나는 그분의 사랑 안에 굳게 서게 될 것이므로 더 많은 모험을 감행하게 될 것이다. 나는 그리스도를 나누는 일에 열심을 낼 것이고, 다른 사람들이 나를 어떻게 생각할지에 대해서는 덜 걱정하게 될 것이다. 나는 "주님의 뜻이 이루어질 것입니다."라고 말하게 될 것이다. 정말 나는 진지하게 이렇게 말하게 될 것이다. 왜냐하면 내 아버지께서는 나의 원수가 아니기 때문이다. 나는 더 많이 기도하고 덜 투덜댈 것이다. 나는 이미 가지고 있는 것에 만족하게 될 것이다. 왜냐하면 나에게 다른 어떤 것이 정말 필요하다면 하늘에 계신 내 아버지께서 나에게 그것을 반드시 주실 것이기 때문이다.

"전능하신 하나님 아버지"- 그분을 신뢰하라!

생각해 볼 문제들

✝ 아버지(혹은 어머니)로부터 긍정적이든 혹은 부정적이든, 당신은 하나님에 관해 무엇을 배웠는가? 그것은 지금 당신의 삶에 어떤 영향을 미치고 있는가?

✝ 당신에게 어떠한 시련이 닥쳐온다 할지라도 당신이 그것을 이겨낼 것임을 믿는가? 왜 그런가, 혹은 왜 그렇지 않은가? 시련의 때에 그리스도에 대한 당신의 믿음은 어떤 역할을 하는가?

✝ 당신은 하나님께서 돌보시는 아버지 혹은 전능하신 하나님이심을 더 많이 이해해야 할 필요를 느끼는가? 왜 그런가? 이를 위해서 당신은 무엇을 할 수 있겠는가?

4
우연은 없다
: "천지를 창조하신"

> 우리의 주님이신 하나님,
> 주님은 영광과 존귀와 권능을 받으시기에 합당하신 분이십니다.
> 주님께서 만물을 창조하셨으며, 만물은 주님의 뜻을 따라 생겨났고,
> 또 창조되었기 때문입니다.
> | 요한계시록 4:11 |

최근에 조지아(Georgia) 주의 교육감이 생물 교과서에 진화라는 단어를 빼자는 의견을 제시했다. 여전히 학교에서 진화론을 가르쳐야 하지만, 그 말을 사용하지 말자는 것이다. 지미 카터(Jimmy Carter) 전 대통령은 그런 제안을 전해 듣고 당혹스러웠다고 말했다. 그는 이 같은 제안은 조지아 학생들의 교육을 검열하고 왜곡하려는 시도라고 평가했다. "만약 이 제안이 채택된다면 조지아 공립 학교 조직은 전국적으로 조롱 받게 될 것이 불을 보듯 뻔하다. 그리고 우리 주의 명성은 큰 타격을 받게 될 것이고, 그로 인해 우리 주

에 있는 최고의 대학들은 받지 않아도 될 나쁜 평판을 받게 될 것이다."[1]

여기서 주목해야 할 사실은, 이것은 진화론 자체에 대한 논쟁이 아니라는 것이다. 이것은 단지 진화라는 말 자체에 관한 논쟁이다. 진화론을 가르쳐야 할 뿐만이 아니라 그 단어를 사용해야 한다는 현재의 상황에 대해 약간의 도전이라도 있을 경우에, 교육 당국은 민감하게 반응한다는 것을 알 수 있다.

비슷한 사례로서, *World Magazine*(월드 매거진)은 미국 문화를 압도하고 있는 다윈주의적 제국을 해체하기 위해 노력하고 있는 캘리포니아대학교의 법학 교수인 필립 존슨(Philip E. Johnson)을 2003년도 "올해의 다니엘"이라고 불렀다. 1991년에 그는 『심판대 위의 다윈』(*Darwin on Trial*, 까치글방 역간, 2006) 이라는 책을 출판하여 엄청난 논쟁을 불러일으켰다. 그 이후로 그는 논문과 저서, 강연, 논쟁, 그 밖의 공적인 활동을 통해서 다윈주의에 관한 공격을 꾸준히 계속해 왔다. 그는 많은 기독교 지도자들이 창조-진화 논쟁을 별로 중요하게 취급하지 않고 있다는 점을 지적하면서 그들은 정말 잘못된 생각을 가지고 있다고 말한다. "근본적인 질문은 하나님이 실재적인 존재인가 아니면 상상의 존재인가 하는 것이다. 다윈주의적 진화론은 하나님의 존재 자체를 아예 배제하는 사고방식에 기초하고 있다." 그는 또 자신이 가장 크게 절망할 때는,

---

1 http://humaniststudies.org/phpBB2/viewtopic.php?p=1293&sid=3c35209a3794ec574416f1fa98fe5b24.

(그의 주장에 전적으로는 아니더라도 대체적으로 적대적인) 세속적 과학자들을 대할 때가 아니라, 진화론과 기독교 신앙이 궁극적으로는 양립할 수 있는 것이라고 믿는 기독교 지도자들을 만나게 될 때라고 말했다.

나를 가장 좌절하게 만드는 이들은 기독교 지도자들과 목회자들, 심지어 훌륭한 목사님들, 특히 기독교 대학과 신학교의 교수들이었다. 문제는 단지 그 이론이 틀렸다는 것을 그들에게 확신시켜야 할 뿐만 아니라, 이것이 정말 중요한 문제라는 것을 그들에게 납득시켜야 한다는 것이다. 진화론 논쟁은 단지 창세기의 첫 번째 장에 관한 문제가 아니라, 성경의 처음부터 마지막까지, 즉 그 전체가 걸려 있는 문제이다.[2]

존슨 교수의 지적은 전부 옳다. 이 계속되는 논쟁을 통해서 우리는 무엇을 배울 수 있을까?

이것은 상반된 세계관의 충돌이다

진화와 창조에 관한 논쟁은 사실 관찰할 수 있는 과학적 사실에 관한 것이 아니다. 그리고 공룡과 DNA에 관한 논쟁도 아니다. 그것은 서로 경쟁하고 있는 세계관에 관한 논쟁이다. 진화론의 핵심은,

---

2 John Perry, "Courtly Combatant," *World Magazine*, December 13, 2003; www.worldmag.com/displayarticle.cfm?id=8356.

전적으로 자연주의적인 렌즈를 통해 이 세계를 바라본다는 것이다. 이 이론은 하나님에 관한 언급 없이 우주 전체를 설명할 수 있다고 주장한다. 존슨의 말처럼, 진화론자는 하나님이 존재하지 않거나 중요하지 않다고 가정한다. 그러므로 이 논쟁은 노아의 방주가 있던 정확한 위치를 찾는 것이나 그랜드 캐니언(Grand Canyon)의 화석층을 설명하는 것보다 중요한 문제이다.

> 진화론의 핵심은,
> 전적으로 자연주의적인 렌즈를 통해서 이 세계를 바라본다는 것이다.
> 이 이론은 하나님에 관해서 언급하지 않고서
> 우주 전체를 설명할 수 있다고 주장한다.

과학적인 논점은 사실 궁극적인 진리라는 형이상학적인 논점을 위장하는 구실에 불과하다. 이것은 결코 사소한 문제가 아니다. 왜냐하면 진화론적 사고에서는 궁극적인 진리 같은 것이란 존재하지 않기 때문이다. 진화론에서는 처음에는 믿었다가 의심하고, 결국 폐기되는 끊임없는 이론의 연속이 있을 뿐이다.

앨 몰러(Al Mohler)라는 신학자는 이렇게 설명하고 있다.

백 년이 넘는 기간 동안, 주류 과학계는 자연주의, 유물론, 세속주의라는 정통 교의를 강화하는 방향으로 나아가고 있다. 이 세계관에 따르면, 세계는 그 자체의 용어만으로도 이해할 수 있는 닫힌 상자와 같다는 것이다. 즉, 그 상자 안에 있는 다른 물질과 과정만으로도 상자 안의 모든 것을 설명할 수 있다는 것이다. 이 상자 자체는 우주적 우연으로 설명된다. 자연주의적 과학은 우주 전체의 설계자가 존재한다는 생각을 아예 인정하지 않는다.[3]

그러므로 유신론적 진화론과 같은 절충적인 입장이 성립될 수 없는 것이다. 이것은 창조와 진화라는 근본적으로 양립할 수 없는 두 가지를 결합시키고자 한다. 많은 그리스도인들이 —그들 중 일부는 성경의 권위를 매우 진지하게 받아들이고 있다— 진화론이 인류의 기원을 가장 잘 설명하고 있다고 믿고 있음을 나는 발견했다. 그들은 성경과 정반대되는 세계관을 받아들임으로써 성경의 권위를 훼손하고 있다.

기독교 세계관은 하나님께서
만물을 창조하셨다는 진리에 기초한다

"우리는 우리의 형상을 따라서 우리의 모양대로 신을 만들었다!" 코미디언 조지 칼린(George Carlin)은 말했다. 일면 맞는 말일 수 있다. 비록 그의 의도는 그렇지 않겠지만 말이다. 우리는 하나님을 '만든' 것이 아니라, 우리와 똑같은 모습의 가짜 신을 '만들었다.' 그리고 이것이 바로 인류의 근원적인 문제이다. 또한 사도신경의

---

[3] Al Mohler, Crosswalk weblog, January 30, 2004; http://www.crosswalk.com/blogs/mohler/1243665/.

첫 머리에서 창조론을 다루고 있는 것도 바로 이 때문이다. 기독교 세계관은 진화론적 세계관과 180도 다른 입장에 서 있다. 성경 저자들은 모든 피조물이 하나님의 작품임을 거듭 말하고 있다.

태초에 하나님이 천지를 창조하셨다 (창세기 1:1).

믿음으로 우리는 세상이 하나님의 말씀으로 지어졌다는 것을 깨닫습니다. 보이는 것은 나타나 있는 것에서 된 것이 아닙니다 (히브리서 11:3).

창세기 1장은 하나님께서 세상을 어떻게 창조하셨는지 중요한 사실을 말하고 있다. 창세기 1장에는 "하나님이 말씀하시니"라는 구절이 여덟 번 반복된다. 하나님께서 말씀하시니 어두움 속으로 빛이 비쳤다. 그분께서 말씀하시니 물이 뭍으로부터 물러났다. 그분께서 말씀하시니 마른 땅이 드러났다. 그분께서 말씀하시니 식물이 나타났다. 그분께서 말씀하시니 낮에는 해가 창공을 채웠고 밤에는 수많이 별들이 빛났다. 그분께서 말씀하시니 바다가 물고기로 가득 찼고 새들은 날기 시작했다. 그분께서 말씀하시니 소는 풀을 뜯고, 다람쥐는 도토리를 모았으며, 강에서는 수달이 장난을 쳤고, 들판에서는 캥거루가 껑충껑충 뛰기 시작했다. 마지막으로 그분께서 다시 말씀하셨고 아담을 창조하셨다. 그분께서는 그에게 생기를 불어넣으시니, 아담이 생령이 되었다. 아담이 외로워할 때, 하나님께서는 그의 옆구리에서 갈빗대를 취하셔서 하와를 창조하셨다. 이리하여 인류가 시작되었다.

당신은 이런 문구가 쓰인 티셔츠를 봤을지 모르겠다. "나는 빅뱅을 믿는다. 하나님께서 말씀하시니… 꽝(BANG), 갑자기 세상이 나타났다." 성경은 하나님께서 명하시니 우주가 생겨났다고 우리에게 분명히 말하고 있다.

> 주님은 말씀으로 하늘을 지으시고, 입김으로 모든 별을 만드셨다(시편 33:6).

> 한 마디 주님의 말씀으로 모든 것이 생기고, 주님의 명령 한 마디로 모든 것이 견고하게 제자리를 잡았다(시편 33:9).

> 그것들이 여호와의 이름을 찬양함은 그가 명령하시므로 지음을 받았음이로다(시편 148:5).

> 하나님의 말씀으로 하늘이 오랜 옛날부터 있었고, 땅이 물에서 나와 물로 말미암아 형성되었다(베드로후서 3:5).

요한계시록 4장 11절을 보면 (모든 시대에 걸쳐 구속 받은 이들을 대표하는) 스물넷 장로들이 면류관을 벗어 하나님의 하늘 보좌 앞에 내려 놓으며 그분께 이렇게 경배한다. "우리의 주님이신 하나님, 주님은 영광과 존귀와 권능을 받으시기에 합당하신 분이십니다. 주님께서 만물을 창조하셨으며, 만물은 주님의 뜻을 따라 생겨났고, 또 창조되었기 때문입니다."

다음 장인 요한계시록 5장을 보면 그 장로들이 엎드리어 주 예수 그리스도이신 어린 양께 경배하며 자기 피값으로 인간을 구속하심을 찬양한다. "주님께서는 그 두루마리를 받으시고, 봉인을 떼실 자격이 있습니다. 주님은 죽임을 당하시고, 주님의 피로 모든 종족과 언어와 백성과 민족 가운데서 사람들을 사서 하나님께 드리셨습니다"(9절).

창조가 먼저 있었고 그 다음 구속이 있었다는 점을 주목하라. 스물넷 장로들은 먼저 창조주이신 하나님을 경배했다. 그 다음에 그들은 구속주이신 그리스도를 경배했다.

만약 우리가 창조의 교리를 잃어버린다면, 우리는 결국 구속의 교리마저 잃어버리게 될 것이다.

많은 복음주의자들이 이 점을 놓쳐버린 것 같다. 창세기를 보면 창조 이야기 다음에는 타락의 현실을 그리고 있다. 창세기 1-2장은 우리가 어디로부터 출발했는지를 말해 주고 있다. 창세기 3장은 죄가 어떻게 인류에게 들어왔으며 왜 우리에게 구원자가 필요한지를 설명해 주고 있다.

성경의 첫 세 장의 사실성을 제거해 버린다면, 성경의 나머지 모든 부분도 믿을 수가 없게 된다. 필립 존슨이 창조-진화 논쟁이 단지 창세기의 앞부분에 관한 문제가 아니라 성경 전체에 관한 문제라고 말한 것도 바로 이 때문이다. 창조가 없다면 구속도 없고, 십자가에서 죽으신 그리스도도 없으며, 죄의 용서도, 천국도, 영생의 소망도 없다.

> 만약 우리가 하나님의 위엄을 볼 수 있다면, 우리 자신의 참 모습을 볼 수 있게 될 것이다. 창조주 하나님을 예배하는 사람은 자기 존재의 신비를 이해할 수 있게 된다.
>
> R. Kent Hughes, Romans

그러나 요한계시록 4장 11절에서 또 다른 사실을 발견할 수 있다. **하나님께서는 그분의 뜻에 따라 만물을 창조하셨다.** 흠정역 성경에서는 "하나님께서 그분의 기뻐하시는 뜻대로 창조하셨다."고 말하고 있다.

하나님께서 우주를 창조하신 것은 그분께서 그렇게 하기를 원하셨기 때문이지, 그럴 필요가 있기 때문에 창조하신 것은 아니다. 이따금 하나님께서 하늘에서 외로우셔서, 그분 자신만으로는 무언가 부족해서 하나님께서 우리를 창조하셨다고 말하는 사람들이 있다. 그것은 사실에 입각하지 않은 감상적인 생각일 뿐이다. 우리는 영원히 성부, 성자, 성령으로 존재하시는 세 위격이시며 한 분이신 하나님을 예배한다. 성부, 성자, 성령은 서로를 사랑하시며 함께 친밀한 교제를 나누고 계신다.

하나님께서는 그분의 뜻대로 우리를 창조하셨다. 하나님의 주권을 이렇게 이해할 때, 우리는 우리에게 합당한 자세를 취할 수밖에 없다. 우리는 땅에 엎드리어 전능하신 창조주를 경배할 수밖에 없다.

세상을 창조하신 하나님을 알지 못한다면
이 세상을 결코 바르게 이해할 수 없다

하나님을 빼고는 우주에 관한 기초적인 진리를 알 수 없다! 인간의 기원과 우주의 진정한 역사를 이해하고 싶다면, 우리는 허망한 과학적 추론에서 시작해서는 안 되고, 하나님께서 그분의 말씀 속에서 우리에게 계시하신 대로 하나님을 이해하는 것에서부터 시작해야만 한다. 거기서부터 시작할 때 비로소 우리는 튼튼한 토대를 갖게 된다. 만약 그곳 말고 다른 어떤 곳에서 시작하게 된다면, 인본주의적 불신앙이라는 모래구덩이에 빠지게 되고 말 것이다.

우리는 하나님에게서 시작해야만 한다. 사도신경이 "전능하사 천지를 창조하신 하나님 아버지를 내가 믿사오며"라는 구절로 시작하는 것도 바로 이러한 이유 때문이다. 우리가 하나님을 만물의 중심에 둘 때에, 다른 모든 것은 제자리를 찾게 된다. "주님을 경외하는 것이 지혜의 근본이요, 거룩하신 이를 아는 것이 슬기의 근본이다"(잠 9:10).

하나님을 알지 못한다면 그 누구도 우주와 삶에 관한 어려운 질문들에 대한 해답을 알 수가 없다.

삶에 관한 세 가지 큰 물음들이다.

- 나는 어디에서 왔는가?
- 나는 지금 어디 있는가?
- 나는 어디로 갈 것인가?

첫 번째 물음에 대답할 수 있어야만, 나머지 두 물음에 대해서도 대답할 수 있을 것이다. 만약 당신 자신이 점액질에서부터 진화한 존재라고 생각한다면, 만약 당신이 우연적으로 수백만 년 혹은 수십억 년에 걸쳐 무계획적으로 진화한 결과로써 이 땅에 존재하게 된 것이라고 믿고 있다면, 만약 당신 자신이 아련한 과거에 원생액(原生液)[진화론에서 지구상에 생명을 발생시켰다고 주장하는 유기물의 혼합 용액-역자]에 번개가 떨어져서 진화의 연쇄가 시작된 결과로 존재하게 된 것이라고 믿고 있다면, 당신 자신이 어디로부터 왔는지, 당신이 지금 어디에 있는지 그리고 어디로 가게 될 것인지를 제대로 알 수가 없다.

우리가 어디로부터 왔는지에 관한 성경적 가르침을 요약하면, **우리는 진화된 것이 아니라 창조되었다.** 이 간단한 사실을 자녀들에게 가르쳐 주라. 이것이 무엇을 의미하는지를 자녀들이 확실히 알도록 하라. 자신들이 인격적인 존재이신 하나님에 의해 창조되었고 어떤 저등한 생명체로부터 진화한 것이 아님을 아이들이 배울 수 있도록 하라. 그리고 아이들이 나이가 들어 학교에서 진화론 사상을 배우게 될 때, 아이들에게 생물 시험을 볼 때 학교에서 원하는 답을 적고 시험지 아래에다 "진화된 것이 아니라 창조되었다."라고 쓰라고 말해 주라. 우리 아이들 자신들이 하나님에 의해서 창조되었으며 무계획적인 진화의 산물이 아니라는 엄연한 성경적 진리로 무장하게 하는 것은 너무나도 중차대한 일이다. 교황 베네딕트 16세는 자신의 첫 번째 공식 연설에서 바로 이 문제를 다루었다. "우리는 우연적이고 무의미한 진화의 산물이 아니다. 우리들 각자는 하나님의 계획대로 창조된 존재들이다. 하나님께서 우리들 각자를 그분의 의지대로 만드셨고 사랑하고 계신다. 우리들 각자는 우연적인 존재가 아니라 필연적인 존재이다."4

> 우리 아이들 자신이 하나님에 의해서 창조되었으며
> 무계획적인 진화의 산물이 아니라는 엄연한 성경적 진리로
> 무장하게 하는 것은 너무나도 중차대한 일이다.

하나님께서 이 세상을 창조하실 때, 그분께서는 나를 (나의 죄 된 본성은 제외하고) 지금 내 모습 그대로 지으셨다. 그분께서는 내 팔과 뼈를 만드셨고, 내 어머니의 태에서 나를 조성하셨다. 그분께서는 나를 근시로, 왼손잡이에 다리는 길고 푸른 눈에 갈색 머리로 만드셨고, 도저히 읽을 수 없는 필체에 남부 억양을 갖게 하셨다. 그분께서는 페퍼로니 피자와 초콜릿 파이, 치킨 프라이드 스테이크(chicken-fried steak)를 너무너무 좋아하게 만드셨다. 그분께서는 나를 설교자로 부르셨고, 글쓰기를 사랑하게 만드셨으며, 멋진 아내와 훌륭한 세 아들을 통해서 나에게 과분한 복을 주셨다. 나는 하루에 두 번 샤워를 하고, 방울양배추(Brussels sprouts)를 안 좋아하며, 인터넷 광이며, 거의 매일 자전거를 탄다. 그리고 사람들이 말하는 것처럼, 나는 뜀박질을 잘 못한다. 나는 춤을 별로 못 추며, 노래도 잘 못하는 편이다. 다시 말해서, 하나님께서는 지금 내 모습 그대로 나를 만드셨다. 나는 디자이너의 명품이며, 땅에 떨어지는

---

4 교황 베네딕트 16세가 2005년 4월 24일에 로마에서 했던 설교.
www.vatican.va/holy_father/benedict_xvi/homilies/2005/documents/hf_ben-xvi_hom_20050424_inizio-pontificato_en.html을 보라.

눈송이 하나하나가 다 독특한 것처럼 하나밖에 없는 한정판이다.

당신 또한 디자이너의 명품이다. 하나님께서 당신을 만드시고 나서, 그분께서는 당신을 만드실 때 쓰셨던 주형틀을 부셔버리셨다. 하나님께서 당신을 만드셨기 때문에 당신이 여기에 있는 것이다. 당신이 부모님에게 놀라운 존재였는지는 중요하지 않다. 당신은 하나님께 놀라운 존재이다. 우리는 하나님께 속해 있으며, 그분께서 지금 모습 그대로 우리를 만드셨고, 아무리 발버둥쳐도 우리는 그분을 벗어날 수가 없다. 그리고 그분을 친밀하게 알게 될 때까지 우리는 행복해질 수가 없다. 그분께서는 당신의 마음 속에 오직 그분만이 채우실 수 있는 빈 자리를 만들어 두셨다. 그분께서는 당신을 만드셨고, 당신의 죄에도 불구하고 당신을 사랑하시며, 아들을 보내어 십자가에서 죽으시고 죽은 자 가운데서 다시 살아나게 하심으로써 당신이 천국에 갈 수 있게 하셨다. 당신의 창조자께서 당신의 구원자가 되셨다. 하나님께서는 이토록 당신을 사랑하고 계신다.

모든 것은 우리를 창조하신 하나님에게서 시작된다. 그곳이 어디이든 만약 다른 곳에서 시작한다면 당신은 영원히 올바르게 이해할 수 없을 것이다. 그분께서 어떤 분이신지 알게 될 때 비로소 당신은 당신 자신이 누구인지를 알게 될 것이다. 사도신경에서 그분을 "전능하사 천지를 창조하신 하나님 아버지"라고 부르는 것은 바로 이 때문이다.

생각해 볼 문제들

✝ 세계관의 충돌인 진화-창조 논쟁에 대해 당신은 어떤 태도를 취하는가? 당신은 어느 편을 지지하는가? 그 이유는 무엇인가?

✝ 하나님께서 (당신을 포함하여!) 온 우주의 창조자가 되신다는 사실은 당신에게 개인적으로 어떤 의미가 있는가? 그것은 당신의 매일의 삶에 어떤 영향을 미치는가? 당신은 하나님과의 인격적인 관계가 없으면 이 세상을 이해할 수 없다는 것에 동의하는가?

✝ 당신이 디자이너의 명품, 즉 전능하시며 사랑하시는 하나님의 특별한 창조물이라는 것을 정말 믿고 있는가? 왜 그런가? 왜 그렇지 않은가? 당신 자신이 특별한 창조물처럼 느껴지는가? 그렇지 않다면, 당신의 삶 속에서 이 진리가 좀더 실제적으로 느껴지도록 하기 위해서 당신은 무엇을 할 수 있겠는가?

5
비교할 수 없는 그리스도
: "그 외아들 우리 주 예수 그리스도"

" 하나님은 신실하신 분이십니다.
하나님께서는 여러분을 부르셔서 그 아들 우리 주 예수 그리스도와
친교를 가지게 하여 주셨습니다."
| 고린도전서 1 : 9 |

예수 그리스도는 누구이신가? 이것은 역사의 핵심 질문이며 누구에게든지 가장 중요한 문제라고 해도 과언이 아니다. 그분께서는 어떤 분이신가? 그분께서는 어디로부터 오셨는가? 그분께서는 왜 오셨는가? 그분께서 오셨다는 것은 내 삶에 어떤 의미인가? 결국 모든 사람은 예수 그리스도의 문제에 직면할 수밖에 없게 된다. 당신은 이 문제를 회피하거나, 미루거나, 못 들은 척할 수도 있다. 그러나 언젠가는 이 문제에 대해 대답을 해야만 한다.

이것은 전혀 새로운 문제가 아니다. 이것은 그리스도께서 이 땅

에 오신 것만큼이나 오래된 문제이다. 예수께서 제자들과 함께 빌립보의 가이사랴에 이르셨을 때, 그들에게 "사람들이 [자신을 가리키시며] 인자를 누구라고 하느냐?"라고 물으셨다. 제자들은 네 가지의 대답을 했다. 세례 요한, 엘리야, 예레미야, 혹은 예언자들 가운데 하나(마 16:13-16을 보라). 예수께서 이 땅 위를 걸으실 때조차도, 사람들은 그분의 참된 정체성을 제대로 알지 못했다.

이에 관한 논의는 수 세기를 걸쳐 지속되고 있으며, 바로 오늘날까지도 계속되고 있다. 오늘날의 견해들에는 이런 것들이 있다. 좋은 사람. 하나님의 아들. 예언자. 갈릴리의 랍비. 하나님의 율법을 가르쳤던 선생. 하나님의 사랑의 화신. 다시 태어난 영적 스승. 궁극적 혁명가. 이스라엘의 메시아. 구세주. 1세기의 현자. 그저 다른 사람과 똑같은 사람. 왕 중의 왕. 사람들이 오해했던 선생. 우주의 주인. 망상에 사로잡힌 종교 지도자. 인자. 초대 교회가 꾸며낸 인물.

오늘날 사람들은 이러한 대답을 할 것이다. 2천 년이 지났지만, 우리는 아직도 예수라 불린 그분에 관해서 잘 모르고 있다. 그래서 우리는 다시 빌립보의 가이사랴로 되돌아간다. 예수께서는 다른 이들의 의견에 대해 물으신 후에, 자신의 가장 가까운 지지자들을 향해 그들의 대답을 요구하신다. "그러면 너희는 나를 누구라고 하느냐?" 결국 우리 각자도 바로 이 물음에 직면하게 된다. 우리는 다른 이들의 견해를 인용함으로써 이 물음을 피할 수는 없다. 우리 각자가 결정을 해야만 한다.

예수 그리스도는 누구이신가? 그리고 어떻게 당신은 성경에 근거하여 이 물음에 대답할 것인가? 이것은 두 번째로 중요한 질문이다.

왜냐하면 "나는 예수를 믿는다."라고 말하는 것으로는 충분하지 않기 때문이다. 수백만의 사람들이 그분을 믿는다고 주장하지만 성경이 그분에 대해 무엇이라고 말하는지 전혀 모르고 있다. 당신은 어떤 예수를 믿고 있는가?

그것은 모두 예수에 관한 것이다

감사하게도, 우리는 예수께서 어떤 분이신지에 관해서 고민할 필요가 없다. 2천 년 동안 그리스도인들은 사도신경을 통하여 그리스도에 대한 자신들의 신앙을 확증해 왔다. "[하나님의] 외아들 우리 주 예수 그리스도를 믿사오며." 이 구절부터 사도신경의 두 번째 주요 항목이 시작된다. 사도신경은 그 자체로 삼위일체적이다. 즉, 사도신경은 성부에 관한 항목, 성자에 관한 항목, 성령에 관한 항목으로 구성되어 있다. 예수 그리스도에 관한 항목은 사도신경 중 거의 2/3를 차지하고 있다. 이 점은 우리에게 중요한 사실을 말해 주고 있다.

기독교 신앙은 결국 예수에 관한 것이다!

예수께서는 우리가 믿고 있는 모든 것의 핵심이시다. 어떤 부차적인 문제에 대해서는 우리가 잘못 이해하더라도 여전히 그리스도인일 수 있다. 그러나 예수에 관해서 잘못 알고 있다면 그것은 치명적이다. 예수에 대한 우리의 믿음은 "내 마음속에 예수를 모시는" 단순한 감정적인 경험에 그쳐서는 안 된다. 우리의 믿음은 하나님의 외아들 우리 주 예수 그리스도에 관해서 계시된 진리 위에 기초해야만 한다.

사도신경의 이 구절을 가져와 검토해 보면, 이 구절이 다음과 같은 네 가지 진술을 담고 있음을 알 수 있다.

- 나는 예수를 믿습니다.
- 나는 그분께서 그리스도이심을 믿습니다.
- 나는 그분께서 하나님의 외아들이심을 믿습니다.
- 나는 그분께서 주님이심을 믿습니다.

이 각각의 진술은 좀더 자세히 검토할 만한 가치가 있다. 제임스 패커(J. I. Packer)는, "하나님을 '천지의 창조주'라고 부를 때 사도신경은 힌두교와 모든 동양 종교와 갈라선다. 그리고 예수께서 하나님의 외아들이시며 우리의 주님이신 그리스도이심을 선언할 때, 사도신경은 이슬람교나 유대교와도 갈라지게 된다. 예수에 관한 이와 같은 주장은 기독교를 전적으로 독특한 것으로 만들어 준다."[1]라고 말했다.

초대 교회의 그리스도인들은 자신들의 신앙을 묘사하기 위해 예수 그리스도에 대한 이러한 호칭들을 흔히 사용했다. 때때로 그들은 우리에게도 익숙한 물고기 모양의 상징을 사용하기도 했다. 그리스어로 물고기는 *IXTHUS*인데, 이것은 사도신경의 구절에 있는 네 단어와 사도신경에 포함되지 않은 한 단어의 첫 글자에서 따온 것이다.

I 는 그리스어로 예수의 첫 글자이다.

---

[1] J. I. Packer, 『견고한 크리스천』, 규장 역간.

X는 그리스어로 그리스도의 첫 글자이다.

TH는 그리스어로 하나님의 첫 글자이다.

U는 그리스어로 아들의 첫 글자이다.

S는 그리스어로 구세주의 첫 글자이다.

그러므로 *IXTHUS*(물고기 모양의 상징)는 이것을 약자로 표현한 것이다.

예수 그리스도, 하나님의 아들, 우리의 구세주.

그분은 구세주이시다

예수라는 이름은 "하나님께서 구원하신다."라는 뜻을 가지고 있다. 학자들에 의하면, 사실 이 이름은 1세기 유대인들 사이에서 매우 흔한 이름이었다고 한다. 예수라는 이름으로 우리의 주님과 동시에 유대 지방에서 살고 있던 사람이 적어도 열 명은 된다. 예수라는 이름을 가진 유대인 대제사장이 적어도 다섯 명은 된다. 이 이름은 구약 성경에 나오는 이름인 여호수아를 그리스어로 옮긴 것이다. 이 이름 자체로 하나님께서 인류를 구원하시기 위해서 하늘로부터 오셨다는 사실에 대해 말하고 있다. 그러므로 천사는 요셉에게 "너는 그 이름을 예수라고 하여라. 그가 자기 백성을 그들의 죄에서 구원하실 것이다."(마 1:21)라고 말했다.

예수를 믿는다고 말할 때, 우리는 그분께서 온전히 인간이셨고 온전히 하나님이셨다고, 즉 우리와 같은 사람이었지만, 하나님의 속성을 소유하신 분이셨다고 고백하는 것이다.

이 신-인(神-人)께서 죄로부터 우리를 구원하시기 위해 이 땅에 오신 것이다.

그분은 그리스도이시다

그리스도는 예수의 성(姓)이 아니다. 그것은 직함이다. 엄밀히 말해서, 우리는 그분을 그리스도이신 예수(Jesus the Christ)라고 불러야 한다. 부시 대통령 (President Bush)을 텔레비전에서 볼 때, 우리는 대통령(President) 이 이름(first name)이 아니라는 것을 알고 있다. 그것은 그의 직함, 즉 그가 가진 직위에 대한 이름이다. 마찬가지로,

그리스도라는 용어는 성자에게 신적으로 부여된 직함을 묘사하는 말이다. 이 단어는 '기름 부음 받은 이'라는 뜻을 가지고 있는 히브리어에서 기원한 그리스어에서 왔다. 종종 우리는 이 단어를 '메시아'라고 번역하기도 한다. 구약 성경에서 예언자와 제사장, 왕들이 하나님을 섬기는 그들의 직무를 공식적으로 시작할 때 그들은 기름 부음을 받았다. 기름 부음은 하나님께서 그들을 그 직위로 부르셨다는 것을 뜻하는 상징적인 행위이다.

예수를 '그리스도'로 부른다는 것은, 하나님께서 이스라엘을 구원하시고 온 세상을 구원하시기 위해 보내시겠다고 약속하신 그분이 바로 예수이심을 의미한다.

> 예수를 '그리스도'로 부른다는 것은,
> 하나님께서 이스라엘을 구원하시고
> 온 세상을 구원하시기 위해 보내시겠다고 약속하신
> 그분이 바로 예수이심을 의미한다.

창세기에서 요한계시록에 이르는 역사의 물줄기는 수천 년에 걸친 시간과 수백 세대라는 긴 세월을 도도히 흐르고 있다. 성경은 1,500년이 넘는 기간에 걸쳐 많은 사람들에 의해 기록된 66권의 책으로 이루어져 있지만, 오직 하나의 메시지를 담고 있다. 그것은 바로 **예수 그리스도를 통하여 이 세상을 구원하시려는 하나님의 계획이다**. 성경의 모든 내용은 이 위대한 주제에 그 초점이 맞춰져 있다.

구약 – 대망
복음서 – 성육신
사도행전 – 선포
서신서 – 해설
요한계시록 – 성취

구약 성경은, "그분께서 곧 오신다!"라고 말하고 있다. 복음서는 "그분께서 여기에 오셨다!"라고 말한다. 사도행전은 "그분께서 이미 오셨다!"라고 말한다. 서신서는 "그분께서 주님이시다!"라고 말한다. 요한계시록은 "그분께서는 다시 오실 것이다!"라고 말한다.

구약 성경은 그분께서 오실 것이라는 약속을 수차례 언급하고 있다.

- 그분께서는 여자의 씨 혹은 후손일 것이다(창세기 3:15).
- 그분께서는 셈의 후손일 것이다(창세기 9:26; 11:10-32).
- 그분께서는 아브라함의 후손일 것이다(창세기 12:2-3).
- 그분께서는 유다 지파 출신일 것이다(창세기 49:10).
- 그분께서는 다윗의 자손일 것이다(사무엘하 7:11-16).
- 그분께서는 동정녀에게서 나실 것이다(이사야 7:14).
- 그분께서는 베들레헴에서 나실 것이다(미가 5:2).

역사에서 오직 한 사람만이 이 모든 자격을 갖추고 있다. 바로 예수 그리스도이시다. 그러므로 우리의 유태인 친구들에게 사랑과 존경의 마음으로 이렇게 말한다. "당신이 기다리고 있는 그분께서는 이미 이 땅에 오셨습니다. 그분께서는 2천 년 전에 오셨습니다. 그분은 당신의 메시아입니다. 그분의 이름은 예수 그리스도입니다."

예수가 그리스도이시라고 말하는 것은, 곧 그분께서는 하나님을 우리에게로 데려오시고 우리를 하나님께 데려가시기 위해 하나님께로부터 오신 분이라는 것을 의미한다.

그분께서는 하나님의 외아들이시다

외아들이라는 말은 우리의 주님에 관한 아주 중요한 사실을 우리에게 말해 주고 있다. 요한복음 3장 16절을 보면, 하나님께서 이 세상을 이처럼 사랑하셔서 외아들을 보내셨다고 말하고 있다. 외아들이라는 말은 그리스어 *monogenas*에서 왔다. *mono*라는 말은, *monologue*(독백)에서와 같이 '하나의' 혹은 '유일한'이라는 뜻을 담고 있다. *genas*는 *gene*(유전자), *genetics*(유전학), *gender* (성차, 性差)와 같은 영어 단어와 관계가 있다. 이 두 부분을 합쳐 보면, '외아들'이라는 단어는 '오직 하나뿐인 유일한' 아들이라는 뜻이 된다. 예수 그리스도는 오직 한 분이시다.

만약 그저 인간일 뿐인 어떤 사람이 예수께서 하신 말을 했다면 그는 결코 위대한 도덕 선생이 아닐 것이다. 그는 자신이 삶은 달걀이라고 말하는 사람처럼 정신병자이거나 사악한 거짓말쟁이인 지옥의 악마일 것이다. 당신은 양자택일해야만 한다. 이 사람은 하나님의 아들이었고 지금도 하나님의 아들이시다. 아니면 그는 미친 사람이거나 그보다 더 나쁜 사람이다. 그러나 그분이 위대한 인간의 교사라는 식의 생색내는 듯한 헛소리를 하지는 말자. 그분께서는 우리에게 이러한 선택의 여지를 남겨 두지 않으셨다. 그분께서는 그렇게 의도하지 않으셨다…. 이제 선택은 명백해 보인다. 그는 미친 사람도 아니고 친구도 아니었다. 그러므로 그것이 아무리 이상하거나 무섭거나 있을 수 없는 일인 것처럼 보여도, 나는 그분께서 하나님이셨고 지금도 하나님이시라는 **견해를 받아들 수밖에 없다**.

C. S. Lewis, 『순전한 기독교』 (홍성사 역간, 2001)

성자는 성부와 동일한 본질을 함께 가지고 계시기 때문에, 예수께서는 "나와 아버지는 하나이다."(요 10:30)라고 말씀할 수 있으셨던 것이다. 그분의 말씀을 들었던 유대인들은 그분께서 하나님과

동등하다고 주장한다고 이해했다. 예수를 하나님의 외아들이라고 부른다는 것은 그분께서 성부와 동일한 본질을 가지고 계시다는 뜻이다.

이러한 진리로부터 삼위일체의 교리, 즉 세 신적 위격이신 성부, 성자, 성령으로 영원히 존재하시는 한 분 하나님에 관한 교리가 나왔다.

니케아 신조는 예수 그리스도께서는 "참 하나님으로부터의 참 하나님"이시라고 간결 명료하게 선언하고 있다. 그분을 하나님의 외아들이라고 부른다는 것은, 그분께서 성자 하나님이시며 그러므로 우리가 성부 하나님께 드리는 것과 똑같은 예배와 경배, 찬양, 경외 받으시기에 합당하시다는 것을 의미한다.

그분께서는 우리의 주님이시다

예수께서는 '우리 주'이시다. 그리스어로 주는 *kurios*(퀴리오스)이다. 이 단어는 신약 성경에서 많이 찾아볼 수 있으며, 로마 제국 시기에도 흔하게 사용되었다. 이 말의 기본적인 의미는 '절대적인 통치자'이다. 예수를 주라고 부른다는 것은, 그분께서 온 우주의 주권자이시며 그러므로 당신과 나를 다스리실 권리를 가지신다는 것을 의미한다. 로마서 10장 9절에서는, "당신이 만일 예수는 주님이라고 입으로 고백하고, 하나님께서 그를 죽은 사람들 가운데서 살리신 것을 마음으로 믿으면 구원을 얻을 것입니다."라고 말한다. 이 구절이 얼마나 간단한지 주목해 보라. '예수는 주님'이시다. 입으로 고백한다는 것은 단순히 이것을 말한다는 것 이상을 뜻한다. 그것은 당신이 말하고 있는 것을 마음으로부터 믿고 있음을 인정하는 것이다.

> 예수를 주라고 부른다는 것은,
> 그분께서 온 우주의 주권자이시며
> 그러므로 당신과 나를 다스리실 권리를 가지신다는 것을 의미한다.

이것을 제대로 이해하기 위해서, 우리는 로마인들이 그 거대한 제국을 어떻게 다스렸는지에 관해 약간의 배경지식이 있어야 한다. 로마는 유럽으로부터 중동을 거쳐 아프리카의 북부 해안에 이르는 거대한 제국이었기 때문에, 그 안에는 수많은 속주들이 있었고 수많은 토착 종교들이 자리잡고 있었다. 제국의 많은 지역에서는 '비의(秘儀) 종교'가 성행하고 있었다. 각 종교는 고유한 행동 규범과 경전, 예배 형식, 제사의 형태, 성스러운 의식, 사제 제도 등을 가지고 있었다. 이러한 종교들이 사람들의 마음을 달래 주는 데 노력하고 있었기 때문에, 로마인들은 이 종교들에 대해 가능한 한 많은 자유를 허락했다. 로마는 세금을 내는 것과 모든 이들이 "카이사르께서 주시다."라는 말하게 하는 것만 요구하였다. "카이사르가 주권자라는 것만 인정하라. 그러면 당신이 원하는 종교가 어떤 것이든 그것을 따라도 좋다."

로마제국에 살고 있던 많은 사람들에게 이러한 요구는 전혀 큰 부담이 아니었다. 그러나 그리스도인들은 '카이사르께서 주시다.'

라고 말하면서 동시에 그리스도를 믿는다고 할 수가 없었다. 그들의 믿음에 따르면 예수께서 주님이신데, 어떻게 그들이 '카이사르께서 주시다.' 라고 말할 수 있겠는가? 그들은 그리스도를 부인하기를 거부했고, 그 때문에 수천 명의 그리스도인들이 죽음을 맞았다. 십자가에 못박히거나, 화형에 처해지기도 하고, 칼에 찔려 죽기도 하고, 사나운 짐승에게 찢겨 죽기도 했다.

척 콜슨(Chuck Colson)은, 1세기에 만약 당신이 공공 집회에서 '예수께서 하나님이시다!' 라고 외쳤다면 아무도 화를 내지 않았을 것이라고 말했다. 그러나 만약 당신이 '예수께서 주시다!' 라고 외쳤다면, 이것은 곧 폭동을 일으킨 것이 된다. 로마는 그리스도인들이 그리스도의 신성을 믿고, 예수께서 약속 된 메시아라고 하고, 예수께서 십자가에서 죽으시고 죽은 자 가운데서 부활하셨다고 선포해서 그들을 박해한 것이 아니다. 로마는 그리스도인들이 예수께서 유일한 구원의 길이라고 말해서 그들을 죽인 것도 아니다. 이러한 종교적 신념이 국가를 위협하지는 않았다. 그러나 그리스도인들이 "예수 그리스도께서는 우리의 주님이시며, 다른 주는 없다!"라고 선언했을 때, 그것은 황제 숭배에 대한 직접적인 공격이었고, 사형에 처할 만한 죄였다.

그분을 주라고 부른다는 것은, 우리가 가진 모든 것을 그분께 맡겨드리고 그분께서 이끄시는 곳이 어디든지 그것이 어떠한 대가를 요구하든지 기쁘게 그분을 따르는 것을 의미한다.

모든 이름 위에 뛰어난 이름

그러므로 하나님께서는 그를 지극히 높이시고, 모든 이름 위에 뛰어난 이름을 그에게 주셨습니다. 그리하여 하늘과 땅 위와 땅 아래 있는 모든 것들이 예수의 이름 앞에 무릎을 꿇고, 모두가 예수 그리스도는 주님이시라고 고백하여, 하나님 아버지께 영광을 돌리게 하셨습니다(빌립보서 2:9-11).

하나님께서는 언젠가는 하늘과 땅에 있는 모든 것들이 그분의 아들을 주님으로 인정하게 될 것을 이미 예정해 두셨다.

많은 이들이 그분께서 이 땅 위를 걸으셨을 때 그분을 알아보지 못했다. 오늘날도 여전히 대부분의 사람들이 그분께서 어떤 분이신지 알지 못한다. 그러나 이런 상황이 영원히 바뀌게 될 날이 오고 있다. 그때에는 모두가 그분 앞에 무릎을 꿇게 될 것이고, 모두가 예수 그리스도께서는 주님이시라고 고백하게 될 것이다. 모든 피조물이 그분의 주 되심을 인정하게 될 것이다. 여기에는 "하늘과 땅 위와 땅 아래 있는 모든 것들"이 포함된다. 즉, 하늘에 있는 천사들과 성도들, 땅 위에 살고 있는 모든 살아 있는 것들, 땅 아래에 있는 악한 영들과 사탄이 다 포함된다. 모두가 그분 앞에 무릎을 꿇고 예수 그리스도께서는 주님이시라고 선언할 것이며 그분께 굴복하게 될 것이다. 그들은 예수 외에는 다른 주가 없다고 고백하게 될 것이다.

예수께서는 최후의 변론을 하시게 될 것이다! 그분께서는 온 우주 앞에서 주님이심을 인정받게 될 것이다. 심지어 그분의 대적들까지도 그분 앞에 무릎 꿇게 될 것이다. 결국 그분께 반대하는 세력은 하나도 남지 않게 될 것이다. 모두가 구원 받게 되지는 않겠지만, 모두가 예수께서 주님이심을 고백하게 될 것이다.

> 예수께서는 최후의 변론을 하시게 될 것이다!
> 그분께서는 온 우주 앞에서 주님이심을 인정받게 될 것이다.
> 심지어 그분의 대적들까지도 그분 앞에 무릎 꿇게 될 것이다.

목회자들의 원탁회의

몇 해 전에 나는 한 지역 기독교 라디오 방송국에서 열린 원탁회의에 참석했다. 이 회의는 12월 22일에 열렸기 때문에, 나는 성탄절의 의미에 관한 유쾌하고 다정한 대화를 나누게 되리라고 생각했다. 하지만 내 생각은 틀렸다! 참석자는 세 명이었다. 그 셋은 메시아 유대교[유대교의 한 분파—역자] 랍비와 나, 이슬람 성직자였다. 내 예상은 완전히 빗나갔다. 처음 30분 동안 우리는 정치와 9/11 사태 이후 중동의 상황에 관한 이야기를 나누었다. 그후 30분 동안에는 영적인 문제에 관해서 논의했다. 사회자는 유대인과 이슬람교도, 그리스도인이 모두 같은 하나님을 예배하는 것인지 알고 싶어 했다. 메시아 유대교의 랍비와 나는 '아니'라고 말했다. 이슬람교 성직자는 '그렇다'고 말했다.

나는 그리스도인들은 하나님의 아들이신 주 예수 그리스도에 관해 말하지 않고서는 하나님에 관해서 말할 수 없다고 믿는다고 대답했다. 예수께서 마치 자동차의 옵션 장치처럼 있으면 좋지만 꼭 필요하지는 않으신 분같이, "우리는 하나님과 예수님을 함께 알고 있지만, 당신들은 예수님은 모르고 하나님만 알고 있다."라는 식으로 말할 수는 없다.

토론은 계속되었다. 결국 그 이슬람교 성직자는 이슬람교인들도 예수를 사랑한다고 말했다. 그들은 예수를 하나님의 예언자로서 존경하며, 심지어 그분께서 동정녀에게서 탄생하셨고 기적을 행하셨다는 것까지 믿고 있다. 그러나 그들은 하나님께는 아들이 있을 수 없다고 생각하기 때문에 예수께서 하나님의 아들이시라는 것도 믿지 않는다. 그들은 예수께서 십자가에서 죽으셨다는 것도 믿지 않는다. 그들은 그분께서 그저 죽으신 것처럼 보였다고 믿는다. 그러므로 그들은 부활을 믿지 않는다. 그럼에도 불구하고 그들도 예수를 사랑한다. 물론, 그들이 부인하는 세부사항들(이것은 그의 말이 아니라 나의 말이다.)은 예수의 진정한 정체성에 있어서 핵심적인 내용을 이루고 있다. 내 차례가 되었을 때 사회자는 이렇게 말했다. "레이 목사님, 결국 모든 문제는 예수에 관한 문제로 귀결된다는 것이죠? 정말 핵심적인 문제는 바로 그분입니다. 그렇게 생각하십니까?" 결국 인류에게 가장 중요한 문제는 바로 예수라고 말했다. 어느 날엔가 우리들 각자는 주 예수 그리스도와 어떤 관계를 맺고 있는지를 설명하게 될 것이다. 그분을 사랑하고 우리의 구세주로 섬길 것인가, 그분을 거부할 것인가?

한 순간 나는 빌립보서 2장 9-11절을 풀어서 말하기 시작했다. "모든 이들이 그분 앞에 무릎을 꿇고 예수 그리스도께서 주님이시라고 고백하게 될 날이 오고 있습니다. 단지 그리스도인들만 포함되는 것이 아니라, 모든 곳에 있는 모든 사람들이 포함될 것입니다. 우리는 모두 무릎 꿇고서 성부 하나님의 영광을 위하여 그분을 주님으로 선포하게 될 것입니다." 나는 더 이상 기다리고 싶지 않다. 나는 지금 당장 무릎을 꿇고 그분을 나의 주님으로 예배하고 싶다.

우리는 이 사실을 선언해야 한다. 특히 이것을 듣고 싶어 하지 않는 이들에게 그렇게 선포해야 한다. 최근에 한 친구는 자기 가족 중에 한 사람이 "만약 나한테 예수에 관해서 이야기하기만 하면, 너와 다시는 이야기도 안 하겠어."라고 정말 진지하게 말했다는 이야기를 나에게 해 주었다. 만약 그런 경우가 생기면, 우리는 이런 식으로 대답해야 할 것이다. "나는 너와의 우정을 잃고 싶지 않아. 하지만 너에게 진실을 말해야만 해. 예수 그리스도께서 너를 만드셨어. 너는 그분께 네 삶을 빚지고 있어. 오늘 너는 너의 구원자이신 그분 앞에 엎드릴 수도 있고, 언젠가 너의 심판자로서 그분을 만나게 될 수도 있어. 하지만 결코 그분을 피할 수는 없어. 이제 네가 선택해야만 해." 사랑과 경배하는 마음으로 그분 앞에 엎드릴 것인가, 아니면 절망적인 공포 속에서 영원한 지옥에 던져질 것인가?

"[하나님의] 외아들 우리 주 예수 그리스도를 믿사오며." 이분께서는 성경이 증언하는 예수이시다. 이분께서는 우리가 예배하는 그리스도이시다. 이분께서는 우리가 구세주라고 부르는 예수이시다. 이분께서는 기독교 신앙의 참 그리스도이시다. 오직 그분만이 사람의 몸을 입으신 하나님이시기 때문에 그분과 같은 이는 아무도 없다. 그분의 말씀은 전능하신 하나님의 말씀이기 때문에 신적인 권위를 가지고 있다. 어느 날엔가 온 우주는 무릎을 꿇고 그분을 예배하게 될 것이다. 우리에게 다른 구원자는 없다. 우리는 다른 주를 섬길 수 없다. 순교자들은 다른 주를 예배하지 않았기 때문에 죽음을 당했다. 우리는 그 누구와도 그 무엇과도 주 예수 그리스도를 바꾸지 않을 것이다. 하나님께서 모든 이들이 그분 앞에 무릎을 꿇고 예수 그리스도는 주님이시라고 고백하여 하나님께 영광을 돌리게 될 그날을 재촉하고 계신다!

생각해 볼 문제들

✝ 예수 그리스도, 하나님의 아들, 우리의 구주. 예수에 대한 호칭들 중에서 어떤 것이 당신에게 가장 의미가 있는가? 그 이유는 무엇인가?

✝ 로마 제국 시대와 비교하여 오늘날 사람들은 공개적으로 예수를 '주'라고 부르는 것을 더 좋아하는가 그렇지 않은가? 혹은 그렇게 하는 것이 더 유리한가 그렇지 않은가? 어떤 점에서 그러한가? 어떤 점에서 이렇게 고백하는 것이 당신의 삶을 어렵게 만들 수도 있는가?

✝ 당신은 자주 예수 그리스도께서 당신의 주님이시라고 고백하는가? 그분에 대한 당신의 믿음이 어떻게 당신의 삶 속에서 표현되고 있는가?

6
왜 동정녀 탄생이 중요한가
: "성령으로 잉태하사, 동정녀 마리아에게 나시고"

"보십시오, 처녀가 잉태하여 아들을 낳을 것이며,
그가 그의 이름을 임마누엘[하나님께서 우리와 함께 계신다]이라고 할 것입니다."
| 이사야 7:14, 마태복음 1:23 |

잘 알려진 두 성경 구절을 살펴봄으로써 이 주제에 관한 연구를 시작해 보자.

요셉이 이렇게 생각하고 있는데, 주님의 천사가 꿈에 그에게 나타나서 말하였다. "다윗의 자손 요셉아, 두려워하지 말고, 마리아를 네 아내로 맞아 들여라. 그 태중에 있는 아기는 성령으로 말미암은 것이다" (마태복음 1:20).

천사가 마리아에게 대답하였다. "성령이 그대에게 임하시고, 더없이 높으신 분의 능력이 그대를 감싸 줄 것이다. 그러므로 태어날 아기는 거룩한 분이요, 하나님의 아들이라고 불릴 것이다"(누가복음 1:35).

첫 번째 절은 마리아가 수태한 것과 관련하여 천사가 요셉을 안심시키기 위해 어떻게 말했는지를 알려 주고 있다. 두 번째 절에서는 천사 가브리엘이 마리아에게 그녀가 예수를 낳게 될 것임을 알려 주고 있다. 이 두 구절을 한데 묶어 보면 사도신경의 두 번째 부분의 도입부와 꼭 들어맞게 된다. "예수 그리스도를 믿사오니, 이는 성령으로 잉태하사 동정녀 마리아에게 나시고." 우리는 이제 12월을 제외하면 잘 생각하지 않는 교리인 그리스도의 동정녀 탄생의 교리와 마주하게 된다. 그러나 초대 교회의 그리스도인들은 이 진리를 매우 중요하게 생각했기 때문에 첫 번째 기독교 신조에 이것을 포함시켰다. 그러므로, 이것은 우리의 믿음에 있어서 가장 중요한 근본 교리임에 틀림없다. 여기에 그리스도의 동정녀 탄생에 관한 세 가지 간단한 진술이 있다.

성경이 분명하게 이 교리를 가르치고 있다. 그리스도께서 탄생하시기 700년 전에 이사야는 이를 예언했다. 마태와 누가는 그들의 복음서에 이를 명시적으로 포함시켰다.

교회는 이 교리를 보편적으로 믿어 오고 있다. 다양한 기독교 분파들 −정교회와 가톨릭, 개신교, 복음주의 권에서 이 교리를 받아들이고 있다.

이 교리는 뜨거운 논쟁의 대상이기도 했다. 150년 전까지만 해도, 이 가르침에 도전하는 사람은 거의 없었다. 자유주의적 기독교의 등장으로, 일부 신학자들이 이 교리를 허망한 미신이라고 하기도 했고, 예수를 신격화하기 위해 지어낸 전설이라고 부르기도 했으며, 교회가 이를 이교 신화나 유대교 전통에서 빌려온 것이라고 말하기도 했다. 혹은 마태복음과 누가복음을 제외하면 신약 성경이 동정녀 탄생에 대해 말하고 있지 않다는 것은, 그것이 중요하지 않거나 실제로 일어나지 않았다는 뜻이라고 주장했다. 복음서의 이야기로 되돌아가 보면, 예수께서 살아 계신 동안에도 그분의 특이한 태생에 관한 소문들이 존재했다는 암시를 여기저기에서 발견할 수 있다. 어떤 이들은 그분께서 부도덕한 행위의 결과로 태어났다고 생각했다. 초대 교회에 적대적이었던 한 이교도는, 예수께서 마리아와 어떤 로마 병정 사이의 성 관계를 통해서 태어났다고 말했다. 이런 종류의 중상(『다 빈치 코드』를 생각해 보라)이 오늘날에 이르기까지 여러 세대에 걸쳐 계속해서 나타나고 있다.

동정녀 탄생은 성경을 하나님의 말씀으로 믿는 이들과 그렇지 않은 이들을 나누는 중요한 기준이 된다. 이 교리는 그분께서 그저 선한 인간이나 도덕 교사, 혁명가, 예언자에 불과했다고 믿는 이들로부터 초자연적인 그리스도를 믿는 이들을 분리시키는 잣대가 되고 있다.

> 그리스도인들은 다른 어떤 사람에게도
> 적용될 수 없는 주장을 예수에 대해 하고 있다.
> 즉, 그분의 삶은 그분의 탄생이나
> 수태로부터 시작된 것이 아니라는 것이다.

그리스도인들은 다른 어떤 사람에게도 적용될 수 없는 주장을 예수에 대해 하고 있다. 즉, 그분의 삶은 그분의 탄생이나 수태로부터 시작된 것이 아니라는 것이다. 시간 속의 특정한 시점에서 그 존재가 시작되는 다른 모든 인간들과 달리, 예수 그리스도의 삶에는 시작이란 것이 존재하지 않는다. 그분께서는 영원하시므로 언제나 성부 하나님과 성령 하나님과 더불어 존재해 오셨다. 이것은 다른 그 누구에게도 해당될 수 없는 전적으로 초자연적인 주장이다.

동정녀 탄생은 어떤 의미를 가지고 있는가?

예수께서 "성령으로 잉태"하셨고 "동정녀 마리아에게 나셨다."고 말할 때, 정확히 무엇을 의미하는가? 첫째, **예수께서는 하나님의 직접적인 행동으로 태어나셨다.** 분명히 그 어떤 사람도 이런 일을 예상하지 못했다. 천사가 개입할 때까지도 요셉은 최악의 상황을 생각하고 있을 뿐이었다. 마리아는 가브리엘의 말을 듣고 깜짝 놀랐으며 도무지 무슨 영문인지 알지 못했다. 일반적으로 유대인들은 자신들을 구원할 아기가 처녀에게서 태어날 것이라고는 생각도 못 하고 있었다. 하나님께서 그렇게 하시기로 작정하셨기 때문에 그분께서는 그렇게 하셨다. 처녀는 전능하신 하나님의 주권적인 선택에 의해 예수를 낳았다.

둘째, **인간은 그 누구도 이 과정에 개입하지 않았다.** 요셉도, 로마 병정도, 다른 어떤 인간도 이 일에 관여하지 않았다.

셋째, **예수께는 인간인 어머니는 있었지만, 인간인 아버지는 없었다.

넷째, 그러므로 예수께서는 온전히 인간이신 동시에 온전히 하나님이시다. 그분께서는 마리아의 뱃속에서 태어나셨기 때문에 온전히 인간이시다. 그분께서는 성령으로 잉태되셨기 때문에 온전히 하나님이시다. 그분께서는 반인반신(半人半神)이 아니시다. 그분께서는 두 본성을 소유하신 한 위격이신 신-인이시며, 사람의 몸을 입으신 화육(化肉)하신 하나님이시다.

다섯째, 그러므로 그분께서는 죄가 없으시다. 그분께는 아담으로 유전된 죄가 없으시며, 그분 안에 있는 어떤 것도 그분께서 죄를 범하게 하지 못한다. 그분께서는 거룩하시다. 이 말의 가장 진실되고 깊은 의미 그대로 죄가 없으시다.

그리스도께서 구세주가 되시기 위해서는 다음의 세 가지 조건이 충족되어야 했다.

- **그분께서는 인간이셔야 한다.** 천사는 우리의 죄를 대신해서 죽을 수 없다.
- **그분께서는 무한한 인간이셔야 한다.** 그저 죽을 수밖에 없는 인간이라면 우리의 죄에 대해서 지불해야 할 무한한 대가를 치를 수가 없다.
- **그분께서는 죄가 없으셔야 한다.** 죄인은 다른 이들의 죄를 위해 죽을 수가 없다.

동정녀 탄생을 통해서 우리 주께서는 이 세 조건 모두를 확실히 충족시키셨다.

그분께서는 마리아에게서 나셨기 때문에 온전히 인간이시다. 그분께서는 성령으로 잉태되셨기 때문에 온전히 하나님이시다. 그분께서는 거룩하게 태어나셨기 때문에 생각과 말과 행동에 있어서 죄가 없으시다. 그러므로 그분께서는 우리의 구주가 되실 자격을 온전히 갖추셨다.

동정녀 탄생은 어떻게 일어났을까?

성령께서 마리아의 자궁 속에 인간으로서의 예수의 생명을 잉태시키셨을 때, 정확히 어떤 일이 일어난 것일까? 어떻게 무한하신 하나님께서 스스로를 축소시키셔서 그 작은 마리아의 자궁 속으로 들어가실 수 있으셨을까? 우리는 알 수가 없다. 왜냐하면 이 모든 것은 최상위에 속한 기적이기 때문이다. 이를테면, 이것은 하나님께서 "빛이 있으라" 하시니 어둠 속에서 빛이 나타난 것과 같은 종류의 기적이라고 할 수 있다. 예수의 동정녀 수태는 하나님께서 직접 행하신 창조적인 기적이었다. 또한 그것은 우리가 결코 완벽히 이해할 수 없는 신비이다.

과학 기술이 놀라울 정도로 발전한 시대인 오늘날 우리는 과학의 힘으로 "동정녀 탄생"을 가능하게 할 수 있다는 이야기를 종종 듣게 된다. 그러나 유전자 조작이나 복제, 처녀 생식, 여타 각 과학 분야에서 이룩한 놀라운 성과들에도 불구하고, 최고의 연구 시설을 가지고 있는 과학자들이 무한한 자원과 시간을 사용할 수 있다고 하더라도 그들은 그리스도의 동정녀 수태를 똑같이 재현해 낼 수는 없다. 오직 하나님만이 온전히 인간이지만 온전히 하나님이신 생명을 창조하실 수 있다. 예수 그리스도는 참으로 하나님의 외아들이시다. 이것은 과학이 도달할 수 있는 범위를 넘어서는 기적이자 신비이다.

> 당신의 구원에 관한 문제를 생각할 때에는, 하나님의 불가해한 위엄과 모든 업적과 전통, 철학에 대한 생각, 그리고 심지어 하나님의 율법마저도 제쳐 두고, 곧장 그 구유로 달려가라. 이 아기, 동정녀께서 나으신 이 아기를 당신의 팔에 안으라. 그분을 바라보라. 그분께서는 태어나시고, 빨고, 자라시고, 사람들 가운데에 사시고, 가르치시고, 죽으시고, 부활하시고, 하늘에 오르시고, 만물을 다스리고 계신다. 이렇게 함으로써, 당신은 마치 태양이 구름을 쫓아버리듯이, 모든 두려움과 오류를 떨쳐버릴 수 있을 것이다. 그리고 이를 묵상함으로써 당신은 옳은 길에 계속 머무를 수 있을 것이며, 결국 그리스도께서 가신 그 길을 따라갈 수 있게 될 것이다.
>
> 마르틴 루터, 『갈라디아서 강해』

누가복음 1장 35절에서, 천사가 지극히 높으신 이의 능력이 마리아를 '감싸 줄' 것이라고 말하고 있는데, 이를 통해 우리는 그때 무슨 일이 일어났는지 짐작해 볼 수 있다. 여기에서 쓰인 '감싸다'라는 말과 같은 동사가 출애굽기 40장 35절의 그리스어 번역에도 쓰이고 있다. "모세는 회막에 구름이 머물고, 주님의 영광이 성막에 가득 찼으므로, 거기에 들어갈 수 없었다." 시편 91편 4절에서는 그분의 백성을 덮어 주시는 하나님을 묘사하는 시적인 이미지 속에서 같은 단어를 사용하고 있다. "주님이 그의 깃으로 너를 덮어 주시고 너도 그의 날개 아래로 피할 것이니, 주님의 진실하심이 너를 지켜

주는 방패와 갑옷이 될 것이다." 이러한 이미지를 통해서 우리는 그때 무슨 일이 일어났는지 어느 정도 알 수 있게 된다. 하나님께서는, 구름이 성막을 둘러싸고 덮고 가득 채웠듯이 그분의 인격적이며 친밀한 임재로서 마리아를 감싸시고 그를 완전히 둘러싸셨다. 그리고 이렇게 감싸 주심으로써 모든 해로부터 마리아를 보호해 주셨다. 그녀는 잉태를 하기 전에도 잉태를 한 후에도 처녀였다. 오직 하나님만이 이런 일을 행하실 수 있다.

동정녀 탄생을 통해서 하나님께서는 하나님이시기를 그치지 않고도 인간이 되셨다.

교회에서 이에 관하여 설교할 때, 나는 정장 재킷을 벗어서 성가대석에 내려놓는다. 나는 사람들에게 나의 흰 셔츠는 예수 그리스도의 신성을 상징한다고 말한다. 그런 다음 교인들에게, "제가 셔츠를 입기 위해서 재킷을 꼭 입어야만 합니까?"라고 물었다. 물론 대답은 '아니오'이다. 나는 재킷을 입든 안 입든 셔츠를 입을 수 있다. 마찬가지로, 예수께서는 언제나 하나님의 아들이셨고 언제나 그러하실 것이다. 그분께서 구유 안에 계셨을 때 그분께서는 하나님의 아들이셨다. 그분께서 갈릴리 바다를 걸으셨을 때, 그분께서는 하나님의 아들이셨다. 그분께서 죽은 자 가운데서 살아나셨을 때, 그분께서는 하나님의 아들이셨다. 그분께서 다시 오실 때에, 그분께서는 하나님의 아들이실 것이다. 그 어떤 것도 그분의 본질적인 속성을 바꿀 수 없다.

그분께서는 하나님의 아들이셨고, 하나님의 아들이시고, 언제나 하나님의 아들이실 것이다.

그렇게 말한 후에, 나는 재킷을 입으면서 교인들에게 이것은 그리스도께서 이 땅에 오실 때에 스스로 취하신 인간의 본성을 상징한다고 말했다. 그런 다음 나는 "제가 아직도 흰 셔츠를 입고 있나요?"하고 물었다. 나는 그랬다. "이것은 마술과 같은 속임수가 아닙니다. 나는 데이빗 카퍼필드(David Copperfield)가 아닙니다. 하지만 흰 셔츠가 재킷으로 거의 다 덮여 있기 때문에 여러분께서는 그것을 아주 쉽게 볼 수는 없습니다. (그리고 중요한 점은 바로 이것입니다.) 흰 셔츠는 여전히 거기에 있습니다. 제가 그것을 결코 벗지 않았으니까요. 하지만 재킷을 입게 되면, 셔츠는 놓치기 쉽게 됩니다." 많은 이들이 예수께서 어떤 분이신지를 알지 못하는 것도 바로 이 때문이다. 그들은 예수께서 인간의 본성이라는 재킷을 입고 계신 것을 보고는 그것이 다라고 생각한다. 그러나 요한복음 1장 14절은 "그 말씀은 육신이 되어 우리 가운데 사셨다."고 말한다. 마치 내가 주일 아침마다 교회에 가기 전에 재킷을 입는 것처럼, 살아 계신 말씀이신 그리스도께서는 인간의 본성을 입으셨다. 그분께서는 항상 하나님이셨다. 그러나 그분께서는 동정녀 탄생을 통하여 인간의 본성을 "덧입으셨다."

동정녀 탄생이 왜 중요한가?

이런 종류의 교리를 공부할 때 가장 어려운 점은, 우리들 대부분이 이미 동정녀 탄생을 믿고 있다는 점이다. 비록 우리가 이 교리에 대해 깊이 생각해 본 적이 한번도 없을지라도, 12월마다 이것에 관해

듣기 때문에 우리는 이 교리를 믿고 있다고 생각한다. 그러므로 사도신경의 이 부분에 대해서 '좋다. 하지만 그래서 어쩌란 말인가?' 하고 생각하는 경우가 많다. 그렇게 생각한다면 이는 엄청난 실수일 것이다. 초대 교회의 그리스도인들은 그런 식으로 생각하지 않았다. 만약 그랬다면 사도신경에 이 구절을 넣지 않았을 것이다. 예수께서 "성령으로 잉태하사 동정녀 마리아에게 나셨다."는 사실은 세 가지 중요한 의미를 담고 있다.

성서의 권위

마태와 누가 모두 동정녀 탄생을 명시적으로 가르치고 있기 때문에, 우리는 바로 다음과 같은 중요한 물음에 직면하게 된다. 우리는 성경이 명백히 가르치고 있는 바를 기꺼이 받아들이고 있는가? 수세기 동안 이런 물음을 했던 이들은 거의 없었다. 그러나 150년 전부터 이것은 중요한 문제가 되었다. 이 문제는 이렇게 설명해 볼 수 있다. 마태와 누가는 예수께서 초자연적인 방법으로, 즉 하나님의 놀라운 기적을 통해서 이 세상으로 오셨다고 우리에게 말하고 있다. 이 두 복음서 기자들은 이 땅에서의 예수의 삶은 또 다른 놀라운 기적, 즉 그분의 몸이 죽은 자 가운데서 부활하심으로 그 절정에 이르렀다고 우리에게 말하고 있다. 후자에 관하여 우리 모두는 부활의 중요성을 이해하고 있다. 그분께서 다시 사셨기 때문에 우리도 다시 살게 될 것이다. 그분의 부활이 우리의 부활을 보증한다. 그러나 동정녀 탄생에는 이러한 공식이 적용되지 않는다. 그분의 초자연적인 탄생은 우리의 육체적인 탄생에 관하여 우리에게 아무것도 말해 주지 않는다. 그리고 우리는 이미 태어났기 때문에, 동정녀 탄생을 부활과 비교했을 때 그 중요성을 무시하기가 쉽다. 그러나 만약 첫 번째 기적을 믿지 않는다면 마지막 기적을 어떻게 믿을 수 있겠는가? 만약 동정녀 탄생을 의심한다면, 부활에 관해서는 어떻게 확신할 수 있겠는가? 성경은 그리스도의 삶이, 어떤 것은 취하고 다른 어떤 것은 거부할 수 있는 '당신이 원하는 기적을 고를 수 있는' 일종의 카페테리아와 같다고 말하지 않는다.

주의 지상에서의 삶에 관한 이야기는, 어느 한 곳도 끊어지지 않는 하나의 실체로서 우리에게 주어져 있다. 우리는 그 전부를 취하거나 그 전부를 거부할 수밖에 없다.

적당한 중도적인 선택은 존재하지 않는다. 그러므로 이 물음은, '우리는 성경을 믿고 있는가, 그렇지 않는가?'라는 물음으로 바뀌게 된다. 이 점에 관하여 나는 그 유명한 '신학자' 멜 깁슨(Mel Gibson)에게 감사한다. 다이안 소여(Diane Sawyer)와의 텔레비전 인터뷰에서, 그는 '성경의 모든 단어가 진리임을 믿는가?'라는 질문을 받았다. 그는 즉각, 분명하게 '그렇다'라고 대답했다. 그런 다음 그는 "성경의 전부를 믿든지 아무것도 믿지 않든지 둘 중 하나일 수밖에 없다."라고 덧붙여 말했다. 동정녀 탄생이 중요한 것은 바로 이 때문이다. 그것은 성경의 권위에 관한 물음이다.

예수 그리스도

동정녀 탄생은 우리가 예수 그리스도에 관해서 무엇을 믿고 있는지를 다시 한 번 점검하게 만든다. 그분은 누구이신가? 그분께서는 어디로부터 오셨는가? 이런 물음에서는 우리 주의 초자연적인 속성이 문제가 되고 있다. 그분께서는 참으로 하늘로부터 내려오신 하나님의 아들이신가? 만약 '그렇다'라고 대답한다면, 동정녀 탄생은 아무런 문제가 되지 않는다. 만약 '아니다'라고 대답한다면, 동정녀 탄생을 믿을 이유가 전혀 없다. 그분께서는 그저 예언자나 위대한 선생, 순교자, 혹은 종교를 창시하려고 했던 적이 없었던 혁명가일 뿐인가? 아니면 그분께서는 성육신하신 하나님, 영광의 주, 하나님의 아들, 우리의 주시며 우리의 구원자인가? 동정녀 탄생 때문에 우리는 중립적인 입장에서 그분의 이야기가 중요하지 않다는 식으로 말할 수 없다. 초자연적인 것에 반대하는 편견을 가진 이들에게 동정녀 탄생은 아무런 쓸모가 없을 것이다. 그리고 그들은 이를 다른 식으로 설명하려고 할 것이다. 그러나 초자연적인 그리스도를 믿는 이들은, 동정녀 탄생이 그들의 신앙을 파괴하는 것이 아니라 그것을 더욱 강하게 만들어 주는 신비한 기적이라는 것을 알게 될 것이다.

> 초자연적인 그리스도를 믿는 이들은,
> 동정녀 탄생이 그들의 신앙을 파괴하는 것이 아니라
> 그것을 더욱 강하게 만들어 주는
> 신비한 기적이라는 것을 알게 될 것이다.

예수께서 우리의 구원자가 되시기 위해서는, 그분께서 인간이자 하나님이시고 죄가 없으셔야 했다. 동정녀 탄생은 이 모든 조건이 충족되었음을 보증해 준다.

그러므로 구유와 십자가가 직접적으로 연결되어 있다.

동정녀 탄생 없이 그분의 고난은 아무런 의미가 없다. 그분의 탄생은 그분의 죽으심을 의미 있는 것으로 만들어 준다. 그분의 탄생이 하나님의 아들, 약속된 메시아, 우리의 구주로서의 그분의 참 정체성을 확실하게 만들어 준다. 천사가 요셉에게 마리아가 수태한 아기는 성령에 의해 잉태되었다고 말한 다음, 곧바로 천사는 요셉에게 이 아기의 이름을 예수라 하라고 말했다. 왜냐하면 "그가 자기 백성을 그들의 죄에서 구원하실 것"이기 때문이다(마 1:21). 천사는 그분의 탄생을 십자가 위에서의 구원 사역과 연결시키고 있다. 다시 말해서, 동정녀 탄생은 예수께서 어떤 분이신지를 우리에게 분명히 말해 주고 있으며 그분께서 십자가 위에서 성취하실 위대한 사역의 기초를 놓고 있기 때문에 대단히 중요하다.

구원

동정녀 탄생을 통해 그리스도께서는 새로운 인간의 시작이 되신다. 그분께서는 마리아에게서 나셨기 때문에, 그분께서는 참 인간이시다. 그분께서는 성령으로 잉태되셨기 때문에, 그분께서는 아담으로부터 유전된 죄에서 자유로우시다. 그러므로 그분께서는 우리를 대신하여 우리의 죄와 우리의 수치, 우리가 받을 벌을 완전히 담당하실 수 있으시다.

그분께서는 죄가 없으셨다는 바로 그 이유 때문에 우리의 죄의 대가를 대신 치르실 수 있으셨다.

죄를 모르셨던 그분께서 우리를 위하여 죄가 되셨으므로 우리는 그분을 통하여 하나님의 의를 받을 수 있게 되었다(고후 5:21). 바울은 로마서 5장 6절에서 이 문제를 전면으로 다루고 있다. "우리가 아직 약할 때에, 그리스도께서는 제 때에, 경건하지 않은 사람을 위하여 죽으셨습니다." 아담(과 모든 아담의 후손들)이 실패한 것에 대하여 그리스도께서는 성공하셨다. 우리는 너무나도 무력하여 우리 자신을 구원하기 위해서 아무것도 할 수 없었다.

동정녀 탄생은 우리의 구원이 전적으로 초자연적인 것임을 우리에게 가르쳐 준다.

하나님께서 세상을 구원하기를 원하셨을 때, 그분께서 주도권을 잡으셔야 했다. 우리는 아무것도 할 수 없었으며 그리스도를 이 세상에 오시게 하는 과정의 첫 단계조차 시작할 수 없었다. 동정녀 탄생은 구원이 전적으로 은총에 의한 것임을 우리에게 가르쳐 준다. 우리는 아무것도 할 수 없기 때문에 하나님께서 이 모든 것을 행하신다.[1]

동정녀 탄생은 우리 모두에게는 구원자가 필요함을 우리에게 상기시켜 준다.

레이프 조나슨

오늘날 우리는 어떤 선생이나 지도자, 목회자가 우리를 인도해 주기를 원한다. 그러나 우리가 사망의 문 앞에 서게 될 때, 오직 구원자만이 우리를 그 문 반대편으로 안전하게 인도할 수 있다. 몇 해 전에 레이프와 낸시 조나슨 부부는 내가 섬기고 있는 갈보리기념교회

---

[1] 이에 관한 더 자세한 논의는, Peter Lewis, *The Glory of Christ* (Chicago: Moody Press, 1997), 155-157을 보라.

(Calvary Memorial Church)에 출석하기 시작했다. 낸시는 교회의 아이들 놀이방에서 봉사했고, 레이프는 성탄절 행사를 위한 무대를 만들었다. 2년 전에 레이프는 백혈병이라는 진단을 받았다. 의사들은 그에게 이 병으로 인해 결국 죽게 될 수도 있다고 그에게 말했다. 내가 처음으로 병원에 있는 그를 방문했을 때, 우리는 그의 병세가 얼마나 심각한지에 관해 이야기를 나누었다. 그는 자신이 목숨을 건 싸움을 하고 있다는 것을 알고 있었다. 그러나 그는 미소를 지으며 나에게 이렇게 말했다. "내가 생각하기에 이것은 어떻게 되더라도 내가 이기게 되는 상황입니다. 만약 내가 낫게 된다면, 내가 이기게 됩니다. 만약 내가 죽는다면, 나는 예수와 함께 있게 될 것이기 때문에 그 또한 내가 이기는 것입니다."

어느 날 담당 의사는 나쁜 소식을 전해 주었다. 혈액 검사 결과 백혈병이 재발했다는 것이다. 이것은 정말 충격적인 이야기였다. 그럴 가능성이 있다는 것을 항상 알고 있기는 했었지만, 그런 일이 일어나지 않기를 바라고 기도해 왔다. 설상가상으로 레이프는 폐렴까지 걸렸다. 그 다음 24시간 동안 그의 상태는 더욱 악화되었다. 그래서 의사들은 그에게 인공호흡장치를 쓰게 했다. 낸시는 그의 상태가 매우 위중하다는 이메일을 나에게 보냈다. 내가 아내 말린과 그가 있는 중환자실에 도착했을 때, 의료진이 치료를 위해 그에게 진정제를 많이 투여했다는 것을 알게 되었다. 몇 분 동안 낸시와 이야기를 나눈 후에 나는 성경을 들고 레이프의 곁에 서서 그가 완전히 깨어 있는 것처럼 그에게 말을 하기 시작했다. 어떤 약이나 어떤 병도 주의 말씀이 주의 백성에게 전해지는 것을 막을 수는 없다고 믿었기에 나는 그렇게 했다.

"레이프, 레이 목사입니다. 제가 성경을 읽어 드리겠습니다." 나는 시편 23편을 읽었다. "주님은 나의 목자시니, 내게 부족함 없어라." 그리고 요한복음 14장을 읽었다. "내 아버지의 집에는 있을 곳이 많다." 그 다음에는 고린도후서 5장을 읽었다. "우리는 차라리 몸을 떠나서, 주님과 함께 살기를 바랍니다." 그 다음에는 빌립보서 1장을 읽었다. "나에게는, 사는 것이 그리스도이시니, 죽는 것도 유익합니다." 마지막으로 나는 데살로니가전서 4장에 있는 놀라운 성경 구절을 읽었다. "그리스도 안에서 죽은 사람들이 먼저 일어나고." 다 마친 후에 나는 레이프를 위해 기도했다. 내가 그에게 했던 마지막 말은 "우리는 당신을 다시 보게 될 것입니다."였다.

나중에 낸시는 그에게 시간이 얼마 남지 않은 것 같다는 소식을 전해 왔다. 토요일 아침 10시경에 말린과 나는 병원에 도착했다. 가족들이 레이프의 병상 주위에 모여 있었다. 그들은 그가 좋아했던 찬송가를 부르고 있었다. 그에게는 아주 짧은 시간밖에 남지 않은 것이 분명했다. 나는 고린도전서 15장의 마지막 몇 절을 읽었다. "죽음아, 너의 승리가 어디에 있느냐? 죽음아, 너의 독침이 어디에 있느냐?"

가족들은 돌아가면서 그에게 작별 인사를 하였다. 이따금씩 낸시는 몸을 기울여 사랑하는 남편에게 무언가 속삭였다. 몇 분 후에 그들은 노래하기 시작했다. "나 같은 죄인 살리신 주 은혜 놀라와! 잃었던 생명 찾았고 광명을 얻었네." 그리고 마지막 절을 불렀다.

"거기서 우리 영원히 주님의 은혜로 해처럼 밝게 살면서 주 찬양 하리라."

몇 분 후에 그는 숨을 거두었다. 간호사가 들어와서 "세상을 떠나셨습니다."라고 말했다. 나는 속으로 '이 간호사가 한 말은 자기가 알고 있는 것 이상의 뜻을 담고 있군.' 하고 생각했다. 레이프 조나슨은 죽음을 떠나 삶으로, 고통을 떠나 영원한 기쁨의 삶으로, 사망의 음침한 골짜기를 떠나 예수 그리스도께서 친히 계신 곳으로 갔다. 그는 이 어두운 세상을 떠나 영원히 밝은 그곳으로 갔다.

우리 모두에게는 언젠가 구원자가 필요하다. 죽음을 마주하게 될 때 당신에게 필요한 것은 선생이 아니다. 당신에게는 예수가 필요하다. 돌아올 수 없는 강을 건너게 될 때 신화는 당신에게 아무런 도움이 되지 못한다. 당신에게는 구원자가 필요하다. 그리고 우리에게는 구원자가 계시다. 그분의 이름은 예수 그리스도이다.

생각해 볼 문제들

✝ 예수께서 참으로 동정녀에게서 초자연적으로 탄생하셨다는 것을 믿는 것은 어려운 일인가, 쉬운 일인가? 왜 그렇게 생각하는가?

✝ 동정녀 탄생이 문자 그대로 참이라는 것을 받아들이는가, 그렇지 않는가가 정말 중요한 문제라고 생각하는가? 왜 그렇게 생각하는가? 이것을 의심하거나 부인하는 것은 그 사람의 신앙이나 영적인 헌신에 어떤 영향을 미치는가?

✝ 당신 자신이 이 세상을 떠나게 될 시간이 찾아왔을 때 당신은 그 시간을 당당하게 맞이할 수 있겠는가? 그 고통의 순간에 당신은 누구를 가장 많이 의지하겠는가? 목사나 선생, 가족, 친구, 자신의 신앙을 의지하겠는가? 아니면 당신의 구세주를 의지하겠는가? 설명해 보라.

7
예수를 죽인 남자
: "본디오 빌라도에게 고난을 받으사"

그러나 그가 찔린 것은 우리의 허물 때문이고,
그가 상처를 받은 것은 우리의 악함 때문이다.
그가 징계를 받음으로써 우리가 평화를 누리고, 그가 매를 맞음으로써
우리의 병이 나았다. 우리는 모두 양처럼 길을 잃고, 각기 제 갈 길로 흩어졌으나,
주님께서 우리 모두의 죄악을 그에게 지우셨다.
| 이사야 53:5-6 |

멜 깁슨은 빌리 그레이엄(Billy Graham)이 할 수 없었던 일을 해냈다. 2004년의 늦은 겨울과 이른 봄 몇 주 동안 그는 예수를 미국 대중들의 관심의 초점이 되게 했다. 《패션 오브 더 크라이스트》(The Passion of the Christ)가 미국 전역의 극장에서 개봉하던 날 일어났던 일에 대해 생각해 보라. 그날 아침 나는 세계에서 어떤 일이 일어나고 있는지 알아보기 위해서 텔레비전을 켰다. CBS에서 예수에 관해 이야기하고 있었다. NBC에서도 예수에 관해 이야기하고 있었다. ABC에서도 예수에 관해 이야기하고 있었다. 팍스 뉴스 채널

(Fox News Channel)에서도 예수에 관해 이야기하고 있었다. CNN에서도 예수에 관해 이야기하고 있었다. 그날 오후 나는 친구와 함께 그 영화를 보았다. 집에 돌아와서 텔레비전을 켰을 때 우연히 금융 관련 뉴스를 전문으로 다루는 케이블 텔레비전 채널인 CNBC를 보게 되었다. 그러나 그날 방송에서는 주식과 채권에 관한 이야기를 하고 있지 않았다. 그날 오후에는 이 방송국에서도 예수에 관해 이야기하고 있었다. 정말 그들은 예수께서 왜 십자가에서 죽으셨는지에 관해 이야기하고 있었다.

며칠 후 내가 섬기는 교회의 교인 450명이 그 지역의 한 극장에서 열린 《패션 오브 더 크라이스트》 상영회에 참석하였다. 그런 다음 교회로 돌아와 저녁을 먹으며 토론을 하는 시간을 가졌다. 영화가 끝나고 저녁 식사가 시작되기 전에 나는 잠깐 집에 들렀다. 팍스 뉴스 채널을 켰을 때, 그들은 예수에 관해 이야기하고 있었다. 토론 시간을 마치고 집으로 돌아왔을 때, 나는 히스토리 채널(History Channel)을 켰다. 거기에서는 무엇에 관해 이야기하고 있었을까? 예수였다! 내 평생에 미국에서 이런 일이 일어난 적은 한번도 없었다.

문학적 현상

나는 이 영화가 일종의 문화적 현상이었다고 생각한다. 대부분의 영화는 많은 사람들의 주목을 받지도 못하고 개봉했다가 종영하고 만다. 영화가 동네 극장에서 개봉하면, 당신은 영화평을 읽거나 광고를 보고 보러 가기로 마음을 정한다. 영화를 좋아할 수도 있고 싫어할 수도 있다. 대부분의 영화는 우리를 변화시키거나 우리가 어떤 것에 관해서 더 깊이 생각하도록 만들지 못한다. 그러나 가끔 우리에게 궁극적인 물음을 던지는 그런 영화도 있다. 《패션 오브 더 크라이스트》가 바로 그런 영화다.

유대교 지도자들 중에는 이 영화가 반유대주의적이라고 주장했다. 나는 우리가 이러한 비판을 그냥 무시해서는 안 된다고 생각한다. 많은 곳에서 반유대주의는 나타나고 있다. 내 책장에는 *Christ-killer Past and Present*(그리스도를 죽인 자들: 과거와 현재)라는 책이 꽂혀 있다. 저자인 제이콥 가튼하우스(Jacob Gartenhaus)는 예수를 믿는 유대인으로서, 유대인을 '그리스도를 죽인 자'라고 비난했던 무례한 그리스도인들의 역사에 관해서 이야기하고 있다. 그는 예수를 십자가에 죽게 한 죄가 유대인 전체에게 있는 것이 아님을 설득력 있게 보여 주고 있다. 그렇다면 누구에게 책임이 있는가? 사도신경은 이 물음에 관해 분명한 답을 하고 있다.

> 그 외아들 우리 주 예수 그리스도를 믿사오니
> 이는 성령으로 잉태하사
> 동정녀 마리아에게 나시고, 본디오 빌라도에게 고난을 받으사

《패션 오브 더 크라이스트》가 제기하는 질문에 비추어, 나는 세 가지 차원에서 이 문제를 다루고자 한다.

역사적 차원

사도신경이 동정녀 탄생 다음에 곧바로 예수의 죽음에 대해 말하면서 그 사이에 일어난 일에 관해서는 언급하지 않는 점은 주목할 만하다. 사도신경에는 예수의 설교나 이적에 관한 언급이 전혀 없다. 예수께서 물 위를 걸으신 사건이나 바리새인들과 맞서는 이야기, 병자들을 고치신 것 등에 관해서는 한마디도 없다. 하지만, 사도신경은 예수께서 죽기 위해 태어나셨음을 우리에게 가르쳐 주고 있다. "고난을 받으사." 이 말이 그분의 나심과 죽으심 사이에 일어난 모든 일을 요약해 준다. 성경에는 예수께서 미소 지으시거나 웃으셨다는 말은 한번도 없다. 분명히 그분께서는 미소 지으시고 웃으셨을 것이라고 확신하지만, 복음서는 그런 표현은 전혀 언급하지 않는다. 이사야 53장 3절은 그분을 "간고를 많이 겪었으며 질고를 아는 자"라고 부르고 있다. 그분께서 태어나셨을 때, 헤롯은 그분을 죽이려고 했다(마 2:16-18). 그분께서 사역을 시작하실 때에는 고향 마을 사람들이 그분을 배척했다. 그분의 삶의 마지막 때에 그분께서는 유다에게 배신을 당하셨고, 베드로는 그분을 부인했다. 그분의 고통은 십자가 위에서 시작된 것이 아니라, 그분의 고통이 그분을 십자가로 이끌었다.

> 그분의 고통은 십자가 위에서 시작된 것이 아니라,
> 그분의 고통이 그분을 십자가로 이끌었다.

왜 사도신경은 유독 본디오 빌라도에게 책임을 돌리는 것일까?

왜 사도신경은 가야바나 헤롯, 유다, 로마 군인들, 소리치던 군중에 대해서는 언급하지 않는 것일까? 멜 깁슨이 탁월하게 그려낸 한 장면이 이 물음에 대해 답을 하고 있다. 예수께서 채찍에 맞으신 직후였다. 빌라도 앞에 서셨을 때, 그분께서는 피범벅이 되어 살점이 떨어져 너덜너덜해지셨고 눈은 부어서 거의 감길 정도였으며 얼굴은 너무나도 상하시어 거의 사람처럼 보이지 않을 정도였다. 빌라도는 충격과 연민의 감정으로 그분을 바라보며, 속삭이듯 이렇게 말한다. "나에게 너를 사형에 처할 수도 있고 풀어줄 수도 있는 힘이 있다는 것을 너는 알지 못하느냐?" 이 말은 허풍이 아니라 사실이었다. 유대의 로마 총독으로서 오직 그만이 사형을 선고할 수 있었다. 많은 유대교 지도자들이 예수를 죽이기 원했다는 것이 사실이라면, 빌라도의 허락 없이는 그들이 아무것도 할 수 없었다는 것 또한 사실이다. 결국 예수의 죽음에 대한 책임은 그에게 있다. 유대교 지도자들이 권총을 장전했다고 한다면, 방아쇠를 당긴 것은 빌라도였기 때문이다.

그 영화에서, 그리고 복음서에서 빌라도는 예수께서 죄가 없으시다는 것을 알고 있었지만 그분을 풀어 줄 용기가 없는 사람으로 그려진다. 그는 두 번씩이나 "나는 그에게서 아무 죄도 찾지 못했소."라고 말했다(요 19:4, 6). 빌라도는 예수께서 사형에 처해질 만한 죄를 하나도 범하지 않으셨음을 알고 있었다. 그러나 많은 정치인들처럼, 로마에 있는 상급자들과 예수가 죽기를 원하는 유대인들의 압력에 굴복하고 말았다. 자기 앞에 진리가 서 있었지만, 그는 그분에게 사형을 언도했다.

그의 죄가 더 크다

예수께서 죄가 없으시다는 것을 알고 있었음에도 불구하고 그분을 사형에 처했기 때문에 빌라도의 죄가 더 크다.

성경과 이 영화 둘 다 유대교 지도자들 중 일부만이 주님을 미워했다는 점을 분명히 하고 있다. 유대인들은 예수에 관해 의견이 갈렸다. 어떤 이들은 그분을 미워했고, 어떤 이들은 그분을 따랐으며, 많은 이들은 자신들의 입장을 확실히 정하지 못했다.

정치적인 관점에서, 로마제국 전체에서 본디오 빌라도는 그다지 중요한 인물이 아니었다. 로마의 총독에게는 두 가지 중요한 직무가 있었다. 즉, 세금을 징수하는 것과 치안을 유지하는 것이다. 그러나 로마에 있는 황제에게는, 빌라도나 유대의 총독은 그다지 중요한 인사가 아니었다. 유대 지방은 지중해 지역 전체에 걸친 대제국에서 하나의 작은 점에 불과했다. 그런데 사도신경은 왜 그를 언급하고 있는 것일까?

첫째, 그는 예수를 사형에 처한 사람이기 때문이다.

둘째, 그리스도의 죽으심이 역사적 시공간의 한 지점에서 일어났음을 확실히 해 두기 위함이다. "빌라도에 대한 언급은 사도신경을 역사 안에 단단히 고정시켜 준다."[1]

다시 말해서 사도신경은 이 사건이 구체적인 시공간 속에서 정말 일어난 사실임을 말하고 있는 것이다.

---

1 Alister McGrath, *I Believe* (Downers Grove, Ill.: InterVarsity Press, 1998), 55.

영적 차원

빌라도가 예수의 죽음에 가장 큰 책임을 지고 있는 인물이라는 사실이 논의를 종결시켜 주지는 못한다. 영화와 복음서 둘 다 분명히 밝히고 있듯이, 많은 이들이 이 일에 책임이 있다. 많은 사람들이 알지 못하는 한 가지 사실이 있다. 멜 깁슨이 이 영화에 돈을 대고, 제작과 감독까지 했지만, 그는 단 한 장면에만 등장하고 있다. 예수께서 십자가에 못박히실 때, 한 남자의 손이 등장한다. 그는 주먹을 쥐고, 예수께서 펴신 손바닥 위로 못을 잡고서 병사들에게 이 소름 끼치는 일을 어떻게 수행해야 하는지를 보여 준다. 못을 잡고 있는 손이 바로 멜 깁슨의 손이다. 이 장면이 그가 등장하는 유일한 장면이며, 우리가 볼 수 있는 모든 것은 오직 그의 주먹뿐이다. 이런 식으로 그는 그의 죄가 바로 예수를 십자가에 못박았다는 것을 말하고 있다. 누가 예수를 죽인 것인가 라는 다이언 소여(Diane Sawyer)의 물음에, 그는 "우리 모두가 그분을 죽였습니다."라고 대답했다.

> 불꽃 같지만 눈물에 젖은 눈을 가진 그분 때문에, 수많은 면류관을 가지셨으나 가시 면류관을 쓰신 그분 때문에, 만왕의 왕이시며 만군의 주이시지만 당신을 위하여 죽음 앞에 고개를 숙이신 그분 때문에, 당신의 생의 마지막 순간까지 그분을 찬양하며 살기로 결단하시기 바랍니다.
>
> Charles Haddon Spurgeon, The Metropolitan Pulpit Tabernacle, Sermon #938, "A Good Solider of Jesus Christ"

이사야 53장 4-5절 말씀을 묵상해 보라. "그는 실로 우리가 받아야 할 고통을 대신 받고, 우리가 겪어야 할 슬픔을 대신 겪었다. 그러나 우리는, 그가 징벌을 받아서 하나님에게 맞으며, 고난을 받는다고 생각했다. 그러나 그가 찔린 것은 우리의 허물 때문이고, 그가 상처를 받은 것은 우리의 악함 때문이다. 그가 징계를 받음으로써 우리가 평화를 누리고, 그가 매를 맞음으로써 우리의 병이 나았다." 예언자 이사야는 이 두 절에서 '우리'라는 말을 일곱 번이나 사용하고 있다. "우리가 받아야 할 고통." "우리가 겪어야 할 슬픔." "우리의 허물." "우리의 악함." 그리스도를 십자가에 못박은 것은 바로 우리의 죄였다. "주님께서 우리 모두의 죄악을 그에게 지우셨다"(사 53:6).

많은 이들의 사랑을 받고 있는 찬송가 "오 거룩하신 주님 그 상하신 머리(145장)"는 12세기의 신학자 클레르보의 베르나르(Bernard of Clairvaux)가 작사한 것으로 알려져 있다. 이 곡의 2절은 우리의 죄와 그리스도의 죽으심에 관해서 노래하고 있다.

> 주 당하신 그 고난, 죄인 위함이라
> 내 지은 죄로 인해, 주 형벌 받았네
> 내 주여 비옵나니 이 약한 죄인을
> 은혜와 사랑으로 늘 지켜주소서.

우리의 죄는 하나님으로부터 우리를 분리시켰다. 그래서 우리에게는 우리 자신의 보잘것없는 수단들밖에 남아 있지 않았다. 우리들 대부분은 우리 자신이 꽤나 선한 사람이라고 생각한다. 혹은 적어도 옆집에 사는 사람처럼 악하지는 않다고 생각한다. 그러나 우리의 손은 깨끗하지 못하다. 우리는 남을 속이기도 했다. 거짓말도 했다. 험담을 하기도 했다. 거짓으로 남을 비난하기도 했다. 변명을 했다. 다른 이들을 괴롭혔다.

그리스도의 십자가를 바라볼 때에 결국 우리는 우리의 죄가 정말 얼마나 큰지 분명히 알게 된다.

갈보리에 비추어 볼 때에, 우리가 주장하는 선함이란 더러운 넝마에 지나지 않는다. 우리가 예수께 가까이 다가갈수록, 우리 자신의 죄를 더욱더 분명히 보게 된다. 이사야 53장은 우리 모두에게 필요한 좋은 소식을 담고 있다. 그분께서는 우리를 위해 다치셨다. 그분께서는 우리를 위해 상처 입으셨다. 그분께서는 매를 맞으시고, 배반 당하시고, 조롱 받으시고, 채찍에 맞으시고, 가시 면류관을 쓰시고 십자가에 달리셨다. 이 모든 것을 우리를 위해 당하셨다. 우리의 죄가 그분을 십자가로 내몰았지만, 그분을 그곳에 계속 머무르게 한 것은 우리를 향한 그분의 사랑이었다.

이사야 43장 6절에서는 "우리는 모두 양처럼 길을 잃고, 각기 제 갈 길로 흩어졌으나, 주님께서 우리 모두의 죄악을 그에게 지우셨다."라고 말하고 있다. 여기서 '모두'라는 말에 주목하라. 이 말씀에 관해서 어떤 사람은 이렇게 고백했다. "나는 첫 번째 '모두'에서 어깨를 움츠리고 기어들어 갔다. 그런 다음 두 번째 '모두'에서 똑바로 서서 걸어 나올 수 있었다." 첫 번째 '모두'는 우리가 죄인임을 말하고 있으며, 두 번째 '모두'는 그리스도께서 이미 우리의 죗값을 치르셨음을 말하고 있다.

궁극적 차원

궁극적으로 예수의 죽음은 누구의 책임일까? 어쩌면 이 물음에 대한 대답은 당신에게 놀라운 것일지도 모른다.

성경에 따르면, 예수 그리스도의 죽음에 대한 책임은 하나님께 있다.

이사야 53장 10절 상반절을 표준새번역에서는 "주님께서 그를 상하게 하고자 하셨다. 주님께서 그를 병들게 하셨다."라고 번역하고 있다. 영어 성경인 신흠정역(*New King James*)에서는 약간 다른 느낌으로 표현되어 있다. "그러나 그를 상하게 하는 것이 주를 기쁘시게 했다. 그래서 주께서 그가 고난을 당하게 하셨다."[역자의 번역] 둘 다 동일한 것을 말하고 있지만, 신흠정역은 자기 독생자를 상하게 하는 것이 주님을 기쁘시게 하는 것이었음을 강조하고 있다. 세 아들의 아버지인 나는 이것을 결코 이해할 수가 없다. 나는 내 아들 중 하나를 죽도록 기꺼이 내어 준다는 것은 상상도 할 수가 없다. 하물며 그로 인해 기뻐한다는 것은 말할 것도 없다. 그러나 진리는 흔들림 없이 서 있으며 아무도 이를 부인할 수 없다.

예수께서 죽으신 것은, 그분께서 죽으시는 것이 그분 아버지의 뜻이었기 때문이다.

우리의 주께서 당하신 끔찍한 고난은 우연히 일어난 것도 아니고, 단지 유대교 지도자들이 원했고 빌라도가 비겁하게 굴복했다는 이유만으로 일어난 것도 아니다. 악인들의 악한 행위 뒤에는 전능하신 주께서 계신다. 그분께서 예수를 십자가에 보내셨다. 이 사실을 이해할 때까지 당신은 그리스도의 죽으심의 참된 의미를 알 수 없을 것이다. 예수의 죽으심은 하나님의 의도였다.

"그것은 옳지 않아요"

영화를 본 후 교회에서 토론 시간을 갖기 직전에, 나는 한 젊은이에게 《패션 오브 더 크라이스트》에 대해 어떻게 생각하느냐고 물어보았다. 그는 나의 손을 잡았다. 그의 눈에는 눈물이 가득했고 그의 입술은 떨리기 시작했다. 오랫동안 그는 한마디도 하지 못했다. 마침내, 감정에 북받쳐 이 세 마디의 말을 했다. "그것은 옳지 않아요." 병사들이 예수를 대한 태도는 옳지 않았다. 어찌 그런 잔인함이 정당화될 수 있단 말인가? 존 파이퍼(John Piper)가 자신의 책 『더 패션 오브 지저스 크라이스트 – 예수가 못박힌 50가지 이유』(*The Passion of Jesus Christ*, 규장 역간) 에서 던지고 있는 대답에 귀를 기울여 보자.

21세기에 가장 중요한 물음은 이것이다. 왜 예수 그리스도께서 그렇게 많은 고난을 당하셨을까? 그러나 인간적인 대의를 뛰어넘지 못한다면, 우리는 결코 이 물음의 중요성을 바르게 이해할 수 없을 것이다. 누가 그리스도를 못박았는가? 이 물음에 대한 궁극적인 대답은, '하나님께서 그리하셨다.' 이다. 이것은 정말 놀라운 생각이다. 예수께서는 그분의 아들이시다. 그리고 그 고난은 상상을 초월한 것이다. 그러나 성경의 모든 메시지는 우리를 이러한 결론으로 향하게 한다.

그 누구도 하나님께서 자신의 독생자를 십자가에 달려 죽게 하리라고 예상치 못했을 것이다. 그러나 하나님께서 정말 그렇게 하셨다. 이 위대한 진리를 깨닫지 못한다면, 결코 성 금요일의 사건을 이해할 수 없을 것이다. 그러나 헤롯과 유다, 가야바와 본디오 빌라도는 책임이 없을까? 예수의 고난과 죽음 앞에서 즐거워하며 그분을 조롱했던 이들은 책임을 면할 수 있을까? 그리스도를 그토록 잔인하게 때려서 거의 죽음에 이르게 했던 그 지독하도록 잔인했던 로마 군인들은 죄가 없단 말인가? 하나님께서 이 모든 과정에 개입하셨다고 해서 그들의 책임이 면제될 수 있을까?

이 물음에 대한 답은 사도행전의 한 기도문 속에 있다. 교회의 탄생 직후에 일련의 박해가 찾아왔을 때, 신자들은 하나님의 도우심을 구하기 위해 모였다. 그들의 기도 속에는 주목할 만한 문장이 포함되어 있었다. "과연 헤롯과 본디오 빌라도는 이방인과 이스라엘 백성과 합세하여 하나님께서 기름 부으신 거룩한 종 예수를 거슬러 하나님의 권능과 뜻대로 이루려고 예정하신 그것을 행하려고 이 성에 모였나이다"(행 4:27-28). 이 두 가지 사실에 주목하라. 1) **그들은 이름을 명시하고 있다.** 즉, 헤롯과 빌라도. 신자들은 누가 자신들의 주님을 십자가에 못박았는지 잊지 않았다. 그리고 하나님께서도 잊지 않으신다. 2) **이들 정치 지도자들의 악함은 하나님의 더 큰 목적을 이루는 도구 역할을 하고 있다.** 바로 이 까닭에 교회는, (하나님의 강압 때문이 아니라 그들 자유의지로 했던) 이 악한 자들의 행위가 곧 하나님께서 먼저 '예정하신' 뜻이었다고 분명히 말하고 있다. 그것은 정말 헤롯과 빌라도의 죄였다. 그러나 그들은 하나님께서 미리 정하신 일을 했다. 여기에 신비가 있다. 그러나 이 신비 때문에, 빌라도와 헤롯을 비롯한 그 무리의 죄로 예수께서 죽으셨으며 그들의 죄를 통해서 예수 그리스도에 대한 하나님의 뜻이 성취되었다는 진리가 무시될 수는 없다.

가장 큰 죄

그러므로 예수께서는 자신의 죽음을 신실하게 담당할 수 있으셨다. "아버지께서 나를 사랑하신다. 그것은 내가 목숨을 다시 얻으려고 내 목숨을 기꺼이 버리기 때문이다. 아무도 내게서 내 목숨을 빼앗아 가지 못한다. 나는 스스로 원해서 내 목숨을 버린다. 나는 목숨을 버릴 권세도 있고, 다시 얻을 권세도 있다. 이것은 내가 아버지께로부터 받은 명령이다"(요 10:17-18). 이 말씀은 《패션 오브 더 크라이스트》가 반유대주의적이라는 비판에 대한 중요한 대답이 될 수 있다. 멜 깁슨은 영화 속에서 예수께서 십자가로 향하시는 길에 이 말씀을 하는 것으로 연출했다. 그 누구도 그분의 뜻에 반하여 예수를 죽이지 않았다. 만약 하나님께서 당신의 아들이 죽도록 계획하지 않으셨다면, 그리고 예수께서 기꺼이 자기 목숨을 내놓으려고 하지 않으셨다면, 로마의 모든 군대가 출동했더라도 그분의 목숨을 앗아갈 수는 없었을 것이다.

헤롯과 빌라도는 (그리고 이 일에 연루된 다른 모든 이들은) 인류의 구속이라는 위대한 드라마에 자기들도 모르게 참여하게 된 배우들이었다. 그들은 자신들이 저지른 죄에 대해 참으로 책임이 있다.

그러나 그들의 악을 통해 이 세상은 구원을 받게 되었다. 이 세상에서 가장 큰 죄가 무엇일까? 물론 그것은 하나님의 아들을 십자가에 못박는 것이다. 하지만 여기에 신비가 있고, 하나의 기적을 낳은 역설이 존재한다.

가장 큰 죄로부터 온 인류를 위한 가장 큰 축복이 임했다. 예수의 처참한 죽음이, 그곳에 들어가기를 원하는 모든 이들을 위하여 하늘의 문을 열었다.

좀더 개인적인 질문을 해 보자. 우리가 저지를 수 있는 가장 큰 죄가 무엇일까? 우리는 그분을 죽게 했던 이들의 죄를 그대로 반복할 수는 없다. 그렇다면 우리에게 가장 큰 죄는 하나님의 아들을 무시하는 것이라고 할 수 있다. 우리가 (우리 삶을 통해서 혹은 우리의 입술로) "주 예수 그리스도시여, 주께서 나를 위해 행하신 모든 일을 나는 알고 있습니다. 하지만 그것은 나에게 아무런 의미가 없습니다."라고 한다면, 우리는 바로 그러한 죄를 짓고 있는 것이다. 그러나 예수께서 그렇게 엄청난 희생을 치르시고 다시 사신 것을 무시하는 것은, 곧 우리 자신을 심각한 영적 위험에 빠지게 하는 것이다. 시인 오든(W. H. Auden)은 그 첫 성 금요일에 자신이 그 자리에 있었더라면 어떻게 했을지를 상상해 보았다고 한다. 그는 우리들 대부분은 자신을 두려움에 숨어버린 제자였다고 생각하거나, 본디오 빌라도나 산헤드린의 회원들처럼 중요한 역할을 했을 것이라고는 생각하지 않을 것이라고 말했다.

나의 지극히 낙관적인 기질상, 나는 내가 학문적인 친구를 만나기 위해 그곳을 방문한 알렉산드리아(Alexandria) 출신의 헬라파 유대인이라고 상상한다. 우리는 철학적인 논쟁을 하면서 함께 길을 걷고 있다. 우리는 골고다 아래를 지나가게 된다. 올려다보니 너무나도 익숙한 광경, 즉 조롱하는 군중에 둘러싸인 세 개의 십자가를 보게 된다. 혐오감에 눈살을 찌푸리며 나는 이렇게 말한다. "군중이 저런 것을 즐긴다는 것은 참으로 역겨운 일이야. 왜 당국은 소크라테스를 죽일 때처럼 범죄자들에게 독약을 마시게 해서 그들을 인도적인 방식으로 비공개 처형하지 않는 거지?" 그런 다음, 나는 그 불쾌한 광경으로부터 시선을 피하면서 진선미(眞善美)의 본질에 관한 흥미진진한 대화를 계속 이어간다.

> 예수께서 그렇게 엄청난 희생을 치르시고
> 다시 사신 것을 무시하는 것은,
> 곧 우리 자신을 심각한 영적 위험에 빠지게 하는 것이다.

아니, 우리는 사디스트 같은 로마 병정들이 아니다. 우리는 광적인 군중도 아니다. 우리는 허랑방탕한 헤롯이나 수심에 잠긴 빌라도 아니다. 오든은 우리의 마음을 확실히 알고 있다. 우리는 그 모든 광경이 그저 혐오스럽고 매우 부적절한 대중적 오락이라고 생각하는 교양 있는 엘리트와 같다. 어떤 점에서 우리는 빌라도나 헤롯, 가야바보다 더 나쁘다. 적어도 그들은 이 일을 중요하게 생각했기 때문에 어느 한쪽의 입장을 취했다. 그러나 우리는 아예 이 일에 휘말리지 않기를 바라고 있다.

내가 나의 주님을 못박았다

다시 영화로 돌아와 이 영화에 대한 나의 느낌을 생각해 본다. 한참을 곰곰이 생각하니 세 가지 점이 기억에 남는다. 첫째, **형언할 수 없을 정도로 공포스러운 장면들이 있었다.** 많은 비평가들이 말했듯이, 어떤 사람들에게는 이런 장면들이 너무 지나치다고 느껴졌을 것이다. 둘째, **영화는 성경이 묘사하는 대로 연출되어야 했다.** 예수께서는 우주가 창조될 때부터 이 모든 일들이 자신에게 일어나도록 예정되었음을 알고 있었기 때문에 아버지께 기도한다. 인간으로서 그는 고통스러워했다. 하나님의 아들로서 그는 아버지의 뜻을 받아들인다. 셋째, (아마도 아주 오랜만에) **나는 나 자신이 나의 주님을 못박은 죄인임을 깨닫게 되었다.** 내 죄가 그분을 십자가에 못박았다. 내 손은 그 무고한 피에 대해 자유롭지 않다. 빌라도처럼 나도 손을 씻으려고 하지만 아무 소용없는 일이다. 그 피 얼룩은 영원히 남아 있을 것이다.

채찍질 장면을 보고 있던 한 남자는 도저히 그 장면을 볼 수가 없었다고 말했다. 고문이 영원히 계속될 것처럼 보였다. 그는 예수께서 채찍에 맞으실 때마다 "저것은 나를 위한 것이었어."라고 자신에게 말하면서 겨우 그 장면을 견뎌 낼 수 있었다고 말했다. 그들은 예수께 잔학한 불의를 저질렀다. 그러나 다른 이들을 비난하기 전에, 스스로에게 이렇게 물어 보자. 누가 이렇게 했는가? 유대인들을 비난하지 말라. 로마인들을 비난하지 말라. 만약 누군가를 비난하고 싶다면, 거울을 들여다보라. 당신이 그렇게 했다. 우리가 그렇게 했다. 그리고 예수께서는 우리를 위해서 이 모든 것을 당하셨다. 채찍질과 주먹질, 가시 면류관, 상처, 조롱, 못과 창, 버려짐. 배신- 이 모든 것을 하나님께서 계획하셨다. 예수께서는 당신을 위해, 그리고 나를 위해 이 모든 것을 견디셨다.

영화가 시작될 때 이사야 53장 5절 말씀이 스크린을 채운다. "그러나 그가 찔린 것은 우리의 허물 때문이고, 그가 상처를 받은 것은 우리의 악함 때문이다." 이 구절 마지막에는 놀라운 진리가 담겨 있다. "그가 징계를 받음으로써 우리가 평화를 누리고, 그가 매를 맞음으로써 우리의 병이 나았다." 하나님께 너무 커서 용서하실 수 없는 죄란 없다. 예수의 피는 그 어떤 악보다 강하다.

마지막으로 우리 교회에 있었던 토론회 이야기를 하고 싶다. 토론 시간을 시작하기 전에, 한 여자분이 내 소매를 잡으면서 영화를 보고 스스로에 대해 어떤 생각이 들었는지 나에게 말해 주고 싶다고 말했다. 그녀는 자신의 느낌을 한마디로 요약했다. "가치 없는." 우리는 예수께서 보잘것없는 나를 위해 죽으셨다는 것을 깨달을 때 우리의 영적 여정이 시작된다.

찬송가 145장 "오 거룩하신 주님 그 상하신 머리"로 돌아가보자.

> 나 무슨 말로 주께 다 감사 드리랴
> 끝 없는 주의 사랑 한없이 고마와
> 보잘것없는 나를 주의 것 삼으사
> 주님만 사랑하며 나 살게 하소서

정말 우리는 세상이 예수께서 왜 죽으셨는지 알고 싶어 하는 놀라운 시대를 살아가고 있다. 사도신경은 그분께서 "본디오 빌라도에게 고난을" 받으셨다고 말하고 있다. 수백만 명의 사람들이 그분께서 십자가 위에서 당하신 고난의 의미를 되새겨 보게 된다면 좋겠다.

생각해 볼 문제들

✞ 누가 예수를 죽였는가? 개인적인 차원에서 당신은 이 물음에 어떻게 답하겠는가? 정직하게 당신의 대답을 말해 보라.

✞ 예수께서 당신의 죄악 때문에 상처를 받으셨고, 그분께서 당신을 대신해서 당신의 죄에 대한 벌을 받으셨다는 사실을 믿는 것이 쉬운가? 어려운가? 왜 그런가?

✞ "예수를 상하게 하는 것이 아버지의 뜻이었다."라는 말은 당신에게 무엇을 의미하는가? 어떻게 하늘에 계신 아버지께서 자신의 아들이 죽임을 당하는 데 기뻐하실 수 있었을까? 이것은 당신에게 개인적으로 어떤 의미가 있는가?

8
하나님께서 죽으신 날
: "십자가에 못박혀 죽으시고"

그러나 그리스도께서는 죄를 사하시려고,
단 한번의 영원히 유효한 제사를 드리신 뒤에 하나님 오른쪽에 앉으셨습니다.
| 히브리서 10:12 |

사도신경은 예수 그리스도의 죽음을 네 가지 다른 어구로 묘사하고 있다.

- 십자가에 못박혀
- 죽으시고
- 장사한 지
- 지옥으로 내려가사 [원문인 라틴어 사도신경(descendit ad inferos)과 영문 사도신경(descended into hell)에는 이 문구가 포함되어 있다. 한국 개신교회에서는 신학적인 이유로 이 구절을 삭제하였으나, 성공회와 천주교회에서는 이 구절을 번역하여 옮기고 있다. 자세한 사항은 10장을 보라.-역자]

이것은 불필요한 반복처럼 보일지도 모른다. 특히 사도신경이 몇 문장으로 기독교 신앙 전체를 제시하고 있다는 점에서 더욱 그러하다. 왜 예수 그리스도의 죽음을 묘사하는 데 이렇게 네 구절씩이나 사용해야 했을까? 그분의 죽으심을 이렇게 여러 구절로 표현할 때 어떤 진리들이 덧붙여지는 것일까?

왜 사도신경은 그리스도의 죽음을 네 가지 다른 방식으로 묘사하고 있는 것일까? 교회가 시작된 이래로 지금까지 비판자들과 회의론자들은 예수께서 죽은 자 가운데서 다시 살아나신 적이 없다고 주장함으로써 기독교를 공격해 왔다. 예를 들어, 초대 교회의 영지주의자들은 예수께서 문자 그대로 죽으신 것은 아니었다고 주장했다. 그들은 예수께서 세례를 받으실 때에 하나님의 영이 그분께 들어왔다가 십자가에 달리시기 전에 떠났다고 말했다.

그로부터 수백 년 후에 예언자 무함마드가 세운 이슬람교는, 예수께서 죽으신 것처럼 보였을 뿐이었다고 가르친다. 이슬람 학자들 사이에서도 예수께서 정확히 어떤 일을 겪으셨는가를 놓고 의견이 분분하다. 어떤 이들은 마지막 순간에 다른 누군가가, 이를테면 유다나 구레네 시몬이 그분 대신에 십자가에 달렸다고 말한다. 그들은 하나님께서 예수의 적들에게 주문을 걸어서 그들이 알아차리지 못하도록 해서 이 같은 바꿔치기가 가능했다고 주장한다. 이는 재치 있는 생각이지만 전혀 역사적 사실에 근거하지 않고 있다.

어떤 작가들은 예수께서 매질을 당하고 십자가에 못박히셔서 기절하거나 정신을 잃으신 것인데, 제자들과 유대인들, 로마인들은 그분을 십자가에서 내릴 때에 그분께서 죽은 것으로 생각했다고 가정한다. 나중에 그분을 차가운 무덤 속에 모셔왔을 때, 그분께서는 깨어나고 기력을 회복하셔서 그 육중한 돌을 옮기고 주일 아침에 무덤으로부터 걸어 나오셨다는 것이다. 예수께서 너무나도 건강해 보이셨고 완전히 회복되신 것처럼 보였기 때문에 제자들은 그분께서 죽은 자 가운데서 다시 살아나셨다고 착각했다는 것이다. 두 가지 이론 모두 정교해 보이지만 사실 터무니없다. 십자가형의 잔인함을 제대로 이해한다면, 예수께서 실제로 죽으시고 죽은 자 가운데서 다시 살아나셨다고 믿는 것보다 이 같은 이론을 믿는 것이 더 어렵다는 결론에 이를 수밖에 없을 것이다.

그분의 죽으심의 확실성

나는 구약에서 우리 주님의 죽음을 가장 잘 그려내고 있는 이사야서 53장을 자주 묵상한다. 이 장은 십자가 사건을 둘러싼 여러 가지 일에서 하나님께서 어떻게 일하셨는지를 강조하고 있다. 우리 모두의 죄를 예수께 담당시키신 분은 바로 주님이셨다. 이사야 53장 10절은 주님께서 자기 아들이 상하는 것을 기뻐하셨다고 말한다. 도대체 어떤 아버지가 자기 아들이 상처 입는 것을 보고 기뻐하겠는가? (이에 관해서는 바로 앞 장에서 이미 다루었지만, 여기서 다시 한 번 간략하게 언급할 필요가 있다.) 아버지가 자기 아들을 미워해서 그 아들이 고통 당하는 것을 보고 싶어 했다. 만약 아니라면, 우리는 그 아버지는 그런 고통을 통해서 다른 어떤 방식으로도 이룰 수 없는 더 큰 선(善)을 이룰 수 있다는 것을 알고 있었다고 생각할 수밖에 없다.

> 아버지께서는 이 세상을 구원하기 위해
> 자기 아들의 죽음을 예정하셨다.
> 그리고 아들은 기꺼이 속죄양으로서 그 죽음을 당하셨다.

그리스도에 관해서, 아버지께서는 이 세상을 구원하기 위해 자기 아들의 죽음을 예정하셨다. 그리고 아들은 기꺼이 속죄양으로서 그 죽음을 당하셨다. 예수께서는 장차 이 세상을 구원하심으로써 누리실 그 기쁨을 바라보시면서, 십자가를 견디시고 부끄러움을 개의치 않으셨다(히 12:2). 결국 그분께서 "자신의 고난을 통해서 성취하실 그 모든 것을 바라보시게 될 때 만족함을 얻게 될" 것이므로, 영원한 고통의 도가니에 스스로 걸어 들어가셨다(사 53:11, NLT).

예수께 일어난 모든 일들은 우연에 의해서나 여러 가지 조건들의 무작위 조합에 의해서 일어난 것이 아니다. 그 모든 것은 하나님께서 예정하신 계획을 통해 일어났다.

하나님께서 자기 아들이 십자가에 못박히도록 계획하셨기 때문에 예수 그리스도께서 십자가에 못박히셨다. 하나님께서 자기 아들이 무덤에 묻히도록 예정하셨기 때문에 예수께서 묻히셨다. 예수께서는 우연에 의해서가 아니라 하나님의 계획에 의해서 온전히 죽음의 영역으로 들어가셨다. 사도신경을 만든 이들은 이를 잘 알고 있었으며, 그렇기 때문에 그분의 죽음을 묘사할 때 네 가지 다른 구절을 사용했던 것이다.

예수께서 정말 죽으셨나?

신약 성경은 분명하고 확실한 대답을 하고 있다. 첫째, **예수께서는 계속해서 자신의 죽음을 예언하셨다.** 마태복음 20장 18-19절에서 예수께서는 제자들에게 "보아라, 우리는 지금 예루살렘으로 올라가고 있다. 인자가 대제사장들과 율법학자들에게 넘겨질 것이다. 그들은 그에게 사형을 선고할 것이며, 그를 이방 사람들에게 넘겨주어서, 조롱하고 채찍질하고 십자가에 달아서 죽게 할 것이다. 그러나 그는 사흘째 되는 날에 살아날 것이다."라고 말씀하셨다. 예수께 일어난 모든 일은 그분께는 하나도 놀라울 것이 없었다. 그분께서는 그 모든 것이 그분을 향한 아버지의 계획의 일부였음을 아셨으며, 앞으로 예루살렘에서 그분께 일어날 일에 관해서 제자들에게 경고하셨다.

둘째, 빌라도가 십자가에 못박도록 예수를 넘겨주었다. 빌라도는 자기 손으로 어떠한 죄도 범하지 않으려고 노력했지만, 자기 손에서 예수의 피를 씻어낼 수가 없었다. 군중은 예수가 죽기를 바랐고, 그는 그들의 증오와 살의(殺意)에 굴복하고 말았다.

셋째, 로마인들이 고안한 십자가형은 가장 끔찍한 처형 방식이었다. 수 세기에 걸쳐 로마인들은 수많은 처형 방식을 고안해 냈다. 여러 방식들 중에서 십자가형은 가장 끔찍한 처형 방식이었으며, 가장 극악무도한 범죄자들과 국가에 대한 반역자들에게 가하는 형벌이었다. 로마인들은 25만 명의 유대인들을 십자가형에 처한 것으로 알려져 있다. 어떤 경우에는 로마인들이 한번에 수백 명의 유대인들을 십자가에 못박기도 했다. 어떤 사람들은 고통 속에서 24시간,

48시간, 혹은 72시간을 십자가에 매달려 있었다. 이들은 비바람과 들짐승, 그들의 눈을 쪼기도 했던 새들에 노출되어 있었으며, 사랑하는 이들이 두려움에 떨며 바라보는 가운데 지나가던 이들에게 조롱을 당하기도 했다.

넷째, **로마인들은 십자가형의 준비 단계로써 예수에게 매질을 가했다.** 그들은 나무 회초리와 돌, 금속, 유리 조각이 박힌 가죽 채찍으로 예수를 때렸다. 매질은 희생자를 약하게 만들 뿐 아니라, 살점이 너덜너덜해질 때까지 그 몸에 상처를 냈다.

다섯째, **백부장들은 예수가 어떻게 되든 신경 쓰지 않았던 직업 군인들이었다.** 그들은 그저 자기가 맡은 일을 했을 뿐이며, 그것도 아주 잘했다. 그들은 혼수 상태와 죽은 것의 차이를 잘 알고 있었다. 예수께서 이런 모진 고통을 겪으신 후에도 살아 있는 것은 도저히 있을 수 없는 일이라는 것을 그들은 잘 알고 있었다. 그들은 틀림없이 예수께서 죽으셨다는 것을 결코 의심하지 않았다.

여섯째, **병사들은 예수의 죽음을 확실히 해 두기 위해 그분의 옆구리를 창으로 찔렀다.** 대부분의 전문가들은 쏟아져 나온 물과 피는 예수의 심장 근처에 있는 낭(囊)에서 나온 것이라고 믿는데, 이는 그분께서 정말 죽으셨다는 또 다른 증거이다.

일곱째, **여인들은 유대교의 관습에 따라 예수의 장례를 치를 준비를 했다.** 이런 준비 과정에는, 몸을 씻어내고 (예수의 몸에 상처가 많았으므로 어려운 작업이었을 것이다), 얇은 천으로 단단히 감고, 향료와 향이 있는 수지(樹脂)를 뿌리는 것 등이 포함된다. 향료와 수지는 굳어져서 사체를 둘러싼 일종의 막을 형성하게 되는데, 이는 사체를 보존하고 도굴꾼을 막아 주는 역할을 한다.

여덟째, 무덤은 3-5톤 정도의 무거운 돌로 봉인되어 있었다.

아홉째, 로마의 병사들이 아무도 시신을 훔쳐가지 못하도록 무덤을 지키고 있었다. 생각해 보라. 이들은 직업 군인들로서 결코 만만한 상대가 아니었다.

열째, 토요일 밤에 로마인들과 유대교 지도자들, 제자들은 예수께서 죽으셨다는 그 사실에 관해서는 서로 의견이 일치했다. 적어도 그 당시에는 예수께서 매질과 채찍질을 당하시고, 가시 면류관을 쓰시고, 아주 심하게 피를 흘리시고, 극심한 피로를 겪으시고, 십자가형과 그에 따르는 믿을 수 없을 정도의 육체적 고통을 당하시고, 그분의 온 몸이 서서히 파괴되는 이 모든 과정을 겪으시고도 살아 있을 수 있다는 것을 믿는 사람은 아무도 없었다. 예수께서는 예루살렘 성벽 밖에서 군중이 보는 가운데 죽으셨다. 바로 그 자리에는 수많은 사람이 죽는 것을 봐 왔던 군사들이 있었고, 그분 곁에는 그분의 어머니가 계셨으며, 유대의 지도자들과 수많은 구경꾼들도 지켜보고 있었다. 이런 상황에서 그분의 죽음을 날조한다는 것은 도저히 있을 수 없는 일이었다. 예수께서는 정말 죽으셨다. 그분의 죽음에 대한 증거는 확고부동하다.

예수의 죽음의 의미

히브리서 9-10장에 나타난 여섯 절은 예수의 죽음의 참된 의미를 잘 말해 주고 있다.

피흘림 없이는 죄사함도 없다. "피를 흘림이 없이는, 죄를 사함이 이루어지지 않습니다"(히브리서 9:22).

동물의 피는 효과가 없다. "황소와 염소의 피가 죄를 없애 줄 수는 없습니다"(히브리서 10:4).

예수께서는 우리를 위해 자신의 몸을 희생 제물로 바치셨다. "그는 자기를 희생 제물로 드려서 죄를 없이하시기 위하여 시대의 종말에 단 한번 나타나셨습니다"(히브리서 9:26).

그분의 희생으로 우리의 죄가 없어졌다. "그리스도께서도 많은 사람의 죄를 짊어지시려고, 단 한번 자기 몸을 제물로 바치셨고…"(히브리서 9:28).

그것은 죄를 위한 단 한번의 제사였다. "그리스도께서는 죄를 사하시려고, 단 한번의 영원히 유효한 제사를 드리신 뒤에…"(히브리서 10:12).

그분의 희생은 우리를 거룩하게 한다. "그는 거룩하게 되는 사람들을 단 한번의 희생제사로 영원히 완전하게 하셨습니다"(히브리서 10:14).

그러므로 이제 우리는 십자가의 중요성을 이해할 수 있게 된다.

성경의 어느 부분에서 출발하든지 그 종착지는 항상 동일하다. 모든 길은 결국 십자가에 이르게 되어 있다. 인류의 궁극적인 문제는 죄이므로, 십자가는 하나님의 궁극적인 해답이다.

> 성경의 어느 부분에서 출발하든지 그 종착지는 항상 동일하다.
> 모든 길은 결국 십자가에 이르게 되어 있다.

- 그것은 죄를 위한 단 한번의 제사였다.
- 그것은 단 한번의 영원히 유효한 제사였다. 즉, 결코 반복되지 않을 것이다.
- 예수께서는 우리의 죄를 없애기 위해서 자신을 바치셨다. 어느 누구도 그분께서 하신 일을 할 수 없다.
- 그분의 희생이 죄의 문제를 해결했다. 다른 해결책은 없다.
- 그분의 희생은 우리를 거룩하게 한다. 다른 어떤 방법으로도 우리는 거룩해질 수 없다.

그러므로 예수 그리스도의 죽으심은 인류의 역사에서 가장 중요한 사건이다.

지금까지 일어난 그 어떤 일도 예수 그리스도의 십자가만큼 큰 영향력을 미치지 못했다. 이 사실을 우리는 지금도 확인하고 있다. 멜 깁슨은 예수의 죽으심에 관한 영화를 만들었고, 사람들은 계속해서 이에 관해서 이야기하고 있다.

전도한다는 것은 기쁜 소식을 널리 퍼뜨리는 것이다. 이 기쁜 소식은, 예수 그리스도께서 성경에 따라서 우리의 죄를 위하여 죽으시고 죽은 자 가운데서 다시 살아나셨으며 통치하시는 주로서 그는 지금도 회개하고 믿는 모든 자들에게 죄사함과 자유하게 하시는 성령의 은총을 공급하신다는 것이다.

로잔 언약, 세계복음화국제대회(1974)

예수의 피밖에 없네

다음의 세 문장으로 이 장을 마무리해 보자.

- 하나님께서는 온 인류를 구원하기 위한 하나의 계획을 가지고 계신다.
- 천국에 이르는 길은 오직 하나뿐이다. 그 길은 바로 우리 주 예수 그리스도시다.
- 우리의 죄를 없애고 우리를 거룩하게 할 수 있는 희생은 오직 하나뿐이다.

하나의 계획, 하나의 길, 한 사람, 하나의 희생. 히브리서의 저자는 이 주제를 계속해서 반복하고 있다. 예수께서는 우리의 죄를 없애는 단 한번의 영원히 유효한 하나님의 온전한 희생 제물로 자신을 바치셨다. 오직 그분께서 우리를 거룩하게 만드실 수 있으시다. 혹시라도 우리가 이 점을 놓칠까 싶어서, 히브리서 10장에서는 하나님께서 자기 백성에게 두 가지 놀라운 은총을 약속하시는 예레미야 31장의 유명한(적어도 1세기 유대인들에게는 유명했던) 구절을 인용하기까지 했다. "주님께서 말씀하신다. '그날 이후에, 내가 그들에게 세워 줄 언약은 이것이다. 나는 내 율법을 그들의 마음에 박아 주고, 그들의 생각에 새겨 주겠다. 또 나는 그들의 죄와 불법을 더 이상 기억하지 않겠다'"(히 10:16-17). 우리들은 이 구절을 당시의 독자들만큼 분명히 이해 못할 수도 있으므로, 이렇게 생각해 보자.

(주후 65년 경에 기록된) 히브리서 10장은, 우리가 (주후 33년의) 그리스도의 십자가가 21세기에 어떤 의미를 지니고 있는지를 이해

할 수 있도록 (예수께서 탄생하시기 500년 전에 기록된) 예레미야 31장을 인용하고 있다.

다시 말해서, 그리스도의 죽음을 통해서 우리는 다른 방법으로는 얻을 수 없는 두 가지를 얻게 되었다는 것이다.

- 완전히 새로워진 마음(우리 마음 속에 새겨진 율법)
- 완전한 용서(하나님께서는 더 이상 우리의 죄를 기억하지 않으신다.)

그렇기 때문에 히브리서 10장 18절에서는 (그리스도의 죽으심을 통해서) 죄가 용서되었기 때문에, "다시 죄를 위하여 제사 드릴 것이 없느니라."라고 말하고 있다. 예수께서는 당신의 죄가 용서 받기 위해서 필요한 모든 것을 행하셨다. 만약 그분의 죽으심이 당신에게 부족하게 여겨진다면, 더 이상 대안은 없다. 하나님께서는 "만약 내 아들이 너를 위해서 행한 일들이 마음에 안 든다면, 동물로 드리는 희생 제사는 어떠니? 아니면 힌두교도나 불교도가 되어 보는 건 어때?"라고 말씀하지 않으신다. 만약 당신이 구세주 되시는 그리스도께 나아가기를 거부한다면, 당신에게는 하늘나라의 문이 결코 열리지 않을 것이다.

> 만약 그분의 죽으심이 당신에게 부족하게 여겨진다면,
> 더 이상 대안은 없다. 만약 당신이 구세주 되시는
> 그리스도께 나아가기를 거부한다면,
> 당신에게는 하늘나라의 문이 결코 열리지 않을 것이다.

예수께서 이미 죽으셨기 때문에, 더 이상 다른 희생은 필요하지 않다. 하나님께서는 다른 어떤 제사도 받지 않으실 것이다. 그분의 죽으심이 없다면 죄 사함도, 구원도, 천국의 소망도 없다.

천국에 가고 싶은가? 만약 그렇다면, 당신이 반드시 알아야 할 세 가지 사실이 있다. 첫째, **당신 혼자의 힘으로는 결코 천국에 갈 수 없다.** 노력해 볼 수는 있겠지만 결국 노력만 하다가 죽게 될 것이다. 당신 혼자서 천국에 이르는 길을 만들 수는 없다. 둘째, **하나님께서는 이미 당신을 위해서 그 일을 하셨다.** 이것이 바로 생명을 구원하는 복음의 놀라운 소식이다. 하나님께서는 당신을 위해서 자신의 독생자이신 예수 그리스도를 통해서 당신 혼자서는 결코 해낼 수 없는 일을 이미 이루어 놓으셨다. 십자가 위에서 잔혹하게 죽으심으로써 예수께서는 당신의 죄에 대한 온전한 죗값을 치르셨다. 예수께서 "다 이루었다."(요 19:30)라고 외치신 것은 바로 이것을 의미한다. 구원의 사역이 완성된 것이다. 죗값은 다 치러졌다. 심판의 무서운 결과는 하나님의 어린 양께 떨어졌다.

셋째, **믿음으로 예수께 나아갈 때, 당신의 죄는 영원히 용서를 받는다.** 몇 해 전에 한 나이지리아 출신의 목회자가 나에게 '찬양독창집'(Sacred Songs and Solos)을 주었다. 제목이 적힌 곳을 보니, 그 책은 1800년대 말에 무디(D. L. Moody)와 함께 찬양 사역을 했던 아이러 생키(Ira Sankey)가 엮은 책이었다. 이 찬송가는 아주 오래된 것이었지만, 아직도 나이지리아 교회에서 사용되고 있었다. 이 찬송가에는 나에게 익숙하지 않은 찬송들도 많이 포함되어 있었다. 그 중에는 아주 좋은 곡들도 많이 있었다. 이 책 142장에 있는 곡의 가사는 이렇다.

크거나 작거나 아무것도
죄인은 할 수 없네. 아무것도.
예수께서 하셨네. 다 이루셨네.
아주 아주 오래 전에.

"다 이루었네!" 정말 그러하다.
모조리 다 이루셨네.
죄인이여, 당신이 필요한 모든 것을 이루셨네.
정말 그렇지 않는가?

저 높은 보좌에서
죽기 위해 오신 주님,
온전히 다 이루셨네.
그분 외치시는 소리를 들어보라.

지치고 수고하고 무거운 짐진 자여,
어찌하여 그리 고생하는가?
이제 수고할 필요없다네. 다 이루셨으니.
아주 아주 오래 전에.

순전한 믿음으로

그분께서 이루신 일을 붙들지 않으면
'수고'는 헛된 것.
'수고'는 죽음으로 이끌 뿐.

이제 예수의 발 아래
그 헛된 '수고'를 던져 버리라.
그분 안에, 오직 그분 안에 서라.
영광스럽게 완전하신 그분 안에.

오늘날에는 이런 찬송가가 많지 않다. "이제 수고할 필요없다네. 다 이루셨으니. 아주 아주 오래 전에."라는 이 가사에 대해 생각해 보라. 정말 그렇다. 예수께서 "다 이루었다."라고 외치셨을 때 모든 것이 다 이루어졌다. 그때 다 이루어졌으며, 지금도 다 이루어져 있고, 백만 년이 백만 번 지난 후에도 다 이루어져 있을 것이다.

이 찬송가의 가사대로, "죄인이여, 당신이 필요한 모든 것을 이루셨네. 정말 그런가?"

생각해 볼 문제들

✝ 예수께서 정말 죽으셨다는 것, 즉 그분께서 죽음의 과정을 건너뛰시거나 다른 사람이 자기를 대신하도록 하지 않으시고 실제로 죽음을 당하셨다는 것을 인정하는 것이 왜 중요한가?

✢ 예수께서는 우리를 대신해 우리의 죄를 위해 희생 제물이 되실 수 있으셨던 까닭은 무엇인가? 왜 그분께서 죽으셔야 했는가?

✢ 당신은 예수께서 우리에게 죄 사함을 주실 수 있는 유일한 분이시며 오직 그분의 희생만이 우리의 죄를 구속할 수 있다는 것을 확신하는가? 왜 그러한가? 혹은 왜 그렇지 않은가? 당신은 그분을 죄로부터 당신을 구원해 주실 구주로 인격적으로 영접했는가? 만약 그렇지 않다면, 오늘 그분을 영접하겠는가?

9
하나님의 희생양
: "장사한 지"

그러므로 우리는 세례를 통하여
그의 죽으심과 연합함으로써 그와 함께 묻혔던 것입니다.
그것은, 그리스도께서 아버지의 영광으로 말미암아
죽은 사람들 가운데서 살아나신 것과 같이,
우리도 또한 새 생명 안에서 살아가기 위함입니다.
| 로마서 6:4 |

지금까지 살펴본 것처럼, 사도신경은 "우리 주 예수 그리스도를 믿사오니… 본디오 빌라도에게 고난을 받으사, 십자가에 못박혀 죽으시고 장사한 지"라고 고백하고 있다.

"장사한 지"라는 말은 필요 없는 것처럼 보인다. 우리는 예수께서 죽으셨다는 것을 알고 있다. 우리는 그분께서 죽은 자 가운데서 다시 살아나셨다는 것을 알고 있다. 만약 예수께서 우리의 죄를 위해 죽으셨고 삼일 만에 다시 살아나셨다면, 그 사이에 그분께서 묻히신 것은 당연하다. 이렇게 간결한 표현으로 모든 교리를 아우르고 있으며, 그리스도의 말씀 사역과 기적에 대해서는 한마디도 언급하지 않고 있는 사도신경에, 왜 굳이 "장사한 지"라는 말을 넣었을까? 왜 말하지 않아도 분명한 점을 삽입했을까?

예수의 생애에 관한 이야기를 읽을 때, 우리는 그분의 죽음에서 곧장 그분의 부활로 넘어가 버리는 경향이 있다. 마치 그 사이에는 중요한 일이 전혀 없다고 여기는 것 같다. 그러나 사도신경은 우리에게 일단 멈춰서 성경 본문을 다시 한 번 들여다 보라고 말하고 있다. "장사한 지"라는 이 간단한 말은 예수의 몸에 일어난 일보다 더 많은 것을 우리에게 말해 주고 있다. 이 말은 자칫 그냥 지나쳐 버릴 수도 있는 성경적 진리를 우리에게 일깨워 준다.

세 가지 핵심 구절

그리스도께서 나시기 700년 전에 기록된 이사야 53장에는 구약 성경 가운데에서 우리 주님의 죽음에 관한 가장 자세한 예언이 담겨 있으며, 9절에는 그분께서 무덤에 묻히신다는 것에 대해서 분명히 언급하고 있다. "그는 폭력을 휘두르지도 않았고, 거짓말도 하지 않았지만, 사람들은 그에게 악한 사람과 함께 묻힐 무덤을 주었고, 죽어서 부자와 함께 들어가게 하였다." 당시의 십자가형은 최악의 범죄자들과 국가에 대해 반역을 꾀한 이들을 위한 극형이었기 때문에, 로마인들은 십자가형으로 죽은 사람의 시신은 시궁창에 던져 넣거나 쓰레기를 태울 때 함께 태워 버렸다. 분명히 예수를 미워했던 유대교 지도자들은 머리 속으로 예수께서 이런 운명에 처하게 될 것이라고 예상하고 있었다. 그러나 결국 그분께서는 부자의 무덤에 묻히시게 된다.

고린도전서 15장 1-6절은 복음을 매우 간결하게 요약해 주고 있다. "형제자매 여러분, 내가 여러분에게 전한 복음을 일깨워 드립니다"(1절). 그런 다음 3-5절에서 바울은 계속해서 복음을 명쾌하게 설파하고 있다. "나도 전해 받은 중요한 것을 여러분에게 전해 드립니다. 그것은 곧, 그리스도께서 성경대로 우리 죄를 위하여 죽으셨다는 것과, 무덤에 묻히셨다는 것과, 성경대로 사흘날에 살아나셨다는 것과, 게바에게 나타나시고 다음에 열두 제자에게 나타나셨다고 하는 것입니다." 그가 복음의 메시지를 얼마나 분명하게 그려내고 있는지 주목해 보라.

- 그분께서는 십자가에서 죽으셨다.
- 그분께서는 무덤에 묻히셨다.
- 그분께서는 삼일 째 되는 날 다시 살아나셨다.
- 그분께서는 나타나셨다.

바울은 예수께서 무덤에 묻히신 것을 복음에서 본질적인 요소로 여겼다.

마태복음 26장 6-13절은 마리아가 값비싼 향유 옥합을 가져와 예수의 머리에 부었던 이야기를 기록하고 있다. 요한은 (12장에서) 똑같은 이야기를 하면서, 마리아가 인도에서 수입된 매우 값비싼 향료였던 "순전한 나드"(3절) 한 근도 예수의 발에 부었다는 사실을 덧붙이고 있다. 이 향료를 한 근 사기 위해서는 1년치 급료를 모아야 했을 텐데, 마리아는 그것을 모두 예수의 머리와 발에 부었다.

(유다를 위시하여) 제자들이 비싼 돈을 낭비한다고 그녀를 꾸짖을 때에 예수께서는 마리아의 편을 들어주셨다. "이 여자가 내 몸에 향유를 부은 것은, 내 장례를 치르려고 한 것이다. 내가 진정으로 너희에게 말한다. 온 세상 어디서든지, 이 복음이 전파되는 곳에서는, 이 여자가 한 일도 전해져서, 그를 기억하게 될 것이다"(마 26:12-13). 이처럼 아낌없이 자신의 사랑을 표현함으로써, 마리아는 자기가 알고 있는 것보다 훨씬 많은 것을 행하고 있었다. 즉, 그녀가 그 토요일에 베다니에서 했던 일은, 예수께서 그 다음 금요일 십자가에서 내려지신 후 그분의 시신을 위해 했던 것이다. "이 복음"이라는 구절은 예수께서 무덤에 묻히신 것이 복음 메시지의 중요한 한 부분이라는 것을 다시 한 번 말해 주고 있다. 그리고 바로 이런 이유 때문에 사도신경은 예수께서 무덤에 묻히셨다고 분명히 말하고 있는 것이다.

> 예수께서 무덤에 묻히신 것은
> 복음 메시지의 중요한 한 부분이다.

무덤에 묻히셨다는 사실이 담고 있는 의미

예수의 장례에 관한 자세한 이야기는 네 복음서에 모두 나타나 있다. 마태복음 27장 57-61절, 마가복음 15장 42-47절, 누가복음 23장 50-56절, 요한복음 19장 38-42절이다. 각 복음서의 본문을 따로 살펴보기보다는, 이 네 이야기를 한데 묶어서 하나의 이야기로 바라보고 싶다.

　이야기는 금요일 늦은 오후 예루살렘 성벽 바깥에서 시작된다. 오후 3시가 되었을 때 예수께서는 이미 돌아가신 상태였다. (유대교의 안식일이 시작되는) 일몰은 6시에 시작되었다. 예수께서 죽으신 후 얼마 간의 시간 동안, 손과 발에 못이 박힌 채 그분의 시신은 밧줄에 묶여 십자가에 매달려 있었다. 마침내 아리마대의 요셉이라는 이름의 한 남자가 앞으로 나섰다. 우리가 이 남자에 관해서 알고 있는 모든 정보는 네 복음서로부터 나온 것이다. 그는 부자였고, 의로운 사람이었고, 유대교의 통치 기구였던 산헤드린 공의회의 회원이었다는 것이다. 이것은 그가 매우 존경을 받고 있었으며 많은 사람들에게 잘 알려진 인물이었음을 뜻한다. 복음서는 그가 지혜로운 사람이었으며 하나님의 나라를 구하는 공의회 회원이었다고 말하고 있다. 또한 복음서는 그가 투표에서 예수를 죽이는 것에 반대했다고 말하고 있다. 그러나 공의회의 다른 회원들은 가장 중요한 사실을 모르고 있었다. 요셉은 남들이 모르게 예수를 믿는 사람이었다. 비록 우리는 그가 어떻게 예수를 믿게 되었는지 알 수 없지만, 그는 예수께서 이스라엘의 메시아시며, 구약에 나타난 예언의 성취이신 하나님의 아들이시자 사람의 아들이심을 확신하게 되었다. 만약 다른 이들이 이 사실을 알았다면, 그는 괴롭힘과 조롱을 당했을 것이다.

　마가는 요셉이 "대담하게 빌라도에게 가서"(15:43) 예수의 시신을 내어달라고 요구했다고 말하고 있다. 빌라도는 유대교 지도자들을 싫어했으며, 유대교 지도자들도 빌라도를 싫어했다. 요셉은 이 중대한 순간에 빌라도가 어떻게 반응할지 전혀 알 수 없었다. 그러나 그는 빌라도를 찾아갔다. 빌라도의 첫 번째 반응은 예수가 죽었다는 것에 대한 놀라움이었다. 일반적으로 사람이 십자가에 못 박히면 여섯 시간 넘게 죽지 않는다. 예수께서 여섯 시간도 못 되어 죽으셨다는 것은 그만큼 가혹한 형을 당하셨기 때문이었다. 하지만 이에 대한 더 중요한 설명은 바로 이것이다.

예수께서는 죽임 당하신 것이 아니다. 그분께서는 자발적으로 자기 목숨을 내놓으셨다.

빌라도는 십자가 사건 현장을 책임지고 있던 백부장을 불러서 정말 예수가 죽었는지 물어보았다. 그런 다음 그는 요셉에게 십자가에서 그분의 시신을 내려도 좋다고 허락했다. 이 시점에서 요한은 다른 복음서 기자들이 언급하지 않는 한 가지 사실을 덧붙이고 있다. 요셉이 예수를 십자가에서 내릴 때 또 한 명의 비밀 신자였던 니고데모가 함께했다. 요한복음 3장에서는, (역시 공의회 회원이었던) 니고데모가 다른 이들에게 알려질까 두려워하여 밤중에 예수를 찾아왔다고 말하고 있다. 예수께서는 그에게 "다시 태어나야" 하고 "위로부터 나야" 한다고 말했다. 그날 밤과 성 금요일 사이의 어느 시점에선가 니고데모는 우리 주를 따르는 비밀 신자가 되었다. 예수의 시신을 수습한 이 두 사람은 비밀 신자가 된 유대교 지도자들이었다.

괴로운 작업

시신을 내리는 것은 어렵고도 괴로운 일이었다. 찢기고 상처 난 곳에서는 피가 흘러나오고, 창에 찔린 그분의 옆구리에는 상처가 벌어졌으며, 손과 발에는 구멍이 나 있었다. 심하게 맞은 그분의 얼굴은 거의 알아보기도 힘든 지경이었다. 시신을 닦은 후, 요셉과 니고데모는 얇은 천으로 시신을 단단히 둘러싸기 시작했다. 요한은 그들이 천으로 시신을 싸면서 약 34킬로그램 정도되는 몰약과 알로에를 섞어 만든 향료를 그분의 몸에 뿌렸다고 말하고 있다(19:39). 이 향료는 굳어져서 나중에는 매우 딱딱한 껍질처럼 되었다.

유대교의 율법에 따르면 안식일에는 시신을 만질 수 없기 때문에, 이 두 사람은 서둘러야만 했다. 이 작업은 거의 두 시간 가까이 걸렸을 것이다. 그렇다면 이제 오후 5시가 넘은 시간이다. 이제 곧 안식일이 시작되기 때문에 그들에게 예수의 장례를 마칠 수 있는 시간은 60분도 채 남지 않았다. 이 이야기에서 하나님께서 예비하신 우연들 중 하나는, 요셉이 최근에 만들어진 무덤을 사 두었다는 것이었다. 의심할 바 없이 그는 이 무덤을 자신과 아내, 그리고 다른 식구들을 위한 매장지로 사용할 작정이었을 것이다.

성지에 가게 된다면, 여행 가이드가 다메섹 문(Damascus Gate) 바깥에 있는 고든의 갈보리(Gordon's Calvary)라는 곳으로 당신을 안내할 것이다. 그것은 풍화작용으로 깎여서 해골 모양처럼 보이는 석회암 덩어리이다. 많은 사람들은 예수께서 십자가에 못박힌 곳이 바로 이곳이라고 생각하고 있다. 그 바로 옆에 -문자 그대로 바로 몇 미터 떨어진 곳에- 정원 무덤(Garden Tomb)이 있다. 이곳은 언덕 경사면을 파서 만든 1세기의 무덤이 있는 조용하고 평화로운 곳이다. 무덤 앞에는 입구를 막는 돌을 굴리는 데 사용되었을

홈도 파여 있다. 나는 그 무덤에 세 번 들어가 보았다. 거기에는 방문자들을 위한 방과 시신이 안치되었을 방이 있다. 많은 사람들은 성 금요일에 주님의 몸이 묻힌 곳이 바로 이곳이라고 생각하고 있다. 만약 그렇지 않다면, 예수께서는 여기와 아주 비슷하게 생긴 다른 어떤 곳에 묻히셨을 것이다. 정원 무덤을 세 번 방문해 본 사람으로서 나는 그 무덤이 틀림없이 비어 있었다고 증언할 수 있다. 그곳에 묻히신 분은 아주 오랜 전에 그곳을 떠나셨다.

> 그리스도께서는 우리를 위해 자신을 무한히 내어주셨다. 그분의 죽으심은 우리를 구속하는 사랑의 행위로서 그분께서 온전히 자신을 내어주심을 뜻한다. 예수께서는 그 정도로 우리를 귀하게 여기신다. 그분께서는 가지신 모든 것을 우리에게 주셨으며, 그분의 존재 전체를 우리에게 주셨다. 그러므로 우리는 하나님 아버지의 사랑 안에서 아무것도 두려워하지 않고 당당히 살아갈 수 있게 되었다.
>
> 조애나 · 알리스터 맥그라스, 『자존감: 십자가와 그리스도인의 자신감』(IVP 역간)

이제 오후 6시까지는 불과 몇 분밖에 남지 않았다. 요셉과 니고데모는 예수의 싸늘한 시체를 반쯤은 들어서 반쯤은 질질 끌어서 정원 무덤으로 옮겼을 것이다. 다행히도 그리 먼 거리는 아니었다. 시신의 무게에 천과 향료의 무게까지 더해서 110킬로그램이 넘는 무게였을 것이다. 그 사이 뉘엿뉘엿 해가 지고 있었다. 이 두 비밀스런 제자들은 예수의 시신을 무덤으로 옮겼다. 바로 뒤에는 막달라 마리아와 다른 마리아가 흐느끼며 따라오고 있었다. 무덤 입구는 매우 좁았다. 니고데모와 요셉은 안으로 들어가기 위해서 몸을 숙여야 했다. 무덤 속은 칠흑 같았고 축축했으며 곰팡내가 났다. 그들은 평평한 돌 위에 시신을 뉘었다. 요셉과 니고데모는 밖으로 나와서 큰 돌을 굴려 입구를 막았다. 두 여인은 옆에 앉아 지켜보고 있었다.

그런 다음 요셉과 니고데모는 떠났다. 그후에 두 마리아도 떠났다. 어둠이 정원 묘지에 내렸다. 무덤 안에는 정적이 흐를 뿐이다. 죽음의 냄새만 진동하고 있었다.

왜 이렇게 자세하게 묘사하는가?

예수께서 정말 죽으셨다는 것을 증명하기 위해서. 이것은 초대 교회에서 매우 중요한 문제였다. 그리고 오늘날에도 여전히 중요한 문제로 남아 있다. 그분의 장례에 관한 세부 사항들은 예수께서 정말 십자가에 달려 죽으셨다는 핵심 진리를 뒷받침해 주고 있다.

우리가 구원 받기 위해 치르신 희생의 참된 가치를 보여 주시기 위해서. 예수께서는 우리의 죄와 수치라는 무거운 짐을 지시고 죽으셨기 때문에 무덤에 묻히셨다. 그분께서 무덤에 묻히셨다는 사실은, 우리의 반역과 방종의 진정한 종말이 어떤 것인지 우리에게 보여 주고 있다. 하나님의 도우심이 없다면, 우리의 종착지는 무덤일 뿐이다. 이것이 바로 우리의 주께서 우리의 죄 때문에 고통 당하신 후 무덤에 묻히신 까닭이다.

우리가 죽었을 때 하나님께서 우리를 버리지 않으신다는 것을 가르쳐 주시기 위해서. 우리는 "성도들의 죽음조차도 주님께서는 소중히 여기신다." (시 116:15)는 사실을 알고 있다. 그러나 우리에게는 죽음이 전혀 소중하다고 생각되지 않는다. 그것은 어둡고 차가우며 무서운 것이다. 죽음은 우리를 살아 있는 사람들의 땅으로부터 우리를 분리시키기 때문에 우리는 죽음을 두려워한다. 아버지께서는 자신의 독생자를 상하게 하는 것을 즐거워하셨다. 하나님께서는 아들을 상하게 하셨지만 아들을 영원히 포기하지는 않으셨다. 하나님께서는 요셉과 니고데모가 시신을 수습하게 하시고 그 두 여인이 슬피 울며 예수를 돌보게 하심으로써 "내 아들은 죽었지만 나는 그를 버리지 않았다."라고 말씀하고 계셨던 것이다.

　이것을 통해 우리는 죽은 이를 매장하는 것은, 그리스도인의 의무이며 우리가 사랑했던 이들에 대한 그리스도인의 섬김이라는 사실을 배울 수 있다. 만약 하나님께서 자신의 아들을 제대로 묻힐 수 있도록 그분을 돌보셨다면, 우리들도 우리가 사랑하는 이들을 위해서 그와 같이 해야 할 것이다.

　우리가 죽는 것을 두려워하지 않도록 죽음을 거룩한 것으로 만드시기 위해서. 이제 우리는 복음의 핵심에 훨씬 더 가까이 다가왔다. 죽음에 대한 두려움보다 더 근원적인 두려움이 어디 있을까? 그러나 예수께서는 자기를 따르는 이들을 위해서 이 죽음을 변화시키셨다. 지금 우리에게 일어나고 있는 이 일은 그분께 처음으로 일어났다. 그리고 그분께 일어났던 그 일은 언젠가 우리에게도 일어나게 될 것이다. 그분께서는 죽음의 어두운 영역으로 들어가셔서 그곳을 단번에 영원히 정복하셨다. 죽음에 대한 그분의 승리를 통해서 예수께서는 죽음을 거룩한 것으로 만드셨으며, 그렇기 때문에 우리는 더 이상 죽음을 두려워할 필요가 없다. 그러므로 하나님의 은총으로 예수처럼 우리들도 무덤 밖으로 나오게 될 것임을 알기에 우리는 무덤을 두려워하지 않게 되었다.

> 죽음에 대한 두려움보다 더 근원적인 두려움이 어디 있을까?
> 그러나 예수께서는 자기를 따르는 이들을 위해서
> 이 죽음을 변화시키셨다.

우리의 죄가 완전히 없어진다는 것이 어떤 것인지 보여 주시기 위해서. 예수께서 우리의 죄를 사하시기 위해 죽으셨다는 것을 우리는 알고 있다. 그러나 우리는 자주 이 진리의 또 다른 한 측면을 간과한다. 세례 요한은 예수를 향해 "보시오, 세상 죄를 지고 가는 하나님의 어린 양입니다."(요 1:29)라고 말했다. 히브리어로 용서를 뜻하는 말에는 "들어서 없애다."라는 뜻이 담겨 있다. 하나님께서는 우리의 죄 짐을 옮기셨으며, 그것을 완전히 없애 버리셨다.

예시(豫示)된 죽음

레위기 16장의 속죄일 이야기 속에서 우리는 이 사건의 예시를 볼 수 있다. 해마다 이날 -속죄일, 히브리어로는 욤 키푸르- 이 되면, 대제사장은 (오직 대제사장만이) 두꺼운 휘장 너머에 있는 지성소에 들어갔다. 고대 유대교에서 가장 거룩한 장소였던 이 지성소에는 언약궤가 놓여 있었다. 언약궤는 속죄소(혹은 시은소)라고 불리는 순금 뚜껑이 덮힌 작은 상자이다.

1년 중 바로 이날에는 염소 두 마리를 대제사장 앞으로 데리고 왔다. 제비를 뽑아 한 마리는 제물로 바친다. 그 염소를 죽인 후에 대제사장은 그 피를 지성소로 가져가서 그 피를 속죄소 위에 뿌리는데, 이는 사람들의 죄를 위해서 피가 흘려졌음을 상징한다. 그런 다음 대제사장은 성막 밖으로 나와 사람들 앞에 선다. 그때 두 번째 염소를 대제사장에게 데리고 온다. 그는 염소의 머리 위에 손을 얹고 이스라엘 백성의 죄목을 열거하며 죄를 고백하는 기도를 드린다. 대제사장이 큰 소리로 백성의 죄를 말할 때의 그 긴장된 순간을 상상해 보라.

- 간음   - 악의   - 음행   - 살인   - 증오
- 부정(不淨)   - 탐욕   - 부도덕   - 호색
- 더러움   - 시기   - 도둑질   - 교만
- 불경   - 질투   - 독설   - 맹세를 저버림

그 자리에 모인 모든 사람들이 자신이 죄인임을 깨닫게 될 때까지 이 죄의 목록은 계속 이어졌다. 그런 다음 한 사람이 (속죄의 염소라고 부르는) 그 염소를 광야로 데리고 간다. 그는 그곳에 모인 유대인들이 보이지 않는 곳, 아주 멀리 떨어진 광야의 황량한 곳에 이를 때까지 계속 걸어간다. 그런 다음에야 비로소 그는 그 속죄의 염소를 풀어 주고 그 염소가 혼자서 다닐 수 있게 해 준다. 이렇게 함으로써 하나님께서는 죄를 용서하실 뿐만 아니라, 우리에게서 멀리 떨어진 곳으로 죄를 옮기셔서 이제 결코 죄가 다시 돌아올 수 없도록 해 주신다는 것을 보여 주셨다.

단지 용서 받는 것에 그치지 않는다. 용서 받았으며 죄가 영원히 제거되었다.

적용하면

- 그리스도께서 무덤에 들어가셨을 때, 우리의 죄도 함께 가지고 들어가셨다.
- 그분께서 무덤에서 나오셨을 때, 우리의 죄는 영원히 사라졌다.

존 번연(John Bunyan)이 쓴 『천로역정』(*Pilgrim's Progress*)에는 이 진리를 완벽하게 설명해 주는 부분이 있다. 이 책은 지상에서 천성까지 여행하는 크리스천(Christian)이라는 이름의 한 순례자의 여정을 그리고 있다. 이야기의 초반부에 그는 자기 죄의 짐을 지고 있다. 그는 이렇게 그 짐으로부터 자유로워질 수 있었다.

그래서 그는 어느 정도 높은 곳에 이를 때까지 달렸다. 그리고 그곳에 십자가를 세우고, 그 아래에 무덤을 만들었다. 나는 꿈 속에서 보았다. 크리스천이 그 십자가에 다가가서 어깨에서 자기 짐을 내려놓고 그것이 무덤 입구에 이를 때까지 계속 굴리기 시작했다. 그 짐이 무덤 속으로 들어갔을 때 나는 더 이상 그것을 볼 수 없었다.

우리의 죄가 용서 받고 제거되었을 때, 우리는 그것을 더 이상 볼 수 없다.

어떤 복음성가의 가사처럼 죄 짐은 "갈보리에서 들렸을" 뿐만 아니라 옮겨져서 다시는 우리가 그것을 질 필요가 없게 되었다.

1910년에 빌리 선데이(Billy Sunday)의 멘토 중 한 사람이었던 윌버 채프먼(J. Wilbur Chapman)이라는 복음 전도자는, 그리스도의 생애, 즉 그분의 탄생부터 삶과 죽음, 부활과 재림에 이르는 이야기를 복음성가로 만들었다. 그 곡의 제목은 "언젠가(One Day)"인데, 후렴은 다음과 같다.

> 살아서 그분 날 사랑하시고, 죽어서 그분 날 구원하셨네.
> 묻히시어 그분 내 죄를 다 가져가셨네.
> 부활하시어 그분 나를 영원히 의롭게 하셨네.
> 언젠가 그분 다시 오시네. 영화로운 그날에!

제2행은 예수께서 무덤에 묻히신 사건과 우리 죄의 완전한 사라짐을 연결시키고 있다. 예수께서는 우리를 대신하여 우리의 죄를 지시고 그 죄를 완전히 없애버리신 위대한 속죄의 염소이시다. 당신은 당신의 죄 짐을 예수께 내려놓았는가? 죄로부터 해방된 것을 기뻐하라. 당신을 구원하기 위하여 그 무거운 짐을 지고 십자가에 달리시고 무덤에 묻히심으로써 죗값을 치르신 구원자를 경배하라.

생각해 볼 문제들

✝ 당신은 왜 사도신경의 저자들이 "장사한 지"라는 말을 포함시켰다고 생각하는가? 이 말은 불필요한 반복인가? 왜 그런가? 아니라면, 왜 아닌가?

✝ 당신은 왜 아리마대 요셉과 니고데모가 예수를 매장하기 위해 나섰다고 생각하는가? 그들은 어떤 위험을 감수했을까? 당신이라면 그들처럼 했을까? 왜 그런가? 아니라면, 왜 아닌가?

✝ 예수를 우리의 구주로 인격적으로 믿을 때, 그분께서 무덤에 묻힌 것과 우리의 죄가 없어지는 것 사이에는 어떤 관계가 있는가? 이것은 당신에게 어떤 의미가 있는가? 오늘 다른 사람과 이것에 관해서 이야기를 나누어 보라.

10
사도신경에서 가장 이상한 부분
: "지옥으로 내려가사"

> [하나님께서] 모든 통치자들과 권력자들의 무장을 해제시키시고,
> 그들을 그리스도의 개선 행진에 포로로 내세우셔서,
> 뭇 사람의 구경거리로 삼으셨습니다.
> | 골로새서 2:15 |

예수께서 죽으시고 부활하신 사이에 무슨 일이 있었을까? 우리는 그분의 몸이 무덤에 묻혔다는 것을 알고 있다. 그렇다면 그분의 영은 어떻게 되었을까? 금요일 오후 3시에 죽으시고 일요일 아침 해가 뜨기 전, 부활하실 때까지 예수께서는 어디에 계셨고 무엇을 하셨을까? 이런 물음들에 대한 대답은, '확실히 알 수 있는 것은 없다.'이다. 성경은 몇 가지 단서를 제공하고 있지만, 교리로 확증할 만한 것은 아무것도 없다.

먼저 사도신경이 제시하고 있는 대답에서부터 시작해 보자. 예수

께서는 "지옥으로 내려가셨다." 이렇게 말하는 순간, 수많은 의문이 생겨난다. 어떤 의미에서 예수께서는 지옥으로 '내려가셨는가?' 이 일은 언제 일어났는가? 그리고 그분께서는 어떤 '지옥'으로 내려가셨는가? 이 구절의 의미는 무엇인가? 왜 이 구절이 사도신경 속에 있는 것일까? 우리는 이렇게 믿고 있는가? 만약 그렇게 믿지 않는다면, 왜 그렇게 말하는가? 마지막 물음에 관해서, 사도신경의 모든 판본이 이 구절을 포함하고 있지도 않으며 사도신경을 고백하는 모든 교회가 이 구절을 말하지는 않는다는 사실을 보게 된다.

그러므로 이 구절 자체가 논쟁을 불러일으킨다. 여기서 우리가 고려해야 할 두 가지 다른 사실이 있다. **성경 어디에도 예수께서 지옥으로 내려가셨다고 분명히 말하지는 않는다.** 그렇다고 그것이 사실이 아니라거나 우리가 그렇게 말해서는 안 된다는 뜻은 아니다. 그러나 성경에서 "예수께서 지옥에 내려가셨다."라고 말하는 구절을 찾을 수 없음은 분명하다. (주후 150-200 경의) 사도신경의 초기 판본에는 이 구절이 빠져 있다. 이 구절은 그후 250년에서 300년이 지날 때까지는 나타나지 않는다. 그러나 결국 이 구절은 표준적인 사도신경 속에 포함이 되었고 오늘날에도 대부분의 판본 속에 나타나고 있다. 이 구절의 의미와 성경적 근거에 대한 논쟁은 지금까지 계속되고 있다. 2천 년이 넘도록 학자들은 이 구절에 관해서 논쟁을 해 왔고, 오늘날에도 이에 관해서 논쟁하고 있다.

이 장의 후반부에서 나는 왜 이 구절이 성경적이고 영적으로 도움이 되는 것인지를 설명할 것이다. 우선은 사도신경이 예수 그리스도를 묘사할 때 어떤 형태의 동사를 사용하는지 살펴보도록 하

자. 대부분의 구절은 수동형의 동사를 사용하고 있다. 그분께서는 "잉태하사… 나시고… 십자가에 못박혀… [묻히셨다.]" 이 동사들은 그리스도께 일어난 일, 혹은 다른 이들이 그분께 행한 일을 묘사하고 있다. 그러나 이 구절에서는 능동형의 동사를 사용하고 있다. "그분께서는 지옥으로 내려가셨다."

그 의미가 어떤 것이든지, 이 구절은 예수께서 주도적으로 이 일을 행하셨다고 말하고 있다.

가장 높은 곳에 계시던 그분께서는 하늘 보좌를 버리시고 이 땅에 오셔서 죽으시고 묻히시어 온 우주에서 가장 낮은 곳으로 내려가셨다. 능동형 동사를 사용함으로써 사도신경의 저자들은 예수께서 하신 일을 강력하게 증언하고 있다. "그분께서 지옥으로 내려가셨다."라는 구절이 무엇을 의미하는지, 그것은 우연히 일어난 일이 아니라 우리 주님의 거룩한 계획에 의해서 일어났다는 것을. 그분께서 어느 곳에 가셨든지, 그곳에서 무슨 일을 하셨든지, 예수께서는 목적을 가지고 그곳에 가셨다.

> 가장 높은 곳에 계시던 그분께서는 하늘 보좌를 버리시고
> 이 땅에 오셔서 죽으시고 묻히시어
> 온 우주에서 가장 낮은 곳으로 내려가셨다.

시편 139:7-8

"내가 주님의 영을 피해서 어디로 가며, 주님의 얼굴을 피해서 어디

로 도망치겠습니까? 내가 하늘로 올라가더라도 주님께서는 거기에 계시고, 스올에다 자리를 펴더라도 주님은 거기에도 계십니다." 개역한글판에서는 '스올'을 '음부'로 번역하고 있다. "음부에 내 자리를 펼지라도 거기 계시니이다." 시편 139편에서는 하나님의 편재(遍在)에 대해서, 즉 우리가 어디로 가든지 그분께서는 이미 거기에 계시다는 것에 대해 말하고 있다. 그곳이 아무리 낮고, 아무리 어둡고, 아무리 먼 곳이라 할지라도, 우주의 어느 한 부분도 하나님께서 지금 그리고 영원히 계시지 않는 곳은 없다.

골로새서 2:15

"[하나님께서] 모든 통치자들과 권력자들의 무장을 해제시키시고, 그들을 그리스도의 개선 행진에 포로로 내세우셔서, 뭇 사람의 구경거리로 삼으셨습니다." 이 구절에서 '통치자들과 권력자들'은 인간 통치자들이 아니라 영적인 악의 세력을 가리킨다. 십자가에 달리셔서 피 흘려 죽으심으로써 그리스도께서는 사탄과 그가 이끄는 모든 마귀들을 이기셨다. 십자가는 하나님의 아들의 결정적인 승리였다.

그분의 승리는 너무나도 분명했기 때문에 전쟁의 결과에 대해서는 더 이상 의심할 여지가 없다.

'무장을 해제'시킨다는 말은 무기를 빼앗는다는 뜻이다. 예수께서 십자가에 달려 죽으셨을 때, 그분께서는 마귀들의 손에서 영적인 총과 탄약을 빼앗으시고 그들에게 공개적으로 창피를 주셨다.

로마의 군대가 전쟁에서 승리하고 개선하는 모습을 그려보라. 그들이 도성으로 들어올 때 엄청난 수의 군중이 거리에 늘어서 있다. 그들이 계속해서 행진해 올 때 그것은 흡사 끝이 없는 행렬처럼 보인다. 그리고 개선 장군들이 한 사람씩 들어올 때마다 춤추고 노래하고 연주하는 이들이 그들을 맞이한다. 마지막으로 그 행렬의 끝에는 양손이 묶인 채 더러운 행색에 지치고 야윈 모습의 남자들이 긴 줄을 이루고 걸어오는 것을 볼 수 있다. 이들 패잔병들을 개선식에 포함시킨 것은 로마의 강력한 힘을 과시하기 위해서였다.

예수께서 죽으셨을 때, 영적인 영역에서 놀라운 일이 벌어졌다. 이 일은 사람의 눈에는 보이지 않았지만, 모든 천사들과 구약의 신자들에게는 보였다. 그들은 서부의 정복자처럼 예수께서 지옥으로 들어가셔서 악당들을 하나씩 무장 해제시키시는 것을 지켜보았다. 그런 다음 예수께서는 모든 피조물이 그분의 승리를 알 수 있도록 그들을 끌고 하늘에 계신 아버지 앞에서 행진하셨다.

> 예수께서는 서부의 정복자처럼 지옥으로 들어가셔서 악당들을 하나씩 무장 해제시키셨다.

베드로전서 3:18-19

"그리스도께서도 죄를 사하시려고 단 한번 죽으셨습니다. 곧 의인이 불의한 사람을 위하여 죽으신 것입니다. 그것은 그가 육으로는 죽임을 당하시고 영으로는 살리심을 받으셔서 여러분을 하나님 앞으로 인도하시려는 것입니다. 그는 영으로, 옥에 있는 영들에게도 가서서 선포하셨습니다." 내가 신학교에서 배웠던 한 교수님은 베드로전서 3장 18-19절이 신약 성경에서 가장 어려운 구절이라고 말했다. 그 말을 번역하기가 어려운 것이 아니라, 이 구절이 어떤 의미를 갖는가를 이해하는 것이 대단히 어렵다는 말이다. 여기서 베드로는 정확히 무엇을 말하고 있는가? 한 복음주의권의 주석가는, 19절은 아홉 개의 그리스어로 이루어져 있는데 이 아홉 단어의 의미에 대해서 학자들은 의견의 일치를 보지 못하고 있다고 말했다!

아무도 이 구절의 의미를 확실히 알 수 없다고 말하는 것이 맞을지도 모르겠다. 물론 어떤 이들은 자신들이 그 의미를 알고 있다고 생각하겠지만 말이다. 18절의 의미는 그 자체로 분명하다. 이 구절은 대속(代贖)에 관한 단순한 진술이다. 그리스도께서는 우리를 하나님 앞으로 인도하시려고 우리를 대신하여 죽으셨다. 그러나 이어지는 19절에 베드로는 예수께서 육으로는 죽으시고 성령에 의해 살아나셨다고 말하고 있다. NIV에서는 우리말 성경의 '영'에 해당하는 'Spirit'을 대문자로 쓰고 있는데, 이것은 베드로가 성령을 말하고 있다는 것을 분명히 하기 위함이다. 그러나 많은 주석가들과 어떤 성경 판본들은 소문자 'spirit'을 사용하고 있는데, 이 경우에는 그리스도께서 가지신 인간의 영을 뜻하게 된다.

그리고 나서 베드로는 그리스도께서 "옥에 있는 영들에게" 가서 선포하셨다고 말한다. 다양한 견해들을 검토해 본 결과, 나는 베드로가 그리스도께서 옥에 갇힌 영적 존재들, 즉 하나님에 대해 반역했던 마귀들에게 자신의 승리를 전하고 선포하셨다는 의미로 이 구절을 썼을 것이라고 생각하게 되었다. 나는 확실한 결론이 아니라 하나의 견해를 표현하고 있는 것이기 때문에 '생각한다'는 말을 사용하였다.

완전한 죽음

"그분께서 지옥에 내려가셨다."는 구절의 의미에 대해 생각할 때 성경에 나오는 세 단어를 주의 깊게 살펴볼 필요가 있다.

첫째는 **스올**(sheol)이라는 히브리어 단어이다. 구약 성경에 자주 등장하는 이 말은 죽은 이들이 머무는 어두운 곳을 가리킨다. 어떤 경우에는 '무덤'이라고 번역되기도 한다.

둘째는 **하데스**(hades)라는 그리스어 단어이다. 영어에서는 이 말이 '지옥'을 뜻하지만, 신약 성경에서는 히브리어 스올을 그리스어로 옮긴 말이다.

셋째로 그리스어 **게헨나**(gehenna)라는 말은 우리가 지옥이라고 부르는 불과 유황, 영원한 형벌의 공간을 지칭한다. 게헨나라는 말은 예루살렘 외곽 힌놈의 골짜기에 있는 거대한 쓰레기더미에서 유래했다. 그곳에서는 연기와 불꽃이 밤낮으로 피어 올랐다. 그래서 이곳은 영원한 고통의 공간인 지옥의 상징이 되었다.

어떻게 사도신경에 이것이 적용될까? 예수께서 "지옥으로 내려가셨다."라는 말을 들을 때 우리는 자동적으로 불과 연기, 고통의 공간인 게헨나라는 말을 떠올린다. 그러나 그것은 사도신경의 저자들이 의도했던 의미는 아닐 것이다. 그들은 예수께서 지옥의 타오르는 불꽃 속으로 들어가셨다고 말하려고 한 것이 아니었다. 사도신경에서 '지옥'이라는 말을 사용할 때, 이 말의 참된 의미는 스올이나 하데스에 더 가깝다. 사도신경은 예수께서 죽으셨을 때 그분께서는 죽은 이들의 영역으로 완전히 들어가셨다고 우리에게 말하고 있는 것이다.

인간의 관점에서 볼 때 그분께서는 참으로, 전적으로, 완전히 죽으셨다.

> 그분(그리스도)께서는 한 위격 속에 하나님과 인류를 연합시키셨다. 그리고 저주 받은 우리들과 연합하심으로써, 그분께서는 우리를 위해 저주 받으셨고 우리의 죄와 우리의 죽음, 우리의 저주 속에 그분의 복을 감추셨다. 그 때문에 그리스도께서는 죽임 당하셨다. 그러나 그분께서는 하나님의 아들이셨기 때문에, 저주나 죽음에 의해 얽매이시지 않으셨고 오히려 그것을 정복하셔서 포로로 잡으시고 완전한 승리를 거두셨다.
>
> 마르틴 루터, 「갈라디아서 강해」

예수께서 죽으셨을 때, 그분께서는 완전히 죽으셨다. 그분께서는 죽음의 고통을 하나도 남김없이 모두 당하셨다. 이것이 바로 사도신경이 말하고자 하는 바이다.

이 모든 사항들을 염두에 두고, 이 이상한 구절의 의미를 다시 한 번 생각해 보자.

이런 의미는 아니다

예수께서 이미 죽은 이들에게 구원을 베푸셨다는 뜻은 아니다. 성경 어디에도 사후의 구원을 뒷받침하는 구절은 없다. 구원의 날은 바로 지금이다(고후 6:1-2). 우리가 그리스도를 구주로 믿어야 하는 때는 바로 오늘이다. "사람이 한번 죽는 것은 정해진 일이요, 그 뒤에는 심판이 있습니다"(히 9:27). 우리가 그리스도를 영접할 수 있는 기회를 얻을 수 있는 것은 우리가 살아 있을 때뿐이다. 일단 죽으면 우리는 심판을 받기 위해 하나님 앞에 서야 한다. 그리고 일단 한 사람이 지옥에 가면, 그는 영원히 그곳에 머물게 될 것이다.

> 구원의 날은 바로 지금이다(고후 6:1-2).
> 우리가 그리스도를 구주로 믿어야 하는 때는 바로 오늘이다.

둘째, **이 구절은 예수께서 지옥의 불꽃에 타셨다는 뜻은 아니다.** 이것은 성경적 근거도 없는 혐오스러운 견해이다. 예수께서는 그분의 몸이 묻히신 후가 아니라 십자가에 못박혀 죽으실 때 우리의 죄에 대한 형벌을 받으셨다.

셋째, **이 구절은 예수께서 십자가 위에서의 사역 외에 죽으심과 부활하심 사이에 어떤 일을 더 하셨다는 뜻이 아니다.** 예수께서 "다 이루었다."라고 말씀하셨을 때, 이 말은 구원의 사역이 온전히 성취되었고 죗값이 전부 치러졌다는 뜻이었다. 예수께서 십자가 위에서 하신 일 외에 더 해야 할 일은 아무것도 없다.

이런 의미일 수도 있다

중세에는 많은 작가들이 이른바 "지옥 정복(the harrowing of hell)"이라는 정교한 교리를 발전시켰다. 많은 이들은 그리스도께서 십자가에 못박히신 후 부활하시기 전까지 어두움의 영역으로 가셔서 사탄과 마귀들에 대한 그분의 승리를 선포하셨다고 생각했다. 이러한 믿음으로부터 중세와 르네상스 미술가들은 매우 독창적인 그림을 그려냈다. 어떤 그림은 승리하신 그리스도께서 거대한 뱀의 입을 짓밟고서 구약 성경의 여러 성도들을 구출하시는 모습을 묘사하고 있다. 이러한 견해는 '구약 성경의 성도들은 죽어서 어떻게 되었는가?' 하는 물음에 대한 답을 줄 수 있다. 몸을 떠나는 것은 곧 주와 함께 살게 된다는 것임을 우리는 알고 있지만(고후 5:8), 구약 성경의 성도들이 항상 이런 확신을 가지고 있었던 것은 아닌 것 같다.

어떤 이들은 그리스도께서 지하 세계(하데스)의 천국 쪽에 살고 있던 의로운 영혼들을 해방시키심으로써 "사로잡혔던 자들을 사로잡으"셨다고 주장한다(엡 4:8-10을 보라). 누가복음 16장 19-31절에 나오는 부자와 나사로의 이야기도 이러한 견해를 뒷받침해 주고 있는 것 같다. 이것이 참인가 하고 나에게 묻는다면, 나는 모르겠다고 대답할 수밖에 없을 것이다. 나는 여러 성경 구절로부터 이런 견해를 유추해 낼 법하다고 생각한다. 그러나 확실히 알 수는 없다.

우리의 문제는, 우리 자신과 십자가가 우리에게 어떤 의미가 있는 것인지에 초점을 맞추고 있기 때문에 그리스도의 죽음을 근시안적으로 바라보고 있다는 것이다. 그러나 많은 성경 구절들은, 그리스도의 십자가는 가장 높은 곳에서 가장 낮은 곳에 이르기까지 온 우주에 영향을 미치는 우주적 사건이었다고 말하고 있다. 골로새서 2장 15절은 그리스도의 십자가는 사탄과 그의 마귀들을 정복했다고 우리에게 말하고 있다.

그리스도의 죽음은 영적 세계에 엄청난 변화를 몰고 왔으며, 이런 변화의 대부분은 우리에게 여전히 숨겨진 채로 남아 있다.

반드시 이런 의미일 것이다

다양한 가능성들을 살펴보고 우리가 확실히 알 수 없는 많은 것들이 존재한다는 점을 인정했으므로, 이제 우리가 온전히 받아들일 수 있는 두 가지 근본 진리를 짚고 넘어가야 하겠다.

그리스도께서는 온전히 죽음을 경험하셨다

"그분께서 지옥으로 내려가셨다."는 구절의 일차적인 의미는 바로 이것이다. 그리스도께서는 그곳에 가 보셨기 때문에 죽음이 어떤 것인지 분명히 알고 계신다. 그분께서는 죽음의 집으로 들어가셨다가 승리를 거두고 돌아오셨다(계 1:18). 크리스웰(W. A. Criswell) 박사는 요한계시록 1장 18절에 관한 설교에서 이렇게 말했다.

> 그들이 그분의 발을 그 나무에 못박았을 때, 그들이 그분의 손을 그 나무에 못박았을 때, 그리고 그분께서 어두운 무덤 속으로 들어가셨을 때, 그분께서는 거기서 죽음의 왕국을 영원히 짓밟아 뭉개셨다. 그리

고 그분께서 승리하고 다시 살아나셨을 때, 그분께서는 죽음을 포로로 자신의 전차 바퀴에 묶어 끌고 오셨다.¹

나는 예수의 전차 바퀴에 묶인 죽음이라는 표현이 좋다. 우리 주께서 죽음의 왕국의 모든 어두운 부분에 완전히 들어가지 않으셨다면 죽음을 정복할 수 없으셨을 것이다. 그리고 그분께서는 바로 그렇게 하셨다!

그리스도께서는 사탄을 완전히 이기셨다
그리스도의 십자가는 이렇게 사탄을 물리쳤다.

- 그의 머리가 상했다(창세기 3:15).
- 그의 일은 완전히 파괴되었다(요한1서 3:8).
- 그의 권세는 깨어졌다(히브리서 2:14).
- 그가 거느린 마귀들은 무장 해제되었다(골로새서 2:15).
- 그의 멸망이 확증되었다(요한복음 16:11).

이 모든 일이 십자가를 통해서 일어났다. 하나님께서는 강한 팔로 사탄을 패배시키시고 무장 해제시키셨으며 수치를 당하게 하셨다. 그러므로 우리는 기쁘게 "오늘은 금요일이다. 그러나 주일이 다가오고 있다!"라고 말할 수 있다. 나는 1800년대 말 런던의 위대한 설교가 찰스 스펄전(Charles Spurgeon)의 이야기를 좋아한다. 어

---

1 W. A. Criswell, "지옥과 죽음에 관한 진리"(The Keys of Hell and Death), http://www.wacriswell.com/index.cfm/FuseAction/Search.Transcripts/sermon/1559.cfm.

느 날 밤 그는 침대가 흔들리는 것을 느끼고 잠에서 깨어났다. 폭풍우 때문에 그러려니 생각하며 밖을 내다봤지만 하늘에는 구름 한 점 없었다. "일어나 보니 침대 끝에 사탄이 서 있었다. 사탄이 내 침대를 흔들고 있었던 것이다. 나는 사탄을 쳐다보며 이렇게 말했다. '뭐야, 너였어.' 그리고 돌아누워 다시 잠들었다."

이 진리는 우리에게 무엇을 의미하는 것일까?

우리는 죽음을 두려워할 필요가 없다.

죽음은 그 안에 무엇이 있는지 몰라서 우리가 두려워하는 어두운 방과 같다. 그러나 사도신경은 예수께서 우리보다 먼저 어두운 방에 전부 들어가셨으며 "자, 들어와. 내가 여기 있으니까 이제 안전해." 하고 우리에게 말씀하신다고 말하고 있다.

> 죽음은 그 안에 무엇이 있는지 몰라서
> 우리가 두려워하는 어두운 방과 같다.
> 그러나 예수께서 우리보다 먼저 어두운 방에 전부 들어가셨다.

오래 전에 리처드 박스터(Richard Baxter)가 지은 찬송가는 이렇게 노래하고 있다.

> 그리스도께서는 우리보다 먼저 가 보셨던
> 그 어두운 방으로 우리를 이끄신다.
> 하나님의 나라에 가려면,
> 이 문으로 들어가야 하기에.

우리는 언젠가 죽게 될 것이다. 그러나 그리스도께서는 신자들을 위해서 죽음을 변화시키셨다.

그분께서는 사망의 독침을 제거하셨다. 그러므로 우리가 죽는다고 해서 살기를 멈추는 것이 아니다. 우리가 이 땅에서 살기를 멈추었을 때, 곧바로 우리는 하늘에서 우리 주와 함께 살게 되는 것이다.

구원의 사역은 온전히 성취되었다.

그리스도께서 우리를 위해 죽으시고 우리의 벌을 대신 받으셨기 때문에, 우리는 지옥에 가지 않는다. 좀더 강하게 말하면 이렇다.

참된 하나님의 자녀가 지옥에 간다는 것은 전적으로 불가능하다.

우리 주께서 지옥으로 내려가셨기 때문에 우리는 결코 그곳에 가지 않을 것이다. 그분께서 우리를 대신해 저주 받으셨기 때문에 그 저주는 결코 우리에게 내리지 않을 것이다. "그러므로 그리스도 예수 안에 있는 사람들은 정죄를 받지 않습니다"(롬 8:1).

사탄은 결국 우리를 이기지 못할 것이다.

사탄은 큰 능력을 가지고 있으며 우는 사자처럼 이 땅을 삼킬 자를 찾아다니고 있지만, 사탄은 잘난 척하며 이따금씩 우리를 두려움에 떨게 하지만, 사탄의 권세는 단번에 영원히 깨져버렸다. 마르틴 루터의 말을 들어보라. "그리스도를 통해서 지옥은 산산조각이 났으며 사탄의 왕국과 권세는 철저하게 파괴되었다… 그러므로 그것은 더 이상 우리를 해치거나 억압할 수 없다." 그리스도의 모든 원수들은 궤멸되었다. 우리는 이 이야기가 어떻게 끝나는지를 알고 있다. 예수께서 승리하신다. 그리고 우리는 그분과 더불어 승리한다!

마르틴 루터의 말로 이 주제에 대한 결론을 대신하고자 한다.

비록 마귀들로 가득 찬 이 세상이 우리를 넘어뜨리려고 위협하더라도, 우리는 두려워하지 않을 것이다. 왜냐하면 하나님께서 우리를 통해서 그분의 진리가 승리하도록 하실 것이기 때문이다.
무자비한 어두움의 권세자, 우리는 그를 두려워하지 않는다.
우리는 그의 공격을 견뎌 낼 수 있다. 보라. 이제 곧 그는 멸망하게 될 것이다. 이 한 마디가 그에게 떨어질 때.

사탄을 굴복시킬 '이 한 마디'는 무엇일까? 그것은 바로 예수의 이름이다. 예수 그리스도께서는 십자가에서 사탄을 완전히 이기셨고, 죽은 자 가운데서 다시 살아나심으로써 이 승리를 증명하셨다. 그 첫 번째 부활절 아침에 하늘에서는 사탄과 그의 모든 마귀들에게 이렇게 말했다. "모두 불 꺼. 이제 파티는 끝났어." 패배했다고 느껴지는가? 일어나 싸우라. 낙심하고 있는가? 일어나 싸우라. 굴복하고 싶은 마음이 드는가? 일어나 싸우라. 옳고 그름 사이에서 갈팡질팡하고 있는가? 일어나 싸우라. 그리고 기억하라. 구원의 대장께서는 이미 이 싸움을 이기셨다. 사탄이 당신을 괴롭힐 수는 있지만, 당신을 파괴시킬 수는 없다. 사탄의 멸망은 확실하다. 이 한마디가 그를 쓰러뜨리게 될 것이다.

생각해 볼 문제들

✝ "그분께서 지옥으로 내려가셨다."라는 구절의 의미가 될 수 없는 것에는 어떤 것이 있을까? 각각의 중요성은 무엇인가?

✝ 사도신경의 이 구절은 어떤 의미를 가지고 있는가? 이 구절은 왜 중요한가? 개인적으로 당신에게는 어떤 의미가 있는가?

✝ 예수의 죽음이 우리를 위해서 성취한 것은 무엇인가? 하나님과 우리에 대한 사탄의 전쟁에 관련하여 이것은 어떤 의미를 가지고 있는가? 당신은 그리스도께서 십자가에서 죽으심으로써 우리에게 가져다 주신 용서함을 개인적으로 받아들였는가? 그렇지 않았다면, 지금 당장 그분을 당신의 구주로 영접하겠는가?

11
올인: "사흘 만에 죽은 자 가운데서 다시 살아나시며"

이제 그리스도께서는 죽은 사람들 가운데서 살아나셔서,
잠든 사람들의 첫 열매가 되셨습니다.
| 고린도전서 15:20 |

빌리 그레이엄(Billy Graham)은 *Time* 지와의 인터뷰에서 이렇게 말했다. "만약 내가 기독교의 적이었다면, 나는 부활을 집중적으로 공격할 것이다. 왜냐하면 기독교의 핵심은 곧 부활이기 때문이다." 예수 세미나의 창립자인 로버트 펑크(Robert Funk) 박사는 빌리 그레이엄의 말에 대한 완벽한 실례가 될 것이다. 펑크 박사는 십자가에 못박히신 후 예수의 몸은 이렇게 되었다고 설명한다. "무덤에 묻히고 부활하신 이야기는 후대의 사람들이 원하는 대로 만들어진 것이다. 그 대신, 예수의 시신은 모든 버려진 범죄자들의 시신

과 마찬가지로 다루어졌다. 아마도 그것은 벌거벗겨진 채로 흙먼지에 뒤덮여 형장의 쓰레기더미를 뒤지고 있던 야생 개들의 밥이 되었을 것이다." 토머스 제퍼슨(Thomas Jefferson)은 그리스도의 생애에 관한 이야기를 쓰면서, 그리스도께서 베푸신 이적과 동정녀 탄생, 부활과 같은 초자연적인 것에 관한 언급을 모두 빼버렸다.[1]

만약 *USA Today* 지에 "예수의 시신 예루살렘 근처에서 발견"이라는 제목의 기사가 실린다면 당신의 믿음은 어떻게 되겠는가? 그것이 중요한가? 아니면, 아무 일도 없었다는 듯 그냥 살아가겠는가?

사도신경의 이 구절은 명백한 주장을 담고 있다. "사흘 만에 죽은 자 가운데서 다시 살아나시며." 여기에 관해서는, 만약이라는 말도, 그리고라는 말도, 그러나라는 말도 덧붙일 수 없다. 예수께서는 금요일에 죽으셨다. 그리고 일요일 아침에 그분께서는 죽은 자들 가운데서 돌아오셨다.

이것은 어떤 의미를 가지고 있는가?

예수께서 사흘 만에 죽은 자 가운데서 살아나셨다는 것은, 예수께서 금요일 오후에 정말 죽으시고 일요일 아침에 친히 육체적으로, 실제적으로, 문자 그대로 죽은 이들 가운데서 다시 살아나셨으며 결코 다시 죽지 않으신다는 뜻이다. 그분께서는 친히 부활하셨다.

---

[1] James Merritt, "A World Without Easter," www.crosswalk.org/faith/pastors/1256544.html.

그것은 다른 어떤 대리인이 아니라 바로 예수 그분이셨다. 그분께서는 육체적으로 부활하셨다. 죽은 자 가운데서 다시 살아난 것은 바로 십자가에 못박혔던 그분의 몸이라는 뜻이다. 그분께서는 실제적으로 부활하셨다. 그분께서는 유령이나 누군가의 상상력이 만들어 낸 허구가 아니라는 말이다. 그분께서 문자 그대로 부활하셨다고 말하는 것은, 이 부활이 실제로 일어났다는 뜻이다. 그리고 부활이라는 말은 그분께서 결코 다시 죽지 않을 불멸의 몸으로 부활하셨다는 것을 의미한다.

일단 죽음을 경험하시고 죽음을 이기고 승리하신 예수께서는 결코 다시 죽지 않으실 것이다. 그분께서는 불멸의 몸으로 부활하셔서 오늘날도 여전히 살아 계신다.

> 예수께서 사흘 만에 죽은 자 가운데서 살아나셨다는 것은, 예수께서 금요일 오후에 정말 죽으시고 일요일 아침에 친히, 육체적으로, 실제적으로, 문자 그대로 죽은 이들 가운데서 다시 살아나셨으며 결코 다시 죽지 않으신다.

왜 이것이 중요할까? 첫째, **이것은 성경이 가르치는 바이다.** 그러므로 이것을 부인하는 것은 하나님의 말씀을 부인하는 것이다. 복음서의 모든 기록과 사도행전의 모든 기록, 서신서의 모든 기록이 이 점에 관해서 완벽한 일치를 이루고 있다. 즉, 예수께서 죽으셨고 그런 다음에는 죽은 자 가운데서 다시 살아나셨다.

둘째, **이것은 정말 일어났던 일이다.** 만약 당신이 그 일요일 아침에 그곳에 있었다면, 당신은 빈 무덤을 직접 보았을 것이다. 만약 당신이 사도들과 함께 있었다면, 예수께서 죽은 자 가운데서 살아 계신 것을 보았을 것이다. 도마처럼 부활의 증거를 직접 확인해 볼 수도 있었을 것이다.

셋째, **이것은 교회가 항상 믿어왔던 바이다.** 그리스도의 부활은 언제나 기독교 교리의 근본 진리였다. 만약 예수의 부활을 정말 믿지 않는다면, 당신은 정통 기독교의 범주에 속할 수 없으며 그리스도인이라고 할 수도 없다. 혹시라도 그런 당신이 목사나 신학교 교수라면 당신은 그런 대우를 받아서는 안 된다.

넷째, **이것은 교회가 선포하는 바이다.** 사도신경을 읽어 보라. 베드로와 바울의 설교를 공부해 보라. 이들 설교의 절정은 단순히 "그리스도께서 십자가에 못박히셨다."가 아니라, "그리스도께서 죽은 자 가운데서 다시 살아나셨다!"였다. 이것은 세상을 뒤집어 놓은 메시지였다. 하나님의 아들은 죽은 자 가운데서 다시 돌아오셨다! 그전에는 이 같은 일이 한번도 일어난 적이 없었다. 예수께서는 단번에 영원히 못박히셨지만, 죽은 채로 남아 있지는 않으셨다.

부활이 일어나지 않았다면?

초대 교회의 일부 신자들은, 이미 죽은 사랑하는 이들이 죽은 자 가운데서 부활하지 않을 것이라는 잘못된 믿음 때문에 혼란스러워했다. 바울은 고린도전서 15장에서 이 문제에 관해 다루면서, 신자들의 부활은 예수께서 죽은 자 가운데서 다시 살아나셨는가 그렇지 않는가에 달려 있다고 말했다. 사랑하는 사람의 무덤가에 서서 우리가 과연 이 사람을 다시 보게 될지 궁금해 하는 것은 결코 이상한 것이 아니다. 우리가 이생에서 알고 있는 그 누구도 죽은 자 가운데서 살아 돌아오지 못했기 때문이다. 15장의 초반부(3-11절)에서 바울이 고린도 교인들의 두려움과 의심을 책망한 것도 아니고, 죽은 이들의 부활에 대해 치밀한 논증을 전개하고 있는 것도 아니라는 점은 주목할 만하다. 바울은 이 그릇된 신자들에게 다시 빈 무덤을 생각해 보라고 말하고 있다. "하나님께서 그분의 아들을 부활하게 하셨음을 기억하라. 모든 것은 여기에 달려 있다." 그 다음 몇 절(12-19)에서 바울은 그와 반대되는 경우에 대해 논하고 있다. 즉, 만약 예수께서 죽은 자 가운데서 다시 살아나지 않으셨다면 어떻게 될까? 네 가지 결론이 뒤따르게 된다.

우리의 믿음은 헛된 것이다

17절에 바울은 분명히 이렇게 말하고 있다. "그리스도께서 살아나지 않으셨다면, 여러분의 믿음은 헛된 것이 되고, 여러분은 아직도 죄 가운데 있을 것입니다." '헛되다'라는 말은 '쓸데없고, 공허하고, 무의미하고, 가치 없다.'는 뜻이다. 부활이 없다면 기독교 신앙은 헛된 것일 뿐이다. 1940년대에 빌리 그레이엄이 막 유명해지기 시작할 무렵, 동시에 또 다른 젊은 복음 전도자도 유명해졌다. 많은 이들은 그가 빌리 그레이엄보다 더 나은 설교가라고 생각했다. 찰스 템플턴(Charles Templeton)과 빌리 그레이엄은 미국과 영국 전역에서 열린 Youth for Christ [국내 지부의 명칭은 십대선교회이다.-역자]

집회에서 나란히 설교를 하게 된다. 템플턴은 재능 있고 뛰어난 설교자로서 명확하고 강력하게 복음을 전했다. 그러나 제2차세계대전 이후 템플턴과 그레이엄은 다른 방향으로 나아가기 시작했다. 템플턴은 자신이 가지고 있던 기독교 신앙에 대해서 여러 가지 측면에서 의문을 제기하기 시작했다.

> 부활이 없다면 기독교 신앙은 헛된 것일 뿐이다.

템플턴은 자유주의적인 신학교에서 공부했으며, 몇 해 동안 캐나다에서 목회를 하였고, 결국 기독교 신앙을 완전히 포기하기에 이른다. 이후에 그는 "캐나다의 조니 카슨(Johnny Carson of Canada)"라는 이름으로 심야 토크쇼의 진행자가 되었다. 말년에 그는 한때 자신이 전했던 복음주의적인 신앙을 공격했다. 그는 *Act of God* (하나님의 일)이라는 소설을 출간하기도 했는데, 이 책은 예수의 유골이 성지에서 발견되었지만 가톨릭교회는 이러한 이야기가 기독교를 파괴시킬 것이라고 생각해서 이를 은폐했다는 가정 위에 만들어진 소설이었다.[2]

그가 생애를 마칠 무렵 (그는 몇 해 전에 죽었다.), 리 스트로벨은 자신의 책 『특종! 믿음 사건』(*The Case for Faith*, 두란노 역간, 2001)과 관련하여 템플턴과 인터뷰를 했다. 이 인터뷰는, 템플턴이 다소 후회를 하고 있기는 하지만 자신의 회의적인 불신앙을 결코

---

2 Charles Templeton, *Act of God* (New York: Bantam Books, 1979).

포기하지 않았음을 분명히 보여 주고 있다. 내가 여기서 찰스 템플턴을 언급한 것은, 그의 삶과 특히 그의 책을 정당하게 평가해 주고 싶어서였다. 그는 사도 바울이 했던 말을 정확하게 이해하고 있었다. 만약 그리스도께서 죽은 자 가운데서 다시 살아나지 않으셨다면, 기독교 신앙은 와르르 무너져 내리고 말 것이다.

우리는 여전히 죄 속에서 살고 있다
이 또한 17절에 나와 있다. 만약 그분께서 아직도 무덤 속에 계시다면, 그리스도의 죽음은 우리를 구원할 수 없다. 얼마 전에 나는 한 사람이 "주 예수님, 비록 주께서 죽은 자 가운데서 다시 살아나지 않으셨을지라도, 우리의 죄가 용서 받을 것임을 알고 있습니다."라고 기도하는 것을 들었다. 그러나 이것은 바울이 한 말과 정반대되는 생각이다.

우리는 사랑했던 이들을 결코 다시 볼 수 없게 될 것이다
"그리고 그리스도 안에서 잠든 사람들도 멸망했을 것입니다"(18절). 만약 그리스도께서 부활하지 않으셨다면, 최후의 전쟁에서 죽음이 승리했을 것이며, 우리가 사랑하는 이들을 떠나보면서 느끼게 되는 최악의 두려움, 즉 그들을 결코 다시는 보지 못할 것이라는 두려움이 현실이 될 것이다.

우리는 불쌍한 사람일 것이다
"그리스도 안에서 우리가 바라는 것이 이 세상에만 해당되는 것이라면, 우리는 모든 사람 가운데서 가장 불쌍한 사람일 것입니다"(19절). 어떤 이들은 나쁜 뜻 없이 이런 식으로 말하기도 한다. "비록 기독교가 진리가 아닐지라도 최선의 삶의 방식이긴 하다." 신학적으로 이런 견해는 말도 안 되는 소리이다. 나는 어떤 현명한 우화에 따라서 내 삶을 살고 싶지는 않다. 삶은 너무나도 짧아서 진리를 찾아 거기에 우리 자신을 백 퍼센트 헌신하는 것 외에 다른 일은 할 수가 없다. 만약 예수께서 삼 일째 되는 날에 다시 살아나지 않으셨다면, [헨델의 곡 메시아의] "할렐루야 합창곡"은 그저 좋은 음악일 뿐일 것이다. 만약 예수께서 부활하지 않으셨다면, 우리의 기도는 헛된 것이고, 우리의 설교는 공허한 일이며, 우리의 선교 사업은 쓸데없는 일이며, 교회는 진리가 아닌 어떤 것을 위해 존재하는 것밖에 되지 않는다. 만약 예수께서 아직도 무덤 속에 계시다면, 부활절 아침에 우리가 하는 모든 이야기는 한낱 잠꼬대에 불과한 것이다. 바울은 바로 이 점을 지적하고 있으며, 그의 지적은 전적으로 옳다!

이 모든 것은 '만약'이라는 한마디에 달려 있다. 만약 예수께서 부활하지 않으셨다면…

하지만 만약 그분께서 부활하셨다면?

부활의 의미

이처럼 부정적인 진술을 한 후에 바울은 이제 20절에서 긍정적인 진리를 웅변한다. "그러나 이제 그리스도께서는 죽은 사람들 가운데서 살아나셔서, 잠든 사람들의 첫 열매가 되셨습니다."

바울이 지금까지 말했던 모든 것을 뒤집기만 하면 된다. 그리스도께서 부활하셨으므로…

- 우리의 믿음은 의미가 있다.
- 우리는 용서를 받는다.
- 우리는 그리스도 안에서 죽은 사랑하는 이들을 보게 될 것이다.
- 우리 자신의 미래에 대해 확신할 수 있다.

이 얼마나 놀라운 소식인가! 이제는 소망 없던 이들에게 소망이 있다. 이제 세상의 가장 어두운 곳까지 하늘로부터 빛이 비치게 되었다. 당신의 죄가 어떠하든지, 당신이 어디에 있었든지, 당신이 무엇을 했든지, 예수 그리스도의 보혈은 당신을 용서하고 위대한 변화의 순간에 당신을 깨끗이 씻어 줄 것이다. 천국은 이제 실제가 되었으며, 죽음은 패퇴하였다. 그래도 우리는 죽을 것이다. 그러나 우리는 영원히 죽어 있지는 않을 것이다. 이것은 무덤으로부터 전해진 복된 소식이다. 예수께서 죽은 자 가운데서 살아나셨기 때문이다.

(예수께서 말씀하시기를) "나는 부활이요 생명이니… 네가 이것을 믿느냐?" 이것은 철야기도를 하는 동안이나 연기 자욱한 대기실의 정적 속에서만 의미 있는 물음이다. 이것은 우리를 지탱해 주는 버팀목과 우리를 치장하고 있는 모든 것들이 사라졌을 때에 비로소 의미가 있는 물음이다. 그때 비로소 우리는 자신의 실체를 마주하게 되기 때문이다. 그때에 비로소 우리가 방향을 잃어버리고 재앙을 향해 곤두박질치고 있는 인간임을 알게 된다. 그리고 우리는 그분께서 말씀하신 바로 그것, 즉 우리의 유일한 희망을 찾기 위해 그분을 바라볼 수밖에 없게 되는 것이다.

맥스 루케이도, 『보좌에서 내려오신 하나님』(생명의샘 역간)

"목사님은 의심해 본 적 없으세요?"

얼마 전에 내가 섬기고 있는 교회의 20대 미혼자 모임에서 나를 초대해서 "레이 목사님께 물어보세요."라는 행사를 가졌다. 이 활기찬 모임과 함께하는 것은 언제나 즐거운 일이었다. 그리고 그들은 가끔씩 나에게 예상치 못한 질문을 던지기도 했다. 그날 밤에는 5, 60명 정도가 참석했는데, 우리는 교회 식당에 큰 동그라미 모양으로 앉았다. 나는 그들에게 성경이나 그리스도인의 삶, 신학적인 문제 등에 관한 물어보면 기꺼이 대답해 줄 것이고, 나의 개인적인 삶에 대해 물어보아도 좋다고 말했다. 어떤 주제이든지 다 다룰 수 있다. 그날 저녁 행사가 끝날 즈음에, 한 젊은 여성이 손을 들고 이렇게 물었다. "레이 목사님, 설교하시는 걸 들어보면 모든 것에 대해서 언제나 확신에 차 있으신 것 같아요. 목사님은 의심해 본 적 없으세요?" 나는 그녀에게 그것은 아주 중요한 질문인 것 같다고 말했다.

정말이지 설교를 할 때나 글을 쓸 때 내가 매우 확신에 찬 것처럼 말한다는 것을 나도 알고 있다. 이것은 어느 정도는 의도적이다. 첫째, 나는 내가 믿고 있는 바를 알고 있으며, 내 견해를 힘있게 전하는 것을 부끄러워하지 않는다. 또한, 설교하러 강단에 선 사람은 자기가 의심하는 것에 대해 설교하는 것이 아니라 자기가 믿는 것에 대해 설교해야 한다. 내가 그들에게 또 다른 의심이라는 짐을 지우지 않아도, 그들은 이미 충분한 어려움을 겪고 있다. 이렇게 말하기는 했지만, 나는 여전히 이 물음이 대답할 가치가 있는 물음이라고 생각한다.

그렇다. 나도 의심을 한다. 나는 나 자신의 의심에 대해 자주 말하지 않는다. 그러나 매일 의심한다. (이것에 관해서 설교한 후에, 교회의 장로 중 한 사람이 이 말에 대해 문제를 제기했다. 진심으로 한 말인가? '물론 진심이다.'라고 나는 대답했다. 매일같이 의심과 물음이 내 머리 속에 떠오른다.) 나는 그리스도인이 되었다고 해서 어떻게 전혀 의심이 없을 수 있는지 모르겠다. 믿음이 믿음이 되기 위해서는 의심을 필요로 한다. 만약 모든 의심이 사라진 공간에 도착했다면, 당신은 바로 하늘나라에 와 있는 것이다.

> 믿음이 믿음이 되기 위해서는 의심을 필요로 한다.
> 만약 모든 의심이 사라진 공간에 도착했다면,
> 당신은 바로 하늘나라에 와 있는 것이다.

그날 밤 그 물음에 대답하면서, 나는 바로 그날 오후 한 친구의 장례식에서 내가 했던 말을 언급했다. 나는 다 기억도 못할 정도로 장례식을 많이 집례했다. 나는 장지를 떠나는 것이 가장 어렵다. 누군가를 무덤에 남겨 두고 떠나는 그 마지막 순간은 내 영혼을 무겁게 짓누른다.

물론 나는 몸을 떠난다는 것은 주님과 더불어 살게 되는 것임을 잘 알고 있다(고후 5:8). 그러나 나는 이것을 신앙으로 믿는다. 내 눈으로 보는 것은 땅에 묻히는 사람이다. 비록 이 땅에서의 내 시간이 끝날 때까지 훨씬 더 많은 죽음을 보게 될 테지만, 오랫동안 나는 사랑하는 많은 이들의 죽음을 보아왔다. 내가 집례했던 모든 이들은 아직도 무덤 속에 있다. 나는 나의 첫 번째 부활을 기다리고 있다.

죽음에 직면해서 우리는 어디에서 소망을 발견할 수 있을까?

"올인"

내가 그 미혼자 모임에서 예화 하나를 얘기했는데, 이 이야기는 그들을 놀라게 했으며 웃게 만들기도 했다. 가끔씩 나는 텔레비전 채널을 이리저리 돌리다가 포커 경기를 중계하는 채널을 발견하면 멈추고 경기를 본다. 포커가 재미없다고 생각할지도 모르지만, 텔레비전으로 포커 경기 중계를 보는 것은 재미있다. 경기 전략과 인간 행동의 복잡함에 대한 흥미로운 공부가 될 수 있기 때문이다. 큰 상금이 걸린 게임에서는 언제나 승자와 패자를 갈라놓는 결정적인 순간이 존재한다. 그 순간 한 경기자가 이렇게 한마디를 한다. "올인." 그는 자신이 최고의 패를 가지고 있다고 생각한다. 그는 자기가 가지고 있는 모든 칩을 테이블 가운데로 내민다. 그는 모든 사람들이 볼 수 있도록 자기가 가지고 있는 카드를 뒤집는다. 그런 후 그는 일어선다. 올인한다는 것은 자기 손에 들고 있는 모든 것을 건다는 뜻이다. 이긴다면, 모든 것을 얻게 된다. 진다면, 모든 것을 잃게 된다. 어느 시점엔가 올인을 하지 않는다면 게임에서 이길 수 없다.

그리스도인으로서, 그리고 목회자로서, 나도 의심을 가지고 있다고 고백한다. 사람들은 내가 하는 말을 신뢰한다는 것을 나는 잘 알고 있다. 그리고 그것은 나의 마음을 무겁게 짓누른다. 삶과 죽음, 하나님과 구원, 천국과 지옥에 관해서 내가 하는 모든 말이 정말 진리인지 나는 때때로 의심한다. 그때마다 나는 결국 이런 결론으로 되돌아온다. 오래 전에 나는 예수 그리스도의 부활에 올인하기로 결단했다. 나는 그리스도께서 사흘 만에 죽은 자 가운데서 다시 살아나셨다는 사실에 모든 것을 걸었다. 나는 빈 무덤 곁에 서서, 2천 년 교회사 속의 수많은 그리스도인들과 더불어 "나는 예수 그리스도께서 죽은 자 가운데서 다시 살아나셨음을 믿습니다."라고 고백하기를 부끄러워하지 않을 것이다.

당신도 이같이 하기를 권한다. 만약 그분께서 정말 죽은 자 가운데서 다시 살아나셨다면, 우리는 괜찮을 것이다. 우리는 의심과 걱정, 두려움을 가지고 살 수도 있다. 그리고 장례식장을 떠나올 때마다 우리는 수없이 많은 해결되지 않은 물음을 가지고 있을 것이다. 그러나 그것은 중요하지 않다. 우리의 믿음은 의심에 의해 결정되는 것이 아니다. 우리의 믿음은 2천 년 전 예루살렘 바깥 정원 무덤에서 일어난 일에 기초하고 있다. 예수께서 죽은 자 가운데서 다시 살아나셨다면 우리가 이긴 것이다. 죽음은 오랫동안 승리를 구가해 왔다. 나는 나의 모든 미래와 내가 믿는 모든 것을 오늘도 그분이 살아 계신다는 진리에 걸었다. 왜냐하면 그분께서는 첫 번째 부활절 아침에 죽음을 정복하셨기 때문이다.

이 빈 무덤으로 인하여 하나님께 감사하라. 예수의 동정녀 탄생만큼, 그분의 죄 없으신 삶만큼, 예수의 십자가만큼, 예수의 부활은 기독교를 세계의 모든 종교들 중에서 독특한 것으로 만들어 준다. 의심하고 싶다면, 의심하라. 그러나 그 무덤은 아직도 비어 있다. 그분께서는 거기에 계시지 않기 때문이다. 그분께서는 말씀하신 대로 부활하셨다. 의심을 가진 채로 그 빈 무덤으로 나아갈 수도 있다. 그러나 당신은 선택해야만 한다. 영원히 그 경계 위에 있을 수는 없다.

> 의심을 가진 채로 그 빈 무덤으로 나아갈 수도 있다.
> 그러나 당신은 선택해야만 한다. 영원히 그 경계 위에 있을 수는 없다.

의심은 죄가 아니다. 그러나 어느 시점에서는 멈추고 믿기 시작해야 한다. 믿거나 믿지 않거나 둘 중 하나이다. 나는 결단했다. 그분께서는 "사흘 만에 죽은 자 가운데서 다시 살아나"셨기 때문에 나는 예수의 부활에 "올인" 할 것이다.

생각해 볼 문제들

✝ 만약 예수께서 참으로 죽은 자 가운데서 다시 살아나지 않으셨다면, 당신의 삶 -당신의 욕구, 영적 상태, 목표와 소망- 은 어떻게 다를까?

✝ 예수의 부활은 당신에게 어떤 영향을 미쳤는가? 그것은 당신에게 개인적으로 어떤 의미를 가지고 있는가?

✝ 예수에게 "올인" 한다는 것은 무슨 뜻인가? 당신은 그렇게 했는가? 언제, 어떤 상황에서 그렇게 했는가? 오늘 당신의 경험을 다른 사람과 나누어 보라. 만약 이 단계에 이르지 못했다면, 오늘 그렇게 결정하는 것은 어떻겠는가?

12 지극히 높은 곳에 계신 친구
: "하늘에 오르사 전능하신 하나님 우편에 앉아 계시다가"

> 그러나 우리에게는 하늘에 올라가신
> 위대한 대제사장이신 하나님의 아들 예수가 계십니다.
> 그러므로 우리의 신앙 고백을 굳게 지킵시다….
> 그러므로 우리는 담대하게 은혜의 보좌로 나아갑시다.
> 그리하여 우리가 자비를 받고 은혜를 입어서, 제때에 주시는 도움을 받도록 합시다.
> | 히브리서 4:14, 16 |

이것은 사도신경에서 가장 주목할 만한 구절이다. 또한 기독교 교리에서 가장 무시되고 있는 영역이기도 하다. 우리는 그리스도의 승천을 믿기는 하지만, 적어도 우리 주님의 죽음과 부활과 비교한다면 승천에 관해서는 그다지 관심을 기울이지 않는 경향이 있다. 우리는 예수께서 우리의 죄를 위해서 죽으시고 우리를 구원하시기 위해 죽은 자 가운데서 부활하셨음을 알고 있다. 그리고 성 금요일과 부활절이 없었다면 우리가 구원 받을 수 없을 것이라는 것도 알고 있다. 그러면 승천은 무엇에 관한 것일까? 많은 이들은 승천은 마치 복음서의 후기와도 같다고 생각하는 듯하다. 승천은 그저 그리스도께서 하늘로 돌아가셨다는 것을 쉽게 설명하는 것으로 여기는 듯하다. 그러면 그것이 우리의 기독교 신앙에 필수적인 것일까?

우리 주님의 승천에 대해 생각할 때 우리는 어떤 어려움을 발견하게 된다. 이 사건 자체는 마가복음과 누가복음, 사도행전에 아주 짧게 언급되어 있을 뿐이다. (마태복음에서는 전혀 언급되어 있지 않으며 요한복음에서는 아주 미미한 언급뿐이다.) 이와는 대조적으로, 십자가에서의 죽음이나 부활에 대해서는 모든 사복음서에서 자세하게 묘사하고 있다. 그러므로 우리는 승천에 관하여 실제로 어떤 일이 일어났는지를 상상하기가 쉽지 않다. 그러나 그리스도의 승천을 의심하는 사람은 찾아보기 어렵다.

하지만 교회사를 살펴보면 승천은 우리의 막연한 생각보다 더 중요한 의미를 가지고 있다. 우선, 대부분의 중요한 기독교 신조에는 그리스도의 승천이 포함되어 있다. 사도신경과 니케아 신조, 아타나시우스 신조는 승천을 언급하고 있다. 교회력에는 항상 승천일-부활절 후 40일로 언제나 목요일이다-이 포함된다. 그리고 승천 사건과 이에 관한 교리 둘 다 매우 성경적이다. 이 장을 쓰면서, 나는 신약 성경 기자들이 얼마나 자주 그리스도의 승천과 그 중요성에 대해서 언급하고 있는지 새롭게 깨닫게 되었다. 몇 가지 예를 들어보자.

그리고 예수께서는 그들을 [밖으로] 베다니까지 데리고 가서, 손을 들어 그들을 축복하셨다. 예수께서는 그들을 축복하시는 가운데, 그들에게서 떠나 하늘로 올라가셨다. 그들은 예수께 경배하고, 크게 기뻐하면서, 예루살렘으로 돌아가서 (누가복음 24:50-52).

이 말씀을 하신 다음에, 그가 그들이 보는 앞에서 들려 올라가시니, 구름에 싸여서 보이지 않게 되었다 (사도행전 1:9).

하늘에서 내려온 이 곧 인자밖에는 하늘로 올라간 이가 없다 (요한복음 3:13).

내려오셨던 그분은 만물을 충만하게 하시려고, 하늘의 가장 높은 데로 올라가신 바로 그분이십니다 (에베소서 4:10).

그분은 육신으로 나타나시고, 성령으로 의롭다는 인정을 받으셨습니다. 천사들에게 보이시고, 만국에 전파되셨습니다. 세상이 그분을 믿었고, 그분은 영광에 싸여 들려 올라가셨습니다 (디모데전서 3:16).

그러나 우리에게는 하늘에 올라가신 위대한 대제사장이신 하나님의 아들 예수가 계십니다 (히브리서 4:14).

그리스도께서는 하늘로 가셔서 하나님의 오른쪽에 계시니, 천사들과 권세들과 능력들이 그에게 복종하고 있습니다 (베드로전서 3:22).

사도신경은 십자가와 부활과 같은 비중으로 승천에 대해서 다루고 있다.

이밖에도 많은 구절들이 그리스도께서 하나님 우편으로 올라가셨다는 것에 대해서, 그리고 이 진리가 신자들에게 어떤 의미를 가지고 있는지에 대해서 이야기하고 있다. 나는 사도신경이 십자가와 부활과 같은 비중으로 승천에 대해서 다루고 있다는 사실을 발견하고 놀랐다. 이것은, 초대 교회의 그리스도인들이 승천은 성 금요일과 부활 사건과 동일한 근거 위에 서 있다고 믿었음을 말해 준다. 그리스도께서 승천하셨다는 진리는 다음의 세 가지 중요한 물음에 대한 답을 제공해 준다.

- 예수께 무슨 일이 일어났는가?
- 그분께서는 어디로 가셨는가?
- 그분께서는 지금 무엇을 하고 계시는가?

하늘에 오르사

먼저 단순하게 이 사건 자체에 관해서 우리가 무엇을 알고 있는지 이야기해 보자. 예수께서 (예루살렘에서 동쪽으로 몇 킬로미터 떨어진 곳에 있는) 베다니에서 제자들에게 말씀하실 때, 그분께서는 그들을 축복하시고 그들이 보는 앞에서 하늘로 들려 올리셨다.

그들이 거기 있었고, 그들이 보았다. 그것은 실제로 일어난 일이었다.

그것은 그들의 상상력의 산물이나 꿈, 환상이 아니었다. 아무도 보지 않을 때 일어난 부활과 달리, 제자들은 예수께서 하늘로 올라가시는 것을 실제로 보았다. 누가복음과 사도행전 모두 예수께서 하늘로 "들려 올라가"셨다고 말하고 있다. 이 동사는 공중으로 들린다는 생각을 담고 있다. 그분께서 육체적으로 승천하셨다는 사실에 주목하라. 그리스도께서는 영으로서가 아니라, 영화로운 몸으로, 십자가에 달리신 바로 그 몸으로, 불멸의 상태로 부활하신 바로 그 몸으로 승천하셨다.

내가 이 점을 강조하는 것은, 최근 몇 년 간 자유주의적 신학자들이 그리스도의 승천이 과학적으로 불가능하다고 공격해 왔기 때문이다. 그들은 사람이 땅에서 떠올라 대기 중으로 사라지는 일은 있을 수 없다고 주장한다. 승천이야기는 스타트렉(Star Trek)에 나오는 커크 선장(Captain Kirk)의 말처럼 들린다. "나를 공중으로 쏘아 올려 주게, 스카티." 비판자들은 승천이야기는 근대과학 이전의 우주관을 반영하고 있으며 오늘날에는 아무도 이 이야기를 문자적으로 받아들이지 않을 것이라고 주장한다. 그들에게 승천은 문자 그대로의 사건이 아니라 그리스도께서 지금 하늘에 계신다는 것을 가르쳐 주는 비유에 불과하다.

부활을 믿는다면 승천을 믿는 것은 어렵지 않다.

물론, 이런 자유주의적 신학자들은 예수께서 죽은 자 가운데서 부활하셨다는 것도 믿지 않는다. 과학을 당신의 신으로 만들 때, 성경의 기적은 믿을 수 없는 이야기가 되고, 당신은 성경을 믿는 대신 성경을 판단하게 될 것이다.[1]

---

1 Kenneth Alan Daughters, "The Theological Significance of the Ascension," *Emmaus Journal*, Winter 1994를 보라.

만약 하나님께서 자신의 아들을 죽은 자 가운데서 다시 살아나게 하실 수 있으시다면, 당연히 그 아들을 하늘로 되돌아오게 하실 수 있으시다. 결국 문제는 간단하다. 하나님께서 하시겠다고 하신 것을 할 수 있으시다는 것을 나는 기꺼이 믿고자 하는가? 이다. 성경의 하나님을 믿는 이들에게 승천은 아무런 문제가 되지 않는다.

승천하시고 승리하신 예수께서 하늘로 돌아오셨다는 것은, 드디어 그분의 고통의 날들이 종식되었음을 의미한다. 더 이상 가시 면류관은 없다. 더 이상 악의에 찬 욕설도 없다. 더 이상 매질도 없다. 더 이상 잔인한 채찍질도 없다. 더 이상 그분의 피에 굶주려 소리를 지르는 군중도 없다. 더 이상 배신도 없다. 더 이상 조롱도 없다. 이제 그 누구도 그분의 얼굴에 침을 뱉지 못한다. 이제 다시는 그분의 손과 발에 못을 박지 못할 것이다. 이제 다시는 그분의 옆구리에 창을 찌르지 못할 것이다. 이제 다시는 그분께서 "나의 하나님, 나의 하나님, 어찌하여 나를 버리셨습니까?"라고 부르짖지 않으실 것이다. 이제 다시는 그분께서 죽으셔서 그분의 어머니가 흐느껴 우는 일이 없을 것이다. 이제 다시는 그분의 시신을 십자가에서 내리는 일은 없을 것이다. 이제 다시는 장례를 위해서 그분의 시신을 수습하는 일은 없을 것이다. 이제 다시는 그분께서 무덤 속에서 밤을 보내시는 일이 없을 것이다.

죽음과 무덤은 영원히 그분 뒤에 있을 것이다. 채찍과 망치, 못을 치우라. 수의를 접으라. 그 어떤 사람보다 많은 고통을 당하셨던 그분께서는 이제 더 이상 고통 받지 않으실 것이다.

무제한의 그리스도

그러나 더 생각해 볼 문제가 있다. 하늘로 돌아가셨기 때문에 예수께서는 이제 모든 시공간의 제약으로부터 자유로워지셨다. 당신은 예수와 직접 만나 함께 시간을 보낼 수 있었으면 하고 생각해 본 적이 있는가? 나는 그분을 뵈면 더 강해질 수 있을 것만 같았다. 그분을 뵙기만 하면, 나의 싸움은 끝나게 될 것 같다. 우리들은 모두 이따금 이런 비슷한 생각을 하게 되는 것 같다.

그런 식으로 생각하는 것이 잘못된 것은 아니다. 구속 받은 모든 이들의 마음 속에는 예수를 정말 가까이서 뵙기 원하는 갈망이 존재한다. 그러나 예수께서는 "내가 떠나가는 것이 너희에게 유익하다."(요 16:7)라고 말씀하셨다. 어째서 그렇단 말인가? 예수께서 이 땅에 머무시는 한, 그분께서는 시간과 공간의 제약에 묶여 있으셨다. 그분께서 애틀랜타(Atlanta)에 계셨다면, 베를린(Berlin)에는 계실 수 없으셨다. 그러나 그분께서는 하늘로 돌아가셨으며 우리에게 성령을 보내 주셨기 때문에, 이제 그분께서는 언제나 우리와 함께 계신다. "내가 세상 끝 날까지 항상 너희와 함께 있을 것이다"(마 28:20).

> 무슨 일이 일어나더라도, 신자들은 그리스도 예수 안에서 보호받을 것이다. 그분께서 살아계시기 때문에 그들 또한 살게 될 것이다.
>
> 찰스 스펄전, 『생명의 보고』(목회자료사 역간)

주께서 결코 우리를 떠나지 않으신다니 이 얼마나 좋은 소식인가.

우리가 넘어질 때, 그분께서 우리와 함께 계신다. 우리가 그분의 임재를 느낄 때, 그분께서 거기에 계신다. 그분께서 우리를 떠나셨다고 생각할 때, 그분께서는 거기에 계신다. 우리가 그분을 의심할 때, 그분께서는 거기에 계신다. 우리가 그분을 잊어버릴 때에, 그분께서는 거기에 계신다. 우리가 유혹에 굴복할 때, 그분께서는 거기에 계신다. 예수께서는 언제나 우리와 함께 계신다. 그러나 이것이 진리인 까닭은 그분께서 하늘로 올라가셨기 때문이다.

하나님 우편에 앉아 계시다가

신약 성경은 하늘에서의 예수의 상태를 묘사하기 위해 세 단어를 사용하고 있다.

- 그분께서는 **높이 들리셨다.**
- 그분께서는 **영화로워지셨다.**
- 그분께서는 **보좌에 앉으셨다.**

고대 세계에서는 왕이 누군가를 예우하고 싶을 때 그에게 자기 오른쪽의 자리를 주었다. 이 자리는 왕이 수여할 수 있는 가장 큰 영예이자 최고의 명예였다. 우리 주께서 하늘에 계신 하나님의 오른편에 앉으셨다는 것은 무슨 뜻일까?

첫째, 이것은 **그분께서 하늘에서 영원한 자리를 가지고 계신다는 것을 뜻한다.** 우리 주께서 승리하고 돌아오셨을 때, 그분께서는 하늘에서 자리를 찾을 필요가 없으셨다. 하나님 오른편의 자리는 영원히 그분의 것이다.

둘째, 이것은 **그분의 구속 사역이 이제 완성되었다는 뜻이다.** 예수께서 이 땅에 계실 때 자주 아버지의 '일'에 대해 말씀하셨다(예를 들어, 요한복음 4:34; 9:4; 17:4). 세상의 죄를 지시고 십자가에 달리실 때에 그분의 사역은 정점에 달했다(고후 5:21).

비록 예수께서는 온전하고 흠 없으시며 아무 죄가 없으셨지만, 예수께서 죽으셨을 때 하나님께서는 아들에게 진노를 쏟으셨다.

우리의 무죄한 대속물로서, 그분께서는 우리가 받았어야 할 벌을 받으셨고, 그로 인해 우리는 자유로워질 수 있었다. 그리스도께서는 죽기 직전에, "다 이루었다."라고 외치셨다(요 19:30). 문자적으로 이 말은 "값을 온전히 치렀다."라는 뜻이다. 예수께서 값을 모두 치르셨기 때문에, 이제 나는 나의 죄에 대한 벌을 받지 않을 것이다. 승천은 성부께서 성자의 사역을 받아들이셨다는 것을 의미한다.

> 예수께서 모두 값을 치르셨기 때문에,
> 이제 나는 나의 죄에 대한 벌을 받지 않을 것이다.

히브리서 10장 11절은 성막 안에는 앉을 의자가 없었다고 말하고 있다. 제사장들의 일은 결코 끝나지 않기 때문에 그들은 서서 일을 해야만 했다. 제사장은 매일 동물을 죽였는데, 이는 죗값이 아직 치러지지 않았음을 뜻한다. 그러나 그리스도께서 하늘로 돌아가셨을 때 자리에 앉으셨다. 이것은 그분께서는 우리의 죄를 위해 단 한번의 영원히 유효한 제사로 자신을 바치셨기 때문이다(12절).

셋째로, 이제 **그분께서 우주에서 가장 높고 위대한 자리에 오르**

셨다는 뜻이다.

하나님께서는 그분을 높이셨으며 그분께 모든 이름 위에 뛰어난 이름을 주셨다.

빌립보서 2장 9-11절에서는 언젠가 모든 이들이 예수의 이름 앞에 무릎을 꿇을 것이며 모든 입으로 예수 그리스도를 주라 시인하여 하나님 아버지께 영광을 돌리게 될 것이라고 말하고 있다. 이 말의 의미에 대해 생각해 보라.

- 제물이 승리자가 되었다.
- 가시 면류관은 영원한 영광의 면류관으로 바뀌었다.
- 창은 왕의 권위를 상징하는 홀(笏)로 바뀌었다.

성자를 자신의 오른편에 앉히심으로써 성부께서는 성자의 명예를 회복시키셨다. 이제 드디어 예수께서는 진정으로 받으실 만한 것, 즉 영광과 찬송과 존경을 받게 되셨다. 빌립보서 2장 5-7절에서는 그리스도께서 인간의 모습을 취하기 위해서 신적인 외적 장식물들을 다 버리심으로써 "자기를 비우"셨다고 말하고 있다.

그분께서는 베들레헴의 마구간에 태어나기 위해서 하늘의 궁전을 버리심으로써 스스로 낮아지셨다. 그분께서는 자신의 영광을 가리시고 낮아짐의 삶을 사셨다. 우리들은 왕 중의 왕이신 그분께서 그토록 무례한 대우를 받으신 것은 불공평하다고 생각한다. 그분께서 십자가에 달리셨을 때 구경꾼들은 그분의 생명이 꺼져가는 것을 보며 그분을 조롱했다. 그분의 고통을 비웃으며 이렇게 외쳤다. "네가 하나님의 아들이거든, 너나 구원하여라"(마 27:40).

승천은 예수께서 하신 모든 일들에 관하여 그분의 명예가 회복되었으며 치욕의 날은 이제 영원히 끝났다는 것을 뜻한다. 1871년에 프랜시스 리들리 해버걸(Frances Ridley Havergal)은 "황금 수금 울리네(Golden Harps Are Sounding)"라는 승천에 관한 찬송가를 통해 이 같은 진리를 선포하였다.

황금 수금 울리네. 천사들의 목소리 들리네.
진주 문이 열리네. 왕을 위해 열리네.
그리스도, 영광의 왕. 예수, 사랑의 왕.
승리하신 그분께서 높으신 보좌에 오르시네.

우리를 구원하러 오신 그분께서, 피 흘리고 죽으신 그분께서,
이제 아버지 곁에 앉으시고 영광의 면류관 쓰셨네.
이제 더 이상 고통은 없으리. 이제 더 이상 죽음은 없으리.
예수, 영광의 왕께서 저 높은 곳에 오르시네.

그 복된 자리에서 그분의 자녀들을 위해 기도하시네.
그들을 영광으로 부르시고, 그들에게 은총을 주시네.
믿는 자들에게는 그분의 빛난 본향이 준비되어 있네.
예수께서 영원히 사시네. 예수께서 영원히 사랑하시네.
그분 모든 일 다 이루셨네. 우리 기쁘게 노래해.
예수께서 승천하셨네. 우리 왕께 영광을!

그분께서는 성도들을 위해 중보하신다

바로 이 점에서 그리스도의 승천이라는 진리가 우리의 매일의 삶에 영향을 미치게 된다.

첫째, **그분께서는 이 땅에 사셨으며 극심한 고통을 몸소 견디셨기 때문에 우리가 겪는 어려움을 너무도 잘 아신다.** 최근에 한 친구가 나에게 "예수께서 나에 관한 모든 것을 아심에도 불구하고 그분을 신뢰할 수 있다는 것을 알게 되었어."라고 말했다. 이 말에 대해 잠깐 생각해 보라. 그분께서는 당신을 속속들이 아신다. 그분께서는 지난 밤에 당신이 어디에 있었는지, 무엇을 했는지, 당신이 무엇을 하려고 했는지를 아신다. 그분께서는 당신이 지난 주에 말하고 생각하고 행했던 그 모든 어리석은 것들에 대해 모조리 다 알고 계신다. 그리고 그분께서는 여전히 당신을 사랑하신다. 이것은 참으로 좋은 소식이다.

둘째, **그분께서는 지금 하늘에 계시기 때문에 아버지께 우리를 위해 중보하신다.** 중보라는 말은 "누군가를 대신하여 말해 준다."라는 뜻을 가지고 있다. 그리스도께서는 지금 하늘에서 우리를 위해 기도하고 계신다. 이 얼마나 놀라운 생각인가. 불안한 우리 영혼에 이 얼마나 큰 위로가 되는가. 내가 깊은 수렁에 빠져 있을 때, 예수께서 나를 위해 기도하신다. 내가 무거운 짐을 지고 비틀거릴 때, 예수께서 나를 위해 기도하신다. 나의 믿음이 약해질 때, 예수께서 나를 위해 기도하신다. 내가 유혹에 맞서는 싸움에서 지려고 할 때, 예수께서 나를 위해 기도하신다. 그보다 더 많은 것들이 있다. 누군가를 위해서 기도해 달라는 부탁을 받을 때, 나는 적절한 말이 생각나지 않는 것 같고 내 기도가 헛된 것 같다는 느낌이 들기도 한다. 그러나 하늘에 계신 예수께서 나와 함께하시며 나의 한심한 기도를 받아주시며, 성령께서 하시듯이 하나님 보좌 앞에서 그 기도를 강력한 간구로 바꾸어 주신다(롬 8:26-27). 내가 기도할 수 없을 때, 말이 떠오르지 않을 때, 예수께서 나를 대신해 기도해 주신다.

> 하늘에 계신 예수께서 나와 함께하시며
> 나의 한심한 기도를 받아주시며, 성령께서 하시듯이 하나님 보좌 앞에서
> 그 기도를 강력한 간구로 바꾸어 주신다.
> 내가 기도할 수 없을 때, 말이 떠오르지 않을 때,
> 예수께서 나를 대신해 기도해 주신다.

히브리서 7장 24-25절에서는 예수께서 영원히 사시기 때문에 영원히 우리를 위해 중보하신다고 말하고 있다. 그러므로 우리는 영원히 구원 받게 되는 것이다. 구약 성경에서 제사장들은 계속해서 죽어 갔다. 좋은 제사장도 죽었고, 나쁜 제사장도 죽었다. 한 대제사장에게 익숙해질 즈음에, 그는 죽었고 또 다른 이가 그를 대신했다.

그러나 예수께서는 영원히 사시므로 우리는 그분께서 우리를 위해 기도하시기를 그치지 않으실 것임을 확신할 수 있다. 그리고 그분께서 우리를 위해 기도하시기를 그치지 않으시기 때문에, 그분께서는 우리를 완전히, 끝까지 구원하신다.

하늘에 계신 우리의 친구

히브리서 4장 14-16절은 그리스도를 하늘로 올라가신 위대한 대제사장이라고 부른다. 그분께서는 이 땅에서 사셨기 때문에, 우리가 겪고 있는 모든 것을 알고 계시며 힘겨운 싸움을 하고 있는 우리를 불쌍히 여기신다. 그분께서는 지금 하늘에 계시기 때문에 모든 문제에 대해서 우리를 도우실 수 있다. 우리가 은총의 보좌로 나아갈 때 우리는 거절당할까 염려할 필요가 없다. 왜냐하면 그리스도께서 거기에 계시며, 그분께서 은총을 베풀어 어려움에 빠진 우리를 도우시기 때문이다.

높은 곳에, 아니 우주에서 가장 높은 곳에 우리의 친구가 있다.

이렇게 생각해 보라. 어려움에 처했을 때 당신에게는 두 가지가 필요하다. 당신의 문제를 염려해 줄 누군가. 그리고 당신을 도와줄 누군가. 만약 당신의 친구가 염려는 해 주지만 당신을 도와줄 위치에 있지 않다면, 동정을 받고 있지만 구체적인 도움은 얻지 못하는 것이다. 만약 당신의 친구가 당신을 도울 수는 있지만 당신의 문제에 무관심하다면, 그것은 친구가 없는 것이나 마찬가지이다. 당신에게 필요한 것은, 당신을 염려하는 동시에 당신을 위해 무언가를 해 줄 수 있는 위치에 있는 사람이다. 예수께서는 바로 그런 분이시다. 그분께서는 자기 백성을 돕기를 좋아하시는 높은 곳에 계시는 친구이시다.

요한일서 2장 2절에서는 그리스도께서는 하늘에 계신 우리의 변호사이시며, 우리를 위해 아버지께 변론해 주시는 분이시라고 말하고 있다. 사탄이 와서 우리를 고발할 때, 예수께서는 우리를 위해 말씀하시며 흘리신 자신의 피를 통해서 우리를 위해 탄원하신다. 성부께서는 성자를 보시고, 그분의 못 자국 난 손을 보시고, "소송 기각"이라고 판결하신다. 가장 좋은 것은 바로 이것이다. 예수께서는 단 한번도 이 소송에서 진 적이 없으시다. 예수께서는 성부 하나님의 오른편에 올라가 계시기 때문에, 우주의 최고 권위는 바로 그분께 있다. 그분께서 언제나 우리를 변론해 주신다.

예수께서는 하늘에 계신 연중무휴 변호사이시다. 그분께서는 하루 24시간 주 7일 동안 일하신다. 사도행전 7장은 이것이 무슨 뜻인지 잘 보여 준다. 스데반이 유대교의 산헤드린(이스라엘의 최고 법정) 앞에서 담대하게 설교할 때, 그는 자기 민족의 역사를 인용하면서 유대인들이 하나님의 사자들을 끊임없이 거부해 왔음을 보여 주었다. 그는 그들이 하나님의 의로우신 아들을 살해했다고 말했다! (52절). 유대교 지도자들은 이런 류의 이야기를 좋아하지 않았으며 그를 향해 이를 갈았다. 그러나 스데반은 큰 소리로 외쳤다. "보십시오, 하늘이 열려 있고, 하나님의 오른쪽에 인자가 서 계신 것이 보입니다"(56절).

이것이 무슨 뜻인가? 이 땅 위에서 스데반은 타락한 인간의 법정 앞에 서 있지만, 하늘에는 또 다른 재판관이 계신다. 그리고 이 재판관께서는 피고측 변호인이기도 하다. 로마 법정에서 재판관들은 일어서서 판결을 내린다. 스데반이 죽을 때, 예수께서는 일어서서 하늘 법정의 판결을 발표하신다. "그들이 땅 위에서 너를 죽일 수는 있다. 그러나 하늘에서 나는 너를 위해 변론할 것이다." 세상은 "유죄!"라고 외쳤다. 그러나 예수께서는 이렇게 말씀하신다. "너는 내 아들이다. 내 피가 너의 죄를 덮었다. 영원한 하늘 나라에 오게 된 것을 환영한다."

예수께서는 하늘로 올라가시면서 영화롭게 된 인류도 함께 데리고 가셨다.

그리스도의 육체적인 몸은 지금 하늘에 계신다. 이것은 어느 날엔가 죽은 자 가운데서 부활하게 될 때 우리는 영으로서 부활하는 것이 아니라 예수의 몸처럼 영화롭게 된 육신을 가진 진짜 사람으로 부활하게 된다는 뜻이다. 예수께서는 우리의 영혼을 구속해 주셨을 뿐만 아니라 우리의 몸도 구속해 주셨다. 그리스도 안에 있다면 우리는 우리의 육신이 새로워지고 영화롭게 부활하게 될 것이라는 그분의 약속을 소유하고 있는 것이다. 그때에 우리는 그분을 뵐 것이며 영원히 그분과 함께 살게 될 것이다.

그리스도의 승천은 우리 그리스도인들의 운명을 보증해 준다.

그분께서 부활하셨기 때문에 우리들도 부활하게 될 것이다. 그분께서 하늘로 올라가셨기 때문에 우리들도 하늘로 올라가게 될 것이다. 그분께서 하늘에 계시기 때문에 언젠가 우리들도 거기에서 그분과 함께 지내게 될 것이다. 최근에 나는 6일 동안 플로리다(Florida)의 허드슨(Hudson)에서 열린 '생명의 말씀 성경 수련회(Word of Life Bible Conference)'에서 강연을 했다. 마지막 메시지를 전한 후에 한 나이든 부부가 탬파(Tampa) 공항으로 나를 태워 주었고 나는 그 공항에서 시카고로 돌아오는 비행기를 탔다. 공항으로 가는 차 안에서 이야기를 나누는 동안, 그 남편은 서른 셋의 나이로 죽었던 자신의 아들에 대한 비극적인 이야기를 들려주었다. 아들이 선교사가 되기 위한 훈련 과정을 거의 마쳐갈 무렵에 그 일이 일어났다. 암이라는 진단을 받았을 때 그에게 남은 시간은 3개월뿐이었다. 그는 죽기 전에 자신의 부모님을 위로하면서 이렇게 말했다고 한다. "제 걱정은 마세요. 저는 그저 본부로 되돌아가는 것뿐이에요." 그의 부모들은 아들이 죽은 이후 아들이 했던 이 말을 소중히 기억하고 있었다.

이런 신앙은 어디에서 오는 것일까? 우리가 천국으로 가게 된다는 소망은 어떻게 가능한 것일까? 바로 이것 때문이다.

우리는 그분께서 계신 곳으로 가게 될 것이다. 그리고 우리는 그분께서 어디에 계신지 잘 알고 있다. 왜냐하면 그분께서는 하늘로 올라가셨기 때문이다.

죽음의 순간에 하나님의 자녀들은 편안한 안식을 누릴 수 있다. 육신의 모습으로 하늘로 올라가신 그리스도께서 그들을 데려가셔서 자신과 함께 살게 하실 것이며 어느 날엔가는 그들의 육신도 불멸의 몸으로 부활시켜 주실 것을 확신하고 있기 때문이다(고전 15:52-53).

하늘의 견인

그리스도의 승천으로 인해서 우리는 그리스도의 종교가 참이라는 확신을 가지고 안식할 수 있다.

하나님께서는 예수 그리스도를 받아들이셨으며, 하나님께서 그분을 받으셨기 때문에, 그분께서는 그를 믿는 모든 이들을 받아들이실 것이다. 그분께서 하늘에 안전히 계시기 때문에, 우리도 언젠가 하늘에서 안전히 거하게 될 것이다. 승천은 우리가 어떻게 살아가야 하는지를 말해 준다. 즉, 우리는 위를 바라보며 살아야 한다는 것을 말해 준다.

한 어린 아이가 바람 부는 봄날에 새로 만든 연을 날리러 밖으로 나갔다. 바람이 불자 연은 점점 더 높이 날아서 마침내 그 아이가 보이지 않는 저 높은 곳의 구름 속으로 사라져 버렸다. 몇 분이 지나서 옆에서 구경하던 한 사람이 "연이 아직 붙어 있는지 어떻게 아니?"라고 물었다. 아이는 "줄에 당겨지는 힘이 느껴져요."라고 대답했다.

이것은 오늘 우리에게도 똑같이 적용된다. 그리스도께서는 이 땅에 있는 우리를 우리의 영원한 본향 쪽으로 끌어당기고 계신다. 우리는 눈으로 그분을 볼 수는 없지만, 마음으로 그분께서 당기시는 것을 느낄 수 있다. 우리는 그분께서 어디에 계신지 알고 있으며, 언젠가 우리도 그분 계신 그곳에 있게 될 것임을 또한 알고 있다.

날마다 예수께서는 우리 마음을 하늘 쪽으로 끌어당기신다. 그래서 마침내 그곳에 이르렀을 때 우리는 그곳이 낯설게 느껴지지 않을 것이다. 이제 곧 주께서 우리에게 마지막으로 끌어당기시면 우리는 영원히 하늘에 있게 될 것이다. 하나님의 백성이여, 그때까지 기뻐하자. 그리스도께서 이미 이기셨다! 그분께서는 승리하셨고 모든 원수를 물리치셨다. 우리가 "하늘에 오르사 전능하신 하나님 우편에 앉아 계시다가"라고 고백하는 것은 바로 이런 뜻이다.

생각해 볼 문제들

✝ 왜 우리는 예수의 죽음과 부활에는 그렇게 관심을 가지면서도 그분의 승천에 대해서는 별로 관심이 없는 것일까? 승천이 기독교 신앙에서 중요한 역할을 한다는 것에 당신은 동의하는가? 왜 그런가? 아니면 왜 그렇지 않는가?

✝ 신학적 차원에서뿐만 아니라 당신에게 개인적으로, 예수께서 성부 하나님의 오른편에 앉아계시다는 것은 어떤 의미를 가지고 있는가?

✝ 예수께서 당신을 위해서 기도하신다는 성경의 말씀들은 당신에게 어떤 의미인가? 어떤 점에서 이런 말씀이 당신에게 위로가 되고, 당신을 강하게 해 주며, 당신에게 소망이 되는가?

13 보라, 재판관이 오신다
: "저리로서 산 자와 죽은 자를 심판하러 오시리라"

> 너희는 마음에 근심하지 말아라. 하나님을 믿고 또 나를 믿어라. 내 아버지의 집에는
> 있을 곳이 많다. 그렇지 않다면, 내가 너희가 있을 곳을 마련하러 간다고
> 너희에게 말했겠느냐? 나는 너희가 있을 곳을 마련하러 간다.
> 내가 가서 너희가 있을 곳을 마련하면, 다시 와서 너희를 나에게로 데려다가,
> 내가 있는 곳에 너희도 함께 있게 하겠다.
> | 요한복음 14:1-3 |

우리가 어디에서 영적 진리를 발견하게 될지 우리는 도무지 알 수 없다. 얼마 전에 나는 35년 전에 남편 더들리와 함께 나의 고향인 앨라배마의 러셀빌(Russellville)에 살았던 메리 조 린치로부터 편지 한 통을 받았다. 더들리 린치는 컴버랜드장로교회(Cumberland Presbyterian Church)에서 목회를 하고 있었다. 벽돌로 지은 아담한 예배당이 있는 전형적인 시골 교회였다.

더들리는 가족을 부양하기 위해 다양한 일을 해야만 했다. 한번은 샌드위치 가게를 열어 미국에서 가장 큰 햄버거인 린치버거

(Lynchburger)를 팔기도 했다. 나는 더들리가 주문을 받는 동안 카운터에 앉아서 성경에 대해 이야기를 나누던 생각이 난다. 그곳에서 나는 처음으로 성경의 교리에 대해 알게 되었다. 그는 만날 때마다 미소를 짓는 그런 사람이었다.

1992년에 더들리는 죽었다. 메리 조는 그 직후에 나에게 편지를 썼다. 최근에야 비로소 그녀에게서 다시 연락을 받게 되었다. 이제 70대가 된 그녀는 지금 켄터키의 렉싱턴(Lexington) 근처에서 살고 있다. 그녀는 교회 도서관을 정리하다가 내 책 한 권을 발견했다면서 나에게 편지를 보내왔다. 편지 말미에 그녀는 이렇게 덧붙였다.

지금까지 살아온 내 인생의 모든 분별력을 통해서 볼 때, 지금이 최고의 때인 동시에 최악의 때인 것 같구나. 최고의 때인 이유는, 하나님의 참된 교회가 건강히 살아 있고, 성령께서 우리 주위의 모든 잃어버린 영혼을 구하기 위해서 예상치 못한 방법을 사용하고 계시기 때문이다. 멜 깁슨이 만든 영화 때문에 수많은 사람들이 자신들이 가지고 있던 성경책의 먼지를 털어 내고, 혹은 성경책을 사서 그리스도의 수난에 관한 성경 이야기를 읽게 되리라고 누가 생각이라도 했겠니?

지금이 최악의 때인 이유는, 미국 역사 상 지금처럼 가족의 안정성, 특히 결혼의 안정성이 위협 받았던 때가 없었기 때문이다. 기독교적 가치를 회복하고 사회 전반에서 하나님을 인정하려는 운동이 일어났으면 하는 것이 내 소망이고 내 기도란다. 하지만 어쩌면 벌써 너무 늦은 것 같기도 하구나. 하나님께서 대환란의 때에 그분의 진노를 쏟아 부으시기 직전인 이 마지막 날에 우리에게 그분의 은총을 부어 주고 계신 것 같다는 느낌이 드는구나. 하나님께서는 누구도 멸망하기를 원치 않으시고 모두가 회개하기를 바라시니 말이다.

최고의 때, 최악의 때, 마지막 날, 대환란, 그리고 누구도 멸망하기를 원치 않으시는 하나님. 아멘.

지금은 최고의 때

멜 깁슨의 영화 《패션 오브 더 크라이스트》 덕분에, 짧은 기간 동안이나마 예수께서는 미국에서 인기 있는 인물이 되셨다. 그리고 릭 워렌(Rick Warren)의 책 『목적이 이끄는 삶』(*The Purpose-Driven Life*)의 엄청난 성공과, 몇 해 전 인기를 끌었던 브루스 윌킨슨(Bruce Wilkinson)의 『야베스의 기도』(*The Prayer of Jabez*), 팀 라헤이(Tim LaHaye)와 제리 젠킨스(Jerry Jenkins)의 『레프트 비하인드』(*Left Behind*)시리즈의 놀라운 흥행에 대해서 생각해 보라. 심지어 (기독교를 공격하는 책인) 댄 브라운(Dan Brown)의 『다 빈치 코드』(*The Da Vinci Code*)의 상업적인 성공 조차도 이 세대의 영적 갈망(과 영적 혼란)을 잘 보여 주고 있다.

《위클리 스탠더드》(*Weekly Standard*)의 편집장인 데이빗 브룩스(David Brooks)는 현대 문화를 분석한 *On Paradise Drive*(낙원으로 이르는 길)라는 책을 썼다. 그는 이런 결론을 내리고 있다. "우리는 지구상에 있는 다른 어떤 사람들보다 더 열심히 일하고 있다. 도대체 우리는 무엇을 찾고 있는가? 그 대답은 '우리는 천국을 찾고 있다.' 인 것 같다. 우리는 낙원을 찾고 있다."[1] 그러나 아무리 열심히 노력해도 우리가 찾던 행복을 발견할 수가 없다.

> 아무리 열심히 노력해보아도
> 우리가 찾던 행복을 발견할 수가 없다.

최근에 나는 내 책을 읽은 한 젊은 독자로부터 이메일을 받았다.

제 삶은 처음부터 힘겨웠습니다. 그리고 저는 언제나 기도하기가 힘들었습니다. 가톨릭 신앙으로 자랐지만 지금 제가 어디에 서 있는지 잘 모르겠습니다. 저는 믿음을 갈구하고 있으며 믿음을 가지고 있는 이들이 부럽습니다. 마음속 깊은 곳에서 하나님께서 제 삶의 일부가 되시기를 갈망하고 있습니다. 오늘 저는 제 생활 방식을 바꾸고 제가 원하는 그런 사람이 되기 위해서 서약서를 썼습니다. 절망 속에서 저는 나를 이끌어 줄 수 있는 무언가를 찾아서 동네 서점에 갔습니다. 우연히 당신의 책을 발견하고 그 책을 사기로 마음 먹었습니다. 나는 당신에 대해 한번도 들어본 적이 없고 불과 한 시간 전까지만 해도 당신의 교회가 어디에 있는지도 모르고 있었습니다. 이것이 우연인지 모르겠지만 나는 오크 파크(Oak Park)의 시내에 살고 있습니다. 나는 보더스

---

[1] 데이빗 브룩스와 Dick Staub의 인터뷰, May 3, 2004, www.christianitytoday.com/ct/2004/118/33.0.html.

(Borders)[미국의 유명 서점 체인-역자]의 기독교 코너에서 아무 생각 없이 책 한 권을 집어 들었는데 그 저자가 나와 같은 동네에 살고 있다는 것이 좀 이상하다고만 생각했습니다. 내 삶은 매일이 전투였습니다. 이제서야 저는 제가 하는 일에서 작은 성공을 거두었습니다. 하지만 영적으로는 공허함을 느끼고 있었습니다…. 이제 저는 하나님과 제 삶을 향한 그분의 뜻을 받아들일 준비가 되었습니다. 너무도 오랫동안 저는 영적으로 결핍된 상태였습니다. 이번 일을 통해서 제가 하나님께 더 가까이 나아가게 되기를 기도합니다. 오늘은 제가 그토록 오랫동안 기도해 왔던 그 첫 번째 날입니다. 당신의 책을 발견한 덕분에 나는 하나님을 향해 나아가려는 노력을 시작할 수 있게 되었습니다. 이렇게 시간 내어 주셔서 고맙습니다. 그리고 당신의 기도에 감사 드립니다.

그의 이메일을 읽고서 나는 전도서 3장 11절 말씀이 생각났다. 이 말씀은 하나님께서 모든 이들의 마음속에 영원을 사모하는 마음을 심어 주셨다고 말하고 있다. 우리는 하나님을 알고, 그분을 사랑하고 섬기도록 만들어졌다. 아우구스티누스의 말처럼, "오 주여, 당신의 품 안에서 안식을 얻기까지 우리에게는 쉼이 없습니다."

지금은 최악의 때

반면에 지금의 때에 대한 부정적인 증거를 발견하는 것도 어려운 일이 아니다. 한 가지 분명한 사례는 이른바 '동성 간 결혼'이라는 형태로 이루어지고 있는 결혼과 가족에 대한 공격이다. 이를 지지

하는 이들은 자신들이 가지고 있는 가정 위에서 행동하고 있다. 동성 간의 결혼은 창조주에 대한 인간의 반역을 가장 분명히 보여 주고 있는 최근의 사례이다. 나는 사리를 분별해야 할 교회 내부의 사람들의 태도에 더 관심이 많다. 그리스도인들은 우리 사회의 도덕적 가치를 지키기 위한 싸움을 선도해야 한다. 너무도 오랫동안 우리들 중 너무 많은 이들이 침묵해 왔다.

혹은 인터넷 외설물에 대해 생각해 보라. 가족 중 한 명이 웹상의 외설물에 중독되어 가정이 완전히 파괴되는 고통을 겪은 어떤 여인은 사람들에게 그 위험에 대해 경고해 달라고 나에게 부탁했다. 태어나지도 못한 아기를 합법적으로 살해하는 낙태의 문제도 있다. 또한 도덕적 절대 가치를 믿는 사람들과 그렇지 않은 사람들 사이에 깊어지고 있는 간격도 큰 문제이다.

9/11 사태 이래로 우리 모두의 삶에 큰 영향을 미치고 있는 이슬람 근본주의의 성장과 테러리즘의 문제도 있다. 최근 말린은 뉴욕행 비행기를 타는 나를 위해 (시카고의) 오헤어 공항까지 나를 태워 주었다. 오헤어 공항에 거의 다 왔을 무렵, 나는 공항 쪽에서 짙은 검은 색의 구름이 다가오는 것을 볼 수 있었다. 그것을 보고 나에게 무슨 생각이 먼저 떠올랐을까? '테러리스트들이 공항을 공격했구나.' 9/11 이전에는 이런 생각이 당치도 않는 소리였다. 그러나 이제 얄팍한 방어막은 완전히 벗겨진 상태이다. 마드리드와 런던에서 일어난 대중교통 폭탄 테러는 우리들의 이러한 공포를 재확인시켜 주었다.

이에 관련하여 구원의 문제에 관한 신학적 혼란이 널리 퍼져 있다. 과연 예수가 천국에 이르는 유일한 길인가? 이것이 21세기 초의 핵심 의제가 될 것이라고 예측했던 어윈 루처(Erwin Lutzer)의 말이 생각났다. 그후에 일어난 여러 가지 일들은 그의 예상이 옳았음을 증명하고 있다. 많은 공적 집회에서 예수의 이름으로 기도하는 것이 금지되었다. 이제 우리는 이슬람교도와 그리스도인, 유대교인들이 모두 같은 하나님을 예배한다는 이야기를 듣게 되었으며, 예수가 유일한 길이라고 말하는 이들은 편협한 사람이라는 소리를 듣는다.

이런 이유로 인해서 우리는 신경질적이며 화를 잘 내는 민족이 되었다. 우리가 지니고 있던 자신감은 간데 없고 성급하게 비판하기 좋아하는 태도가 만연해 있다. 예전에는 신호등이 초록색으로 바뀌었는데 잠깐 멈추어 있어도 사람들이 느긋하게 기다려 주었다. 하지만 지금은 사람들이 경적을 울리고 또 거의 곧바로 다시 경적을 울려댄다. 우리는 더 빨리 화를 내고 때로는 정말 화를 낸다. 나도 이렇게 변했다고 고백하지 않을 수가 없다.

> 하나님께서는 우리가 조심하는 태도를 견지하고 항상 기대하는 마음으로 살아가도록 정확한 재림의 날짜를 일부러 알려 주지 않으셨다.
>
> A.W. 핑크, *The Redeemer's Return*(구속주의 귀환)

이 모든 사실이 우리로 하여금 사도신경의 이 구절을 되새겨 보도록 만든다. "저리로서 산 자와 죽은 자를 심판하러 오시리라." 이 간단한 문장은 두 가지 상호보완적인 진리를 담고 있다.
- 예수께서 다시 오실 것이다.
- 예수께서는 산 자와 죽은 자를 심판하기 위해서 다시 오실 것이다.

> 신약 성경에서는 13절 마다 한번씩
> 이 땅에 우리 주께서 다시 오실 것에 관해서 말하고 있다.

신약 성경은 300절이 넘는 곳에서 그리스도의 재림에 대해 말하고 있다. 다시 말해서, 신약 성경에서는 13절마다 한 번씩 이 땅에 우리 주께서 다시 오실 것에 관해서 말하고 있다. 이것은 신약 성경의 핵심 사상이며, 그리스도인들은 언제나 예수께서 다시 오실 것임을 믿어 왔다. 요한복음 14장 3절에서 예수께서는 "내가 다시 올 것이다."라고 말씀하셨다. 그분의 재림은

- **그분께서 몸소 오시는 것이다.** (다른 이가 대신 오는 것이 아니라 예수께서 직접 오실 것이다.)
- **문자 그대로의 재림일 것이다.** (환상이나 꿈이 아니다.)
- **가시적인 재림일 것이다.** ("눈이 있는 사람은 다 그를 볼 것이요." 요한계시록 1:7)
- **급작스러운 재림일 것이다.** (점진적인 재림이 아니다.)
- **예상치 못한 재림일 것이다.** ("밤에 도둑처럼," 데살로니가전서 5:2)

사도행전 1장 11절에서는 언젠가 예수께서 친히 이 땅에 다시 오

실 것이라고 분명히 말하고 있다. 떠나신 바로 그 예수께서는 언젠가 다시 돌아오실 것이다. 그분께서 몸소 돌아오실 것이며, 그분의 오심은 급작스럽고 예상치 못한 것일 것이다. 누가복음 24장 50-52절에서는 예수께서 손을 들어 제자들을 축복하시는 가운데 아무런 예고도 없이 이 땅으로부터 올라가기 시작하셨다고 말하고 있다. 그분의 재림도 그와 마찬가지로 놀라운 뜻밖의 사건이 될 것이라고 짐작해 볼 수 있을 것이다.

세상의 반대편에서 2천 년 전에 살았던 역사 상의 실제 인물이 이 땅에 다시 돌아오게 될 것이다.

앞으로 일어날 이 일, 즉 그리스도께 문자 그대로, 가시적으로, 육신의 모습으로 이 땅에 재림하시는 일은 지난 2천 년 동안 일어났던 그 어떤 일보다도 놀랍고, 경이로우며, 영적으로 중대한 일이 될 것이다. 현대인들에게 이보다 더 비현실적으로 보이는 일은 없을 것이다. 그러나 하나님의 영감으로 기록된 성경에 비추어 볼 때 이보다 더 확실한 일은 없다.

중동을 주목하라

하나님의 시간표에서 우리는 지금 어디쯤 와 있을까? 나는 두 가지 간단한 대답을 제시하고자 한다.

하나는, **그리스도께서 재림하실 날짜나 시간은 아무도 모른다.** 그리고 시대의 징조에 관해서 지나치게 독단적인 주장을 하는 것은 위험한 일이다.

다른 하나는, **성경은 재림과 관련된 사건들을 자세하게 묘사하고 있다.** 하나님께서는 그리스도께서 재림하실 때까지 이 세상에 어떤 일들이 일어나게 될지에 관해 우리에게 계시해 주셨다. 이에 관해서 내가 말할 수 있는 한 가지는, 중동을 눈 여겨 보라는 것이다. 그곳은 이 모든 이야기가 시작된 곳이며 또한 끝나게 될 곳이다. 인류 역사의 대단원은 도쿄나 뉴욕, 런던이 아니라 예루살렘, 그리고 이스라엘을 둘러싸고 있는 나라들에서 펼쳐지게 될 것이다. 우리는 지금 말세에 살고 있는가? 누구도 확실히 알 수는 없다. 그러나 다음의 사실들에 대해 생각해 보라.

- 성경은 말세에 일어날 사건들이 어떤 형태를 띠고 있을지를 분명히 보여 주고 있다. 신구약 성경에 나타난 다양한 예언적 가르침을 종합해 보면, 종말이 도덕적, 정치적, 영적, 군사적, 경제적으로 어떤 모습을 띠게 될지를 상당히 구체적으로 그려 볼 수 있다.
- 우리가 살고 있는 세상과 성경이 말세라고 묘사하고 있는 세상 사이에는 놀라울 정도로 비슷한 점이 많다. 한 손에는 성경을 다른 한 손에는 신문을 들고 보라. 그 둘이 얼마나 잘 들어맞는지를 알아차리는 데 그리 오랜 시간이 필요하지 않을 것이다.
- 만약 그것이 사실이라면, 우리들은 예수 그리스도의 재림을 보게 되는 특권을 가진 세대일지도 모른다.
- 모든 징조들이 한 방향을 가리키고 있다. 재림은 이제 멀지 않았다.

베드로의 말

그러나 과거에 거짓 예언에 미혹된 이들이 그랬던 것처럼 집이나 자동차를 팔고 주의 재림을 기다리기 위해 산으로 이사하기 전에, 베드로후서 3장 3-10절의 말씀에 귀를 기울여 보자. 이 본문에서 베드로는 1세기의 신자들을 당황하게 했고 오늘날의 사려 깊은 사람들을 난처하게 만드는 한 가지 까다로운 물음에 대해 이야기하고 있다. 왜 주께서는 아직도 재림하지 않으셨을까? 그분께서는 무엇을 기다리고 계신 것일까? 재림이 2천 년 동안 지연되었다는 것은 그분께서 아예 오지 않으신다는 뜻일까? 베드로의 대답을 들어보자.

여러분이 무엇보다 먼저 알아야 할 것은 이것입니다. 마지막 때에 조롱하는 자들이 나타나서, 자기들의 욕망대로 살면서, 여러분을 조롱하여 이렇게 말할 것입니다. "그리스도가 다시 오신다는 약속은 어디 갔느냐? 조상들이 잠든 이래로, 만물은 창조 때부터 그러하였듯이 그냥 그대로다." 그들이 이렇게 말하는 것은, 하나님의 말씀으로 하늘이 오랜 옛날부터 있었고, 땅이 물에서 나와 물로 말미암아 형성되었다는 것과, 또 물로 그때 세계가 홍수에 잠겨 망하여 버렸다는 사실을, 그들이 일부러 무시하기 때문입니다. 그러나 지금 있는 하늘과 땅도 불사르기 위하여 그 동일한 말씀으로 보존되고 있으며, 경건하지 못한 자들이 심판을 받아 멸망을 당할 날까지 유지됩니다. 사랑하는 여러분, 이 한 가지만은 잊지 마십시오. 주님께는 하루가 천 년 같고, 천 년이 하루 같습니다. 어떤 이들이 생각하는 것과 같이, 주님께서는 약속을 더디 지키시는 것이 아닙니다. 도리어 여러분을 위하여 오래 참으시는 것입니다. 하나님께서는 아무도 멸망하지 않고, 모두 회개하는 데에 이르기를 바라십니다. 그러나 주님의 날은 도둑같이 올 것입니다. 그 날에 하늘은 요란한 소리를 내면서 사라지고, 원소들은 불에 녹아버리고, 땅과 그 안에 있는 모든 일은 드러날 것입니다.

이 본문은 더 깊이 생각해 보아야 할 중요한 진리로 가득 차 있다.

재림을 비웃는 어리석은 이들의 생각이 어떠하든지, 하나님께서 약속하셨기 때문에 재림은 확실히 있다

재림을 비웃는 이들이 말하기를, "20세기라는 긴 시간이 지났다. 하지만 예수께서는 아직 오지 않으셨어. 하나님께서 포기하신 게지. 그는 재림하지 않을 거야." 이에 대해 베드로는 대답한다. "노아의 홍수를 한번 생각해 봐." 홍수 전에 사람들은 하나님을 완전히 무시하는 삶을 살았다. 그들은 가능한 모든 방식으로 죄를 지었다. 그러나 어느 날 하늘은 물을 쏟아 부었고, 거대한 샘이 터져 온 땅이 물에 잠기게 되었다. 하나님께서 세상을 한 번 심판하셨다면, 두 번 심판하실 수도 있다. 이번에는 그리스도의 재림으로 이 땅에 심판의 불이 임하게 될 것이다.

재림은 곧 경건하지 못한 자들에 대한 심판의 날이 도래함을 의미한다

이 구절 속에 등장하는 말이 어떤 순위인지 주목해 보라. "물…불…심판…멸망." 하나님께서는 이미 물로 세상을 멸망시키셨다. 다음

번에는 불로 심판하실 것이다. 경건하지 못한 자들에게 그리스도의 재림은 정말 나쁜 소식일 것이다.

재림은 사람들이 그리스도에게 돌아올 수 있는 기회를 주기 위해서 지연되고 있다
여기 좋은 소식이 있다. 비웃는 자들이 말하는 재림의 지연은 사실 하나님께서 그들에게 주시는 선물이다.

하나님께서는 사람들이 회개할 수 있는 시간을 더 많이 주시기 위해서 주님의 재림을 일부러 늦추고 계신다.

9절 말씀은 잃어버린 영혼을 향한 하나님의 따뜻한 마음을 보여주고 있다. 그분은 사람들을 지옥으로 보내기를 기뻐하시는 분이 아니다. 사람들의 생각과는 반대로, 그분께서는 세상에 번갯불을 퍼부으며 웃고 좋아하는 턱수염이 하얗게 난 미친 늙은이가 아니다. 하나님께서는 반역한 사람들이 예수 그리스도께 돌아올 수 있는 기회를 주시려고 최후의 심판을 2천 년이 넘도록 보류하고 계신다.

> 하나님께서는 반역한 사람들이
> 예수 그리스도께 돌아올 수 있는 기회를 주시려고
> 최후의 심판을 2천 년이 넘도록 보류하고 계신다.

사도신경이 말하고 있는 것처럼, 결국 그리스도께서 "산 자와 죽은 자"를 심판하실 것이다. 모두가 그분 앞에 서서 재판을 받아야만 한다. 최근에 나는 조국을 위해서 세계 전역의 위험한 곳에서 근무했던 퇴역 군인과 이야기할 기회가 있었다. 그는 나에게 놀라운 이야기를 들려주었다. "우리 군인들은 어느 곳에서도 누구와도 싸울 준비가 되어 있습니다. 하지만 우리의 근본적인 문제는 다른 곳에 있습니다. 우리는 죽기를 두려워하고 있습니다." 그는 미군들에 관해서 이야기한 것이 아니었다. (많은 미군들이 이미 최고의 희생을 치렀다.) 그는 미국이라는 한 나라에 관해서 말하고 있었다.

우리는 너무나도 풍요로워서 이 세상 자체가 우리에게 낙원이 되어버렸기 때문에 죽기를 두려워하고 있는 것이다.

우리는 우리가 가진 부를 너무나도 사랑하기 때문에 그것이 사라지는 것을 견딜 수가 없다.

내 친구

그러나 죽음은 언젠가 우리 모두에게 찾아올 것이다. 그리고 우리들 중 어떤 이들에게는 죽음이 예상보다 일찍 찾아올 것이다. 나의 친구 테리 플래트는 자신이 백혈병이라는 진단을 받았을 때 이제 자기 앞에 힘겨운 싸움이 기다리고 있음을 알았다. 그는 여러 가지 심한 질병을 일으켰던 세 차례의 극도로 고통스러운 항암치료를 견뎌 냈다. 그는 (여덟 번 중의) 네 번째 치료를 받던 중 병원에서 숨졌다. 그는 가스펠 라이트 [Gospel Light, 미국의 기독교출판사—역자]에서 일해서 자주 출장을 다녔지만, 주일에 오크 파크에 머물 때에는 언제나 그의 아내 바브와 함께 예배당의 동쪽 편 중앙부 출입문 근처의 의

자에 앉았다. 예배가 끝나면 나는 그가 있는 쪽으로 가서 그와 함께 담소를 나누곤 했다.

테리는 언제나 농담이나 재미있는 이야기를 들려주었고, 항상 얼굴에 미소를 띠고 있었다. 나의 아내 말린과 내가 성탄 전야 예배를 드리기 위해 들어가다가 우리는 테리와 바브를 발견했다. "자네 목소리를 들었던 것 같아." 그는 웃으며 말했다. 그런 다음 심각하게 "의사들이 그러는데 이제 살 날이 1년도 안 남았다는군." 하고 말했다.

항암치료를 받는 동안 그는 이루 말할 수 없는 극심한 고통을 수없이 겪었다. 하지만 그는 한번도 불평하지 않았다. 그는 의사에게 "이제 천국에서 아주 오래오래 살게 될 테니까 가능한 한 오래 살고 싶어요." 하고 말하곤 했다. 의사가 그에게 천국에 가게 될지 어떻게 아냐고 물어오면, 그는 웃으며 "자, 이제 걸려 들었군요." 하고 말했다. 그리고는 그리스도에 대한 자신의 신앙을 전하기 시작했다.

요한복음 14:6의 사역(私譯)

부활절 아침 첫 예배가 시작하기 전에 나는 교회 사무실에서 병원에 있는 그에게 전화를 걸었다. 전화를 받는 그의 목소리에는 힘이 없었다. 그러나 내 전화였다는 것을 알아차리자 바로 "주께서 부활하셨습니다! 정말 주께서 부활하셨습니다!" ["He is risen! He is risen indeed!"- 부활절 예배 중에 나누는 고백의 인사말-역자] 하고 말했다. 그는 주님에 대한 믿음과 소망으로 충만해 있었다. 전화를 끊기 전에 테리는 그리스어 원문을 공부하고 나서 자신이 직접 번역한 요한복음 14장 6

절 말씀을 나에게 들려주었다. 그는 결국 그의 마지막 이메일이 된 편지에 이렇게 적어 보냈다.

레이에게,

퇴원해서 집으로 온 지 며칠 되었네. 올해가 벌써 1/3 지났다는 게 믿기지 않는군. 몇 주전 예배를 드릴 때 너무나도 큰 은혜를 받았네. 자네 설교를 들으면서 자네가 요한복음 14장 6절의 확장판을 원할지도 모른다는 생각이 들었네. 내가 성경대학에 다닐 때 그리스어 공부를 하면서 했던 사역일세.

"예수 그리스도께서 직접 말씀하시길, '내가 그 길이다. 다시 말해서 내가 유일한 길이다. 나는 진리이다. 다시 말해서 내가 유일한 진리이다. 나는 생명이다. 다시 말해서 내가 유일한 생명이다. 나를 통해서 가지 않는다면 그 누구도 아버지께서 계신 곳으로 가는 것이 절대로 불가능하다.'" 이렇게 번역하니 한결 분명해지는군!

2004년 4월 24일

하나님께 감사 드리자. 천국에는 항암치료도, 암도, 병원도 없다. 천국의 언덕에는 무덤도 없다. 테리에게 최악의 상황은 이제 끝났다. 이제 영원의 밝은 태양이 그의 얼굴에서 빛난다. 저 높은 곳 어딘가에서 그는 이야기를 들려주며, 웃고, 노래하고, 찬양하고 있으리라. 만약 그가 우리에게 말할 수 있다면, 아마 그는 "내 걱정은 말게. 아주 잘 지내고 있어. 이제 우리 곧 만나세."라고 말했을 것이다.

소망이 있는가?

나는 메리 조 린치의 말에 동의한다. 지금은 최고의 때인 동시에 최악의 때이다. 인류 역사의 초절정을 향해 나아가고 있는 지금, 신자들이 처한 상황은 더 나아지는 동시에 더 나빠지게 될 것이라고 나는 생각한다. 예수께서 언제 재림하실지 나는 모른다고 분명히 말해 두겠다. 나는 알 수 없다. 그리고 날짜를 정하지도 않을 것이다. 나는 그분께서 곧 오시기를 바란다. 그분께서는 오늘 오실지도 모른다. 내가 아는 것은 바로 이것이다.

모든 것이 하나님의 계획 속에서 준비되었을 때 예수께서 재림하실 것이다. 그보다 1분 빠르게도 아니고, 그보다 1초 늦게도 아닌 시간에.

나팔이 울리고 그리스도 안에서 죽은 자들이 일어나고 그들과 더불어 우리가 들려 공중에서 주의 얼굴을 뵙게 될 그날이 얼마나 가까이 와 있을까? 어쩌면 아주 가까울지도 모른다. 분명히 우리가 생각하고 있는 것보다는 더 가까울 것이다.

예수 그리스도를 아는 이들에게 이것은 엄청난 희망이다. 만약 그분께서 오늘 오신다면, 우리는 승리할 것이다. 만약 그분께서 50년 후에 오신다면, 우리는 승리할 것이다. 그분께서 천 년 후에 오신다면, 우리는 승리할 것이다. 지금은 위대한 때이다. 모든 인류 역사에 있어서 가장 위대한 때이다. 생각해 보라. 우리가 예수 그리스도의 재림을 보게 되는 특권을 얻은 세대가 된다면 이것은 지극히 당연한 일일 것이다. 정말 지금이 마지막 세대라면, 당신이 할 수 있는 가장 현명한 선택은 당신의 삶을 백 퍼센트 예수 그리스도께 드리는 것이다. 그분을 온전히 신뢰하라. 그러면 그분께서 오늘 오시든, 내일 오시든, 다음 주에 오시든, 백 년 후에 오시든, 당신은 결코 후회하는 일이 없을 것이다. 그분께서 다시 오셨을 때 기뻐하며 그분을 뵐 수 있을 것이다.

생각해 볼 문제들

✝ 지금은 최고의 때인가, 최악의 때인가? 어떤 점에 그렇다고 생각하는가? 이것은 당신의 삶과 어떤 관계가 있는가?

✝ 예수께서 산 자와 죽은 자를 심판하기 위해 이 땅에 다시 오실 것이라는 사실에 대해 당신은 어떻게 반응하는가? 이것은 당신에게 어떤 의미인가?

✝ 왜 예수 그리스도께서는 이 땅에 다시 오실 날을 이토록 오랫동안 기다리고 계시는 것일까? 데살로니가전서 4장과 베드로후서 3장의 말씀이 참이라고 생각되는가? 이 말씀에 대한 당신의 개인적인 반응은 무엇인가? 그것이 언제이든, 당신의 하나님의 심판을 받을 준비가 되었는가? 왜 그런가, 혹은 왜 그렇지 않은가?

14
우리 가까이에 오신 하나님
: "성령을 믿사오며"

> 명절의 가장 중요한 날인 마지막 날에, 예수께서 일어서서, 큰 소리로 말씀하셨다.
> "목마른 사람은 다 나에게로 와서 마셔라. 나를 믿는 사람은, 성경이 말한 바와 같이,
> 그의 배에서 생수가 강물처럼 흘러나올 것이다." 이것은, 예수를 믿은 사람이 받게
> 될 성령을 가리켜서 하신 말씀이다. 예수께서 아직 영광을 받지 않으셨으므로,
> 성령이 아직 사람들에게 오시지 않았다.
>
> | 요한복음 7:37-39 |

이때는 극적인 순간이었다. 한 해의 마지막 명절인 초막절의 가장 중요한 마지막 날이었다. 초막절은 대개 마지막 추수를 끝내는 때인 10월 초에 지켜졌고, 큰 축제가 열렸다. 유대인들은 장막이나 종려나무 가지와 잎, 줄기 등으로 만든 초막에서 7일을 지냈다. 이것은 선조들이 광야에서 보낸 40년의 시간을 기억하는 그들만의 방식이었다. 광야 생활은 길고도 힘든 시간이었다. 약속된 땅으로 들어가기를 기다리다가 한 세대 전체가 죽음을 맞았다.

왜 이 힘든 기간을 기념하는 것일까? 그것은 하나님께서 매일같

이 만나와 메추라기로 먹이셨기 때문이다. 그들은 모래와 따가운 볕, 파리밖에 없는 황량한 사막에서 지내야 했지만, 하나님께서는 결코 그들을 저버리지 않으셨다. 하나님께서는 사막에서 상을 베푸시고 40년간 그들을 먹이셨다. 그래서 유대인들은 해마다 예루살렘에 와 7일 동안 장막에 머물며 하나님의 선하심을 기념하는 것이다.

그러나 하나님께서는 광야에서 그들에게 먹을 것만 주신 것이 아니라 물도 주셨다. 백성들이 목말라 죽게 하려고 광야로 데리고 온 것이냐고 모세를 비난했을 때, 주께서는 모세에게 홍해를 가를 때 사용했던 그 지팡이로 바위를 치라고 말씀하셨다. 모세가 그렇게 했더니 물이 터져 나와 모든 이들이 충분히 먹고 남을 정도였다. 이것은 엄청난 기적이었다. 이스라엘 백성은 하나님을 향해 불평했지만, 하나님께서는 그들에게 필요한 것으로 채워 주셨다.

초막절 기간 동안 제사장은 실로암 연못으로 갔다. 그곳에서 그는 금 항아리에 물을 채워서 성전으로 가지고 돌아왔다. 제사장이 길어온 물을 번제단의 서쪽 편에 부을 때, 287명의 반주자와 4천 명의 찬양대가 사람들과 더불어 시편 118편을 노래했다. "주님께 감사하여라. 그는 선하시며, 그의 인자하심이 영원하다!" 제사장은 이러한 의식을 7일 동안 매일 반복했고, 그때마다 사람들은 기쁨으로 환호했다. 여덟째 날은 그 해의 마지막 축제일이다. 그날에도 경건한 집회가 있지만, 제사장은 물을 길러 실로암 연못에 가지 않았다.

이날, 즉 물이 없는 축제의 가장 위대한 날에, 예수께서 일어나셔서 성전을 가득 메운 무리를 향하여 말씀하셨다. 그분께서 일어나셨다는 바로 그 사실이 사람들의 주목을 끌기에 충분했다. 왜냐하면 유대교 랍비들은 보통 앉아서 가르쳤기 때문이다. 물이 없던 바로 그날에 예수께서는 "목마른 사람은 다 나에게로 와서 마셔라." 하고 말씀하셨다. 유대인들은 그분의 말씀이 무엇을 뜻하는지를 바로 이해했다. 그 순간 예수께서 하신 말씀은, "내가 곧 광야에서 물을 낸 바위이다. 나에게로 와서 나를 믿어라. 그리하면 내가 너희에게 하늘로부터 오는 생수를 줄 것이다."라는 뜻이었다.

여전히 그분의 말씀은 목마른 세상에 소망의 메시지를 던져 준다.

목마르기 때문에 우리는 그리스도께 나아간다

목이 마르면, 우리는 냉장고로 가서 물이나 우유, 아이스 티, 청량음료 같은 것을 꺼내 마신다. 혹은 수도꼭지를 튼다. 만약 수도꼭지를 잠그지 않는다면, 하루 종일 물이 나올 것이다. 우리들 대부분은 진정한 목마름을 경험하지 못한다. 우리는 사람이 아무것도 안 먹어도 몇 주 동안은 살 수 있지만, 물이 없으면 며칠밖에 살지 못한다는 것을 알고 있다. 일단 갈증을 느끼기 시작하면 그것은 성난 악마가 된다. 갈증이 당신을 지배하게 되면, 당신은 물 몇 방울을 먹기 위해서 무슨 짓이라도, 이를테면 거짓말이나 속임수, 도둑질이라도 하려고 할 것이다.

우리 모두의 안에는 이 세상의 그 어떤 것으로도 채울 수 없는 목마름이 있다.

우리에게는 오직 하나님께서만이 채우실 수 있는 그분께서 만들어 놓으신 텅 빈 공간이 있다. 어떤 이들은 성적인 만족감을 갈망하여 계속해서 만나는 상대를 바꾸곤 한다. 어떤 이들은 계속해서 직업을 바꾸기도 한다. 어떤 이들은 배우자를 바꾸어 보기도 한다. 그러나 여전히 행복하지 않다. 아드레날린 정키[adrenaline junkies, 극단적인 운동을 즐기는 사람들 - 역자]들은 내적인 충동을 만족시키기 위해서 언제나 새로운 모험을 찾아 나선다. 어떤 이들은 지위를 갈망하고, 어떤 이들은 권력을 갈망하며, 또 어떤 이들은 마음속의 그 공허한 부분을 채우기 위해서 명예나 건강을 갈망한다.

우리는 목마르기 때문에 그리스도께 나아간다. 그리고 우리의 필요를 깨닫고 그분께 도움을 구하지 못한다면, 우리는 결코 그분께 나아갈 수 없을 것이다.

예수께서 말씀하신 대로, 아픈 사람만이 의사를 필요로 한다. 그분께서는 배고픈 이들만 먹이실 것이고, 잃어버린 이들만 찾으실 것이다. 그리고 오직 목마른 이들만이 생수를 마시게 될 것이다.

그리스도께 나아갈 때, 우리의 갈증이 해소된다

구원을 받는 것은 얼마나 간단한가! 그것은 마치 뜨거운 날 차가운 물 한 잔을 마시는 것과 같다. 예수께서 사용하신 동사들에 주목해 보라. "와서 마셔라… 믿는." 예수께서는 모든 이들이 이 복된 소식을 이해할 수 있도록 아주 쉬운 말을 사용하셨다.

> 구원을 받는 것은 얼마나 간단한가!
> 그것은 마치 뜨거운 날 차가운 물 한 잔을 마시는 것과 같다.

얼마 전에 나는 캔자스에 있는 베니라는 수감자로부터 편지를 한 통 받았다. 그는 나의 책 『믿음의 항해』(*An Anchor for the Soul*, 두란노 역간)를 읽게 되었다고 했다. 여기에 그의 편지를 그대로 인용한다.

안녕하세요. 레이 목사님.
우선, 하나님께서 당신에게 복 주시기를 기도합니다. 이 편지를 받으실 때 건강하시길 기도합니다. 목사님, 이제 막 목사님 책을 다 읽었습니다. 너무나도 많은 은혜를 받았습니다. 지금까지 제 삶은 그야말로 엉망이었습니다. 하지만 제 아내와 아이들은 언제나 구원 받은 '하나님의 사람들'이었습니다. 저는 항상 망가진 아버지, 남편이었습니다. 저는 지금 마약으로 수감 중이며 58개월을 더 복역해야 합니다. 하지만 목사님의 책을 읽은 후 저는 주 예수를 제 삶에 모시겠다고 기도했습니다. 무슨 일이 일어난 것인지 저는 모르겠습니다. 하지만 분명히 좋은 일이었다는 것은 알고 있습니다. 이 모든 것에 대해 목사님께 감사 드립니다. 제가 그리스도를 더 알아갈 수 있도록 도와주시기를 바랍니다. 레이 목사님, 꼭 답장해 주십시오.
감사합니다.

베니 드림

이것은 생수를 발견한 사람의 말이다. 그는 이것을 어떻게 설명해야 할지 아직 잘 모르는 것일 뿐이다.

나는 내가 섬기고 있는 교회를 몇 개월째 다니고 있는 한 남자로부터 이메일을 한 통 받았다.

> 레이 목사님,
>
> 오늘 저는 갈보리교회가 어떻게 제 삶을 바꾸어 놓았는지 목사님께 말씀 드리고 싶어서 편지를 씁니다. 거의 2년 전쯤 어느 주일 아침에 저도 모르게 갈보리교회에 한번 가 봐야겠다는 생각이 들었습니다. 교회에서 보고 들은 것이 마음에 들었고 비교적 꼬박꼬박 출석했습니다.
>
> 그런데 작년 가을 무렵에 제 삶에 무언가 특별한 변화가 일어났습니다. 그때 저는 예수 그리스도와 인격적인 관계를 맺기 시작했습니다. 갑자기 물질적인 것들이 중요하지 않게 느껴졌고, 전에는 한번도 경험하지 못했던 내적인 평화를 누리게 되었습니다.
>
> 그후로 저는 매주일 예배에 참석하게 되었고, 새신자 세미나에서 목사님께서 권면하신 대로 성경공부 모임에 참가하게 되었고 그곳에서 새로운 친구들도 만나고 많은 새로운 것들을 배우게 되었습니다. 어떻게 이 모든 일들이 일어나게 된 것인지 설명할 수는 없습니다. 하지만 이 모든 것에 대해 너무나도 감사하고 있습니다.

"어떻게 이 모든 일이 일어나게 된 것인지 설명할 수는 없습니다." 베니가 했던 말과 너무나도 비슷하게 들린다. "무슨 일이 일어난 것인지 저는 모르겠습니다. 하지만 분명히 좋은 일이었다는 것은 알고 있습니다." 그렇다. 교도소 안에 있든지 바깥에 있든지 그것은 중요하지 않다. 왜냐하면 그리스도를 떠나서는 우리 모두 같은 처지에 놓여 있기 때문이다. 우리 모두 주리고 목 말라 하고 있으며, 우리가 찾을 수 없는 어떤 것을 필사적으로 찾고 있다. 그러다 어느 날엔가 예수를 만나 갑자기 모든 것이 바뀌게 된다.

참된 회심의 표지는 바로 이것이다. 즉, 예수에 의해 우리가 완전히 새로워지는 것이며, 우리는 그것을 알 수 있다.

이것이 바로 "그의 배에서 생수가 강물처럼 흘러나올 것이다."라는 말이 담고 있는 의미이다. 그리스어로 '배에서'라는 말은 '내면의 가장 깊은 곳, 곧 감정의 장소로부터'라는 뜻을 가지고 있다. 예수를 만남으로 인해서 우리의 내면 깊은 곳으로부터 변화가 일어나게 된다는 말이다.

예수께 나아갈 때 당신은 회심을 하게 되고 완벽하게 설명할 수 없는 무언가가 당신에게 일어나게 된다.

참된 회심은 기도문을 외우거나 손을 드는 것에 그치지 않는다. 참된 회심은 전능하신 하나님께서 당신의 삶 속으로 들어오셔서 당신의 깊은 곳에 함께 거하시는 것이다. 하나님께서 오직 그분만이 하실 수 있는 어떤 것을 당신을 위해서 행하셨다는 것을 알 수 있을 때, 비로소 당신은 '나는 회심했다.'라고 말할 수 있다. 참된 회심은 종교를 넘어선다. 그렇기 때문에 자신의 선한 행위에 의존하려고 하는 종교적인 사람들이 회심을 경험하지 못하는 경우가 많다. 이런 종교적인 사람들은 교회에 다니고 예배를 드리는 것처럼 보인다. 심지어 기도도 하고 옳은 말은 다 하는 것처럼 보일지도 모른다. 그러나 그들은, 마음은 뜨겁고 바싹 말라 있어서 황폐하고 공허한 사막과도 같다.

> 종교적인 사람들은 교회에 다니고 예배를 드리는 것처럼 보인다.
> 심지어 기도도 하고 옳은 말은 다 하는 것처럼 보일지도 모른다.
> 그러나 그들은, 마음은 뜨겁고 바싹 말라 있어서
> 황폐하고 공허한 사막과도 같다.

그러나 예수께서 들어오시면, 생수가 흘러나온다. 그리고 이 생수는 계속해서 흘러나올 것이다.

우리의 갈증이 해소되면, 생수는 우리에게서 다른 이들에게로 흘러간다

하나님께로부터 나온 생수는 우리 안으로 흘러 들어온다. 그런 다음 우리 안의 깊은 곳에서 생수의 강은 다른 이들을 위해 흘러 나온다. 생수의 강이라는 개념은 구약 성경의 여러 곳에서 발견된다. 예를 들면, 이사야 44장 3절은 "내가 메마른 땅에 물을 주고 마른 땅에 시내가 흐르게 하듯이, 네 자손에게 내 영을 부어 주고, 네 후손에게 나의 복을 내리겠다."라고 말하고 있다. 요한복음 7장 39절에서 예수께서는 이 생수는 곧 성령이라고 말씀하셨다. 이 말씀은 사도신경 속의 "성령을 믿사오며"라는 구절과 연결된다. 성령께서는 우리에게 하나님을 보내 주신다. 예수께서 이 땅에 계셨을 때, 그분의 이름은 임마누엘, 즉 '하나님께서 우리와 함께 계신다.' 였다. 예수께서 하늘로 돌아가신 후에 성령께서 오셨으며 하나님께서 우리와 함께 계시도록 하셨다. 우리가 예수를 믿는 순간, 성령께서 생명의 샘을 여시고 생수의 강이 우리 안에서 흘러 넘치게 하신다.

> 이 [하나님의 은총의] 샘은 결코 마르지 않으며, 하나님께서 주시는 은혜와 진리로 가득 차 있다. 우리가 아무리 퍼내어도 이 샘은 결코 없어지지 않으며 모든 은혜와 진리의 무한한 원천으로 영원히 남아 있을 것이다. 이 샘은 우리가 더 많이 퍼낼수록 더 많은 영원한 생명의 물을 우리에게 줄 것이다. … 지식이 많은 한 사람이 수많은 다른 이들을 가르칠 수 있는 것처럼, 그가 더 많이 줄수록 더 많이 가지게 되는 것처럼, 모든 은혜의 무한한 원천이신 우리의 주 그리스도께서도 그러하시다. 만약 온 세상이 이 샘에서 은혜와 진리를 너무 많이 길어서 모든 세상의 사람들이 천사가 된다고 할지라도, 이 샘은 한 방울도 잃지 않을 것이다. 은혜가 가득한 이 샘은 언제나 흘러 넘칠 것이다.
>
> 마르틴 루터

하나님께서는 그냥 쌓아 두라고 복을 주신 것이 결코 아니다. 그분께서는 우리에게 그것을 나눌 수 있도록 복을 주신 것이다.

성령께서는 우리가 다른 이들에게 하나님을 전할 수 있도록 우리에게 하나님을 보내 주셨다.

참된 그리스도인은 자기중심적일 수가 없다. 그는 "나는 너무나도 많은 복을 받았어. 하나님께서 나에게 베푸신 것을 다른 이들에게도 나누어 주어야 해. 나 혼자만 누릴 수는 없어."라고 말한다. 우리는 하나님께서 우리에게 주신 것을 다른 이들에게 나누어 주어야만 한다. 만약 그것이 돈이라면 그것은 우리의 것이 아니다. 만약 그것이 우리의 시간이라면, 그 모두는 하나님의 것이다. 만약 그것이 우리가 가지고 있는 어떤 것이라면, 우리는 그것을 나누어 주어야 한다. 그것은 사실 우리의 소유가 아니라, 하나님께서 그 모든 것을 소유하셨기 때문이다. 만약 그것이 남을 도울 수 있는 힘이라면, 우리는 남을 도와야 한다. 하나님께서 먼저 우리에게 오셔서 우리를 도우셨기 때문이다.

위대한 황금률

이러한 원리의 이면에는, 내가 '위대한 황금률'이라는 이름을 붙인 진리가 있다. "하나님께서 당신에게 행하신 대로 다른 이들에게 행하라." 하나님께서 당신을 한없이 사랑하셨는가? 그렇다면 당신도 다른 이들을 사랑하라. 하나님께서 당신에게 자비를 베푸셨는가? 그렇다면 당신도 다른 이들에게 자비를 베풀라. 하나님께서 당신에게 은총을 베푸셨는가? 그렇다면 당신도 다른 이들에게 은총을 베풀라. 하나님께서 당신을 용서하셨는가? 그렇다면 당신도 다른 이들을 용서하라. 목마른 영혼에게 생수의 강이 되어 보라. 요한복음 7장 38절 말씀에서 '강'은 복수라는 점을 명심하라. 많은 생수의 강들이 우리에게서 흘러나올 것이다. 이것은 나일 강과 도나우 강, 아마존 강, 미시시피 강, 갠지스 강, 그밖에 세계에 있는 모든 큰 강을 더한 것보다 더 크다. 다함없는 생수의 강이다.

> 하나님께서 당신에게 행하신 대로 다른 이들에게 행하라.

오늘날 우리에게는 그 어느 때보다 절실하게 성령이 필요하다. 초기 종교개혁자들은 이런 표어를 제창했다. "개혁된, 그러나 언제나 개혁하는." 개혁을 완성한 교회는 한번도 없었다. 우리는 언제나 주님과 함께하는 여정 위에 있다. 모든 교회에는 잘못과 결점, 약점이 있다. 모든 교회는 성령에 의해서 끊임없이 개혁되어야 할 필요가 있다. 거의 20년 전에 나는 댈러스신학교(Dallas Theological Seminary)의 졸업식에서 버넌 맥기(J. Vernon McGee)가 했던 연설을 기억한다. 그 당시 그는 80대였다. 몇 년 후에 그는 하나님의 부르심을 받았다. 나는 단 한 문장 말고는 그날 그가 했던 말을 전부 잊어버렸다. 그는 만약 자신이 다시 젊어져서 사역을 다시 시작할 수 있다면, 한 가지를 다르게 하겠다고 말했다. 그는 성령에 대해 더 많이 설교하겠다고 말했다. 왜냐하면 교회에 성령이 절실하게 필요하기 때문이라는 것이다.

성령께서 우리를 새로운 길로 인도하실 필요가 있다. 왜냐하면 하나님께서는 언제나 더 많이 경험할 것들이 있으시기 때문이다. 에베소서 3장 19절에서 바울은 자신의 편지를 읽는 이들이 "하나님의 온갖 충만하심으로 충만하여지기를" 바란다고 기도했다. '충만'이라는 말은 무언가에 의해 압도된다는 생각을 담고 있다. 만약 당신이 분노에 충만하면, 분노가 당신의 삶을 압도할 것이다. 만약 당신이 사랑으로 충만하다면, 사랑이 당신의 삶을 지배할 것이다. 만약 당신이 기쁨으로 충만하면, 기쁨이 당신의 모든 삶 속에 침투할 것이다. 그리고 당신이 하나님으로 충만해질 때, 하나님께서 직접 당신의 삶을 다스리시게 될 것이다. 그럴 때에 하나님께서 당신의 삶 속에 임하시고 당신의 인격이 온전히 변화될 것이다.

이 진리를 회피하지 말라. 하나님께서는 우리가 충만해질 때까지 우리 안에 그분의 생명을 쏟아 부으시기를 원하신다. 이러한 기도는 이생에서 완전한 응답을 받지는 못할 것이다. 영원히 우리는 "하나님의 충만하심"을 점점 더 많이 경험하게 될 것이다. 하나님의 충만하심은 그야말로 무한하기 때문이다.

성령의 사역은, 끊임없이 우리로 하여금 하나님의 충만하심을 더 깊이 더 풍성하게 경험하도록 하는 것이다. 우리가 기쁘게 그분께 마음을 열 때, 성령께서는 우리가 하나님의 충만하심을 더 많이 누릴 수 있도록 해 주신다.

생각해 볼 문제들

✝ 당신은 매일매일 삶 속에서 어떤 종류의 목마름이 있는가? 그리스도께서 당신 안에 생수의 강을 흐르게 하셨는가? 만약 그렇다면, 어떻게 그런 일이 일어났는가? 만약 그렇지 않다면, 그분께서 당신을 위해 이렇게 해 주시기를 원하는가?

✝ 예수께서 당신 안에 넣어 주신 생수의 강은 당신을 통해 다른 이들에게로 흐르고 있는가? 만약 그렇다면, 어떻게 그러한가? 만약 그렇지 않다면, 그 이유는 무엇인가?

✝ 바울이 에베소의 그리스도인들이 "하나님의 온갖 충만하심으로 충만해지기를" 기도했을 때, 그것은 무엇을 의미한다고 생각하는가?

15
하나님의 대가족
: "거룩한 공회와"

[예수께서 말씀하시기를,]
나는 이 반석 위에다가 내 교회를 세우겠다.
죽음의 문들이 그것을 이기지 못할 것이다.
| 마태복음 16:18 |

사도신경에서는 "거룩한 공회"를 믿는다고 말하고 있다. 오늘날 모든 이들이 사도신경에 동의하는 것은 아니다. 사람들은 말하기를, "나는 하나님을 믿습니다. 하지만 교회는 믿지 않습니다." "저는 영적인 사람입니다. 그러나 종교적인 사람은 아닙니다. 그래서 교회는 안 다닙니다." "교회는 위선자들로 가득 차 있어요." "골프장에서도 하나님께 예배할 수 있는 거잖아요." "저는 제 방식대로 믿고 있습니다. 굳이 교회에 가서 다른 사람이 저에게 어떻게 믿으라고 하는 소리를 듣고 있을 필요가 없다고 생각해요."

(특히 로마 가톨릭 신자가 아닌)어떤 이들은 사도신경이 이 부분에 문제가 있다고 생각한다. 그들은 '가톨릭'[영어로 '거룩한 공회'는 'the holy catholic church'이다. 물론 여기서 catholic이라는 말은 로마 가톨릭이라는 종파를 가리키는 것이 아니라 '보편 교회', '공교회'라는 뜻을 가지고 있다.-역자]이라는 말 때문에 난처해 한다. 마치 해서는 안 되는 말을 하는 것처럼 뭔가 알 수 없는 불편함을 느끼기 때문이다. 섬기고 있는 교회에서 사도신경의 이 구절에 대해서 설교했을 때, 그 어느 때보다 많은 질문을 받았다. 왜 우리는 이 구절을 외우는가? 그리고 이 구절은 어떤 의미를 가지고 있는가?

교회라는 말은, 예수 그리스도를 따르는 삶을 살도록 하나님께서 세상으로부터 불러 모으신 이들을 가리킨다.

> 교회라는 말은, 예수 그리스도를 따르는 삶을 살도록
> 하나님께서 세상으로부터 불러 모으신 이들을 가리킨다.

교회는 건물이 아니다. 내가 섬기는 교회는 일리노이 주의 오크파크제일장로교회(First Presbyterian Church of Oak Park)로 1901년에 지어진 역사적인 예배당에서 모인다. 그러나 그 건물이 아무리 아름답다고 할지라도, 건물은 교회가 아니며 결코 교회가 될 수 없다. 건물이 돌로 지었더라도 돌은 죽은 것이다. 그러나 예수께서 세우신 교회는 "살아 있는 돌"(벧전 2:5)로 만들어졌다. 신약성경에서 교회라는 말은 결코 건물을 지칭하지 않는다. 그것은 언제나 사람들을 가리키는 말이었다.

그렇다면 사도신경에서 "거룩한 공회"를 믿는다고 하는 것은 무슨 뜻일까? 이 구절 이전의 사도신경에 있는 모든 것들은 보이지 않는 것이나 역사적으로도 아주 오래 전에 일어난 일에 관한 것이었다. 사도신경이 "전능하신 하나님 아버지"에 대해 말할 때, 우리는 눈으로 그분을 볼 수 없다는 것을 알고 있다. 성령 또한 마찬가지이다. 예수 그리스도에 관해서 말할 때, 우리는 2천 년 전에 이 땅 위를 걸으셨던 그분에 대한 우리의 믿음을 선포한다. 그러나 '공회' (즉, 교회)를 믿는다고 말할 때 우리는 지금까지와는 전혀 다른 고백을 하고 있는 것이다. 이 구절을 통해서 사도신경은, 우리를 21세기를 살아가고 있는 우리의 삶 한 가운데로 들어가게 만든다. 이제 우리는 너무도 자주 신뢰할 만한 가치가 없는 것처럼 보이는 이 단체에 대한 우리의 신앙을 고백하라는 요구를 받고 있는 것이다.

역사적 기록을 보아도 그렇다. 사람들은 예수 그리스도의 이름으로 무자비하게 서로를 살육한 경우가 많다. 오늘날에도 존경 받던 기독교 지도자들이 부도덕과 탐욕의 늪에 빠지는 것을 볼 수 있다. 가톨릭 사제의 성폭력으로 인한 추문은 교회의 명예를 더럽혔다. (이것은 단지 로마 가톨릭 교회에만 해당되는 것이 아니라, 교회라는 제도 자체에 영향을 미치고 있는 말이다.) 신자와 불신자를 포함해서 많은 이들이 교회에 대해 회의적인 시선을 보내고 있다. 전체 사회가 교회에 도덕적, 영적 지도력을 기대했던 시절이 있었다. (좋건 싫건) 그런 날은 오래 전에 지나가 버렸다.

당신이 어렸을 때 깍지 낀 손을 아래로 모으고 "여기 교회가 있고, 첨탑이 있다. 문을 열고 거기 모인 사람들을 봐."라고 말했던 기억이 있을지 모른다. 그것이 교회의 문제이자 도전이며, 축복이자 소망이다. 바로, 사람들이다. 모든 교회에는 이런 사람들이 있다.

- 논쟁하기 좋아하는 사람

- 탐욕스러운 사람

- 비이성적 사람

- 불친절한 사람

- 아무 생각 없는 사람

- 비판적인 사람

- 성미 급한 사람

우리는 모두 하나님의 은총이 필요한 죄인들이다. 우리가 교회 안에 있는 다른 모든 사람에 대한 진실을 있는 그대로 다 알고 있다면, 그리고 그들이 우리에 대한 진실을 있는 그대로 다 알고 있다면, 우리는 모두 소리 지르며 예배당 밖으로 뛰쳐나갈 것이다.

그러나 만약 사람들이 문제라면, 동시에 사람들이 교회의 소망이기도 하다.

사람들이 없다면 교회가 존재할 수 없다. 사도신경은 우리의 잘못된 생각과 절망을 일단 제쳐 두고 "나는 진실로 교회를 믿습니다."라고 말하라고 우리에게 도전하고 있다. 우리는 교회가 하나님 때문에 존재한다는 것을 인정해야 한다. 잘못을 저지르기 쉬운 사람들로 가득 차 있어서 너무나도 자주 실패하는 너무나도 인간적인 이 단체가, 하나님 때문에 여전히 신뢰할 만하다는 것을 우리는 인정할 필요가 있다. 그분께서 교회를 시작하셨으며, 교회는 그분께 속한 것이다. 이것은 놀랍고, 심지어는 반문화적인 주장이다. 그러나 동시에 전적으로 성경적인 주장이다.

교회의 모든 분열에도 불구하고, 그 모든 약점과 명백한 결점에도 불구하고, 교회는 사탄의 요새를 공격하여 승리하고 사망의 어두운 성채에 갇혀 있는 영혼을 구해 내도록 하나님께서 택하신 유일한 단체이다.

David L. Larsen, Caring for the Flock

나는 많은 사람들이 교회에 대해 회의적인 생각을 가지게 되었음을 알고 있다. 어떤 이들은 아무 생각 없고 심지어 잔인하기까지 한 교인들 때문에 깊은 상처를 입기도 했다. 그러나 우리는 다른 이들의 어리석은 행동 때문에 그리스도인들이 수 세기에 걸쳐 고백했던 말, 즉 "나는 교회를 믿습니다."를 인정할 수 없다고 말해서는 안 된다.

역사적으로 교회를 묘사하는 데 사용된 네 가지 핵심 단어가 있다. 그 중 둘은 사도신경에서 유래했고, 다른 둘은 니케아 신조에서 기원했다.

교회는 하나이다

첫째, 교회는 하나이다. "내 교회를 세우겠다."라고 말씀하셨을 때, 예수께서는 복수가 아닌 단수 명사를 사용하셨다.

오직 하나의 참된 에클레시아(ekklesia), 즉 그리스도를 따르라고 세상으로부터 부르심을 받은 이들의 모임이 존재한다.

교회의 하나 됨은 기독교의 참된 일치의 기초이다. 바울은 에베소서 4장 4-6절에서 그리스도 안에서 우리의 하나 됨에 관해 설명하면서 '하나'라는 말을 일곱 차례나 사용하고 있다. "그리스도의 몸도 하나요, 성령도 하나입니다. 이와 같이 여러분도 부르심을 받았을 때에 그 부르심의 목표인 소망도 하나였습니다. 주님도 한 분이시요, 믿음도 하나요, 세례도 하나요, 하나님도 한 분이십니다. 하나님은 모든 것의 아버지시요, 모든 것 위에 계시고 모든 것을 통하여 계시고 모든 것 안에 계시는 분이십니다."

교회는 예수 그리스도 위에 세워졌기 때문에 하나이다. "아무도 이미 놓은 기초이신 예수 그리스도밖에 또 다른 기초를 놓을 수 없습니다"(고전 3:11). 새뮤얼 스톤(Samuel Stone)은 그가 지은 유명한 찬송가에서 이같이 잘 말해 주고 있다.

> 교회의 참된 터는 우리 주 예수라
> 그 귀한 말씀 위에 이 교회 세웠네
> 주 예수 강림하사 피 흘려 샀으니
> 땅 위의 모든 교회 주님의 신부라
>
> 온 세계 모든 교회 한 몸을 이루어
> 한 주님 섬기면서 한 믿음 가지네
> 한 이름 찬송하고 한 성경 읽으며
> 다 같은 소망 품고 늘 은혜 받도다
>
> [찬송가 242장 "교회의 참된 터는"]

요한복음 17장 21절에서 "그들도 하나가 되어서"라고 기도하실 때, 예수께서는 하늘에 계신 성부와 성자 사이에 존재하는 완벽한 하나 됨을 이 땅의 신자들도 이룰 수 있도록 도와달라고 성부께 간구하셨던 것이다. 우리는 결코 하나 됨을 만들어 낼 수 없다. 하나님께서 그리스도 안에서 이미 하나 됨을 이루어 놓으셨기 때문이다.

우리는 하나님께서 모든 참된 신자들 사이에서 이미 이루어 놓으신 하나 됨을 "힘써 지켜야 한다"(엡 4:3).

이 교리 관해서 이론적으로 이야기하는 것은 쉽지만, 실행에 옮기기는 쉽지 않다.

가톨릭 신자 조

교회의 하나 됨에 관해서 생각하다가, 가톨릭 신자 조가 갑자기 떠올랐다. 그의 진짜 이름은 조 내스트이지만, 교회 직원들 사이에서 그는 가톨릭 신자 조라고 불린다. 조는 내가 교회에 처음 부임했을 때부터 갈보리기념교회 근처에 살고 있는 오랜 친구이다. 조의 나이는 70대 후반이거나 혹은 80대 초반이다(그저 추측일 뿐이다. 그보다 더 나이가 많을지도 모른다). 그는 건강이 그리 좋지 않다. 그러나 바깥에 나와 산책할 수 있을 때면, 나는 으레 교회로 가서 조가 여러 교회를 방문하면서 수집한 자료를 살펴본다.

내가 처음 그를 만났을 때 그는 몇 가지 질문이 적힌 종이 한 장을 나에게 건넸다. 첫 번째 물음은 이런 것이었다. "예수께서는 '내가 교회를 세우겠다.'라고 말씀하셨다. 그러나 개신교인들은 2만 개가 넘는 교파와 종파로 나누어져 있다. 단 하나뿐인 로마 가톨릭교회가 존재하는데, 어떻게 개신교회가 예수께서 세우신 교회일 수 있단 말인가?" 수년 동안 우리는 많은 토론을 했다. 결국 우리는 좋은 친구가 되었고, 끈기 있게 도와준 조 덕분에 가톨릭교회에 관해서 많은 것을 배울 수 있었다.

조가 던진 질문을 처음 읽었을 때 나는 적이 당황스러웠음을 고백한다. 지금은 내가 더 나이가 들었고 조금은 더 현명해졌기 때문에 (혹은 적어도 더 많은 경험을 했기 때문에) 이렇게 대답할 수 있을 것 같다. 비록 가톨릭교회가 하나의 교회인 것처럼 보이지만, 사실 이 교회는 많은 경우에 서로 거의 관계가 없는 수많은 단체들과 분파들을 포괄하는 거대한 우산과 같다. 이 스펙트럼의 한쪽 끝에는 멜 깁슨으로 대표되는 라틴어 미사를 고집하는 강경 보수주의자들이 있다. 다른 한쪽에는 해방신학자들이 있다. 여러 가지 면에서 볼 때, 가톨릭교회도 개신교회들만큼이나 심하게 분열되어 있다. 무엇보다도 교회의 지성과 영혼을 놓고 치열하게 다투고 있는 보수적인 가톨릭교인들과 자유주의적 가톨릭교인들 사이에 큰 분열이 있음은 분명하다.

그러나 이것으로 충분한 대답이 되었다고 생각하지는 않는다. 조가 지적했듯이 정말 개신교인들은 수많은 분파로 분열되어 있다. 이러한 분열에 대해, 주류 교파들은 에큐메니컬 운동을 통해 연합을 위한 노력을 해 왔다. 40년이 넘게 대화를 지속하고 있지만, 이 운동 그 자체로는 보여 줄 만한 성과를 거의 거두지 못했다. 주요한 결과물은 성경적 교리의 중요성을 거의 전적으로 무시하는 것이었다. 그렇지 않고서야 어떻게 침례교인들과 루터교인들, 성공회교인들, 감리교인들이 같은 교회에서 예배 드릴 수 있겠는가? 이처럼 교리에 대한 중요성을 경시함으로써 점점 더 많은 사람들이 함께 모여 점점 더 적은 것을 믿게 되고 결국에는 모든 이들이 아예 아무것도 믿지 않게 될 것이다. 진리를 계속해서 벗겨 내면 사실상 아무것도 남지 않게 된다. 모든 것을 각자 원하는 대로 믿게 한다면, 결국 아무도 옳고 그름을 분별하지 못하게 될 것이다.

미국에서 가장 분열된 도시

그러나 아직 이야기가 끝난 게 아니다. 지금까지 나는 가톨릭교회와 개신교 주류 교단에 대해 이야기했다. 그러므로 아직 복음주의자들, 성경을 믿는 보수적인 그리스도인에 관해서도 할 이야기가 남아 있다. 우리들도 각자 나름의 문제를 가지고 있다. 우리는 함께 일하기를 좋아한다고 말한다. 그리고 우리는 하나 됨을 믿는다고 말한다. 우리는 함께 기도하기를 원한다고 말한다. 우리는 하나님의 나라를 위한 일을 하기 위해서 교회의 자원을 한데 모으는 것은 선한 일이라고 말한다. 그러나 우리는 이런 일을 실행하기보다는 말하기를 좋아한다. 우리는 인종적으로, 경제적으로, 민족적으로, 지리적으로 분열되어 있다. 그리스도의 몸을 연합시키는 것은 정말 엄청난 일이다.

기독교 세계의 엄청난 분열 앞에서 우리는 교회의 하나 됨을 어떻게 바라보아야 할까? 최선의 방법은, 각 개인의 차이에도 불구하고 우리는 여전히 많은 공통점을 가지고 있다는 것을 이해하는 것이다. 우리는 하나님의 말씀인 성경과 삼위일체의 교리, 동정녀 탄생, 우리의 죄를 대속하기 위한 그리스도의 죽음, 그분께서 죽은 자 가운데서 부활하셨다는 것 등에 대한 공통의 믿음을 가지고 있다. 부차적인 교리의 차이를 견지한다고 할지라도 공통으로 믿고 있는 교리가 있다고 말하는 것은 타협이 아니다. 비록 종교개혁자들과 궁극적으로는 신약 성경으로부터 우리에게 전해 내려온, 오직 믿음만으로 의롭게 된다는 위대한 진리는 우리만이 가지고 있다고 주장할 수는 있겠지만, 다른 이들도 여러 가지 점에서 우리와 동일한 믿음을 가지고 있음을 발견할 때 우리는 기뻐하지 않을 수 없다.

그렇다면 교회가 하나라고 말할 때, 우리는 어떤 교회에 관해서 이야기하고 있는가? 우리는 신약 성경이 말하는 교회에 대해 말하고 있다. 즉, 교회는 예수 그리스도를 따르도록 세상으로부터 부르심을 받은 이들의 모임이다. 참된 그리스도의 신자들은 교파에 관계 없이 교회의 참된 구성원이다. 우리는 예수 그리스도를 믿는 믿음을 통해서 하나님 안에서 한 가족이 되었기 때문에 모든 참된 신자들과 그리스도 안에서 교제를 나눌 수 있다. 교회에 다닌다고 해서 모두가 거듭난 것은 아니다.

어떤 이들은 복음을 분명하게 이해하지 못하고 있다. 또 어떤 이들은 은총의 복음 대신 선행의 종교를 더 좋아한다. 그러나 주께서는 그분의 양떼를 아시며, 그분의 양떼는 그분의 음성을 듣고 그분을 따른다(요 10:27, 딤후 2:19).

사람들이 그분을 따르기 시작할 때마다 그리스도께서는 한번에 한 사람씩 그분의 교회를 세워 가신다. 이 교회는 예수께서 2천 년 동안 세워 오신 하나의 교회이다.

> 참된 그리스도의 신자들은 교파에 관계 없이 교회의 참된 구성원이다.
> 우리는 예수 그리스도를 믿는 믿음을 통해서 하나님 안에서
> 한 가족이 되었기 때문에 모든 참된 신자들과
> 그리스도 안에서 교제를 나눌 수 있다.

하나님께는 대가족이 있다. 그리고 만약 당신이 예수를 알고 그분을 당신의 구주로 믿는다면, 당신도 그 가족의 일부이다.

교회는 거룩하다

교회가 거룩하다는 말은 '당신보다는 거룩하다.'는 뜻인 것처럼 보일 수도 있다. 교회가 때때로 하나님의 뜻에 부응하지 못하고 있다는 것은 두말할 나위가 없다. 그리고 우리는 그리스도인들이 끔찍하게 위선적일 수도 있다는 것을 모두 이해하고 있다. 그러나 이것은 문제의 핵심이 아니다.

거룩하다는 말은 "하나님을 위해 구별되었다."는 뜻이다.

하나님께 속한 것은 무엇이든지 하나님과 관련되어 있다는 그 사실 때문에 거룩하다. 우리가 성경을 거룩한 책이라고 부르는 것은 그것이 하나님께로부터 왔기 때문이다. 사람들이 거룩하기 때문에 교회는 거룩하다. 그리고 교회 안의 사람들은 예수 그리스도의 피로 구속을 받음으로써 하나님께 속한 자들이 되었기 때문에 거룩하다. 베드로전서 2장 9절에서는 신자들을 "택하심을 받은 족속이요,

왕과 같은 제사장들이요, 거룩한 민족이요, 하나님의 소유가 된 백성"이라고 말하고 있다. 이 네 구절은 하나님의 은총, 즉 우리에 안에서 일하시는 하나님의 사역으로 인해서 우리가 어떤 존재가 되었는지를 말해 주고 있다. 하나님께서 우리를 구원하셨으며, 우리를 그분의 택하신 족속, 왕 같은 제사장, 거룩한 민족이라고 선언하셨다. 그러나 아직 이야기가 끝나지 않았다. 하나님께서 이같이 말씀하신 것은, 우리를 "어둠에서 불러내어 자기의 놀라운 빛 가운데로 인도하신 분의 업적을" 우리가 선포할 수 있게 하기 위해서였다. 하나님의 거룩한 백성인 우리는 그분께 영광을 돌리기 위해 살아야 한다.

> 교회 안의 사람들은 예수 그리스도의 피로 구속을 받음으로써 하나님께 속한 자들이 되었기 때문에 거룩하다.

거룩하다는 것은 세상의 풍조가 잘못된 방향으로 가고 있으므로 그 풍조를 거슬러 산다는 것을 의미한다. 그것은 물결이 썩고 있는 더러운 웅덩이로 흘러가고 있기 때문에 그 물결을 거슬러 올라간다는 것을 뜻한다. 거룩함은 언제나 어두움의 길을 거부하고 주의 빛 가운데로 걷는다는 말이다.

교회가 참으로 교회될 때, 교회는 세상에서 빛과 소금의 역할을 감당할 것이다.

소금은 자극제인 동시에 방부제라는 것을 기억하라. 만약 교회가 세상을 자극하지 못한다면, 교회는 체스터턴(G. K. Chesterton)이

지적했던 그 일을 제대로 하지 못하고 있는 것이다. "죽은 것도 물결을 따라 헤엄칠 수는 있다. 그러나 오직 살아 있는 것만이 물결을 거슬러 헤엄칠 수 있다." 하나님께서는 우리에게 매일 물결을 거슬러 헤엄치라고 말씀하신다. 또한 하나님께서는 우리에게 그렇게 할 수 있는 힘을 주신다.

교회는 보편적이다

복음주의자들 중에는 사도신경의 "catholic"이라는 말을 로마 가톨릭교회와 관계가 있다고 생각해서 껄끄럽게 생각하는 이들이 있다. 그러나 소문자 c의 가톨릭은 "보편적"이라는 뜻을 가지고 있다. 이 말을 교회에 적용한다면, 복음의 메시지는 세대와 상황을 초월해서 세상의 모든 곳에 있는 모든 사람들을 위한 것이라는 뜻이 된다. 신약 성경의 많은 곳에서 이 점을 강조하고 있다. 마태복음 28장 19절과 마가복음 16장 15절에서 예수께서는 우리에게 모든 민족을 제자로 삼으라고 말씀하셨다. 그분의 이름으로 죄 사함을 받게 하는 회개를 모든 민족에게 전파하라고 하셨다(눅 24:47). 우리는 땅 끝까지 이르러 그리스도의 증인이 되어야 한다(행 1:8). 그러므로 '보편적'이라는 것은, 우리가 가능한 한 많은 사람들이 하나님의 은총으로 우리 주 예수 그리스도를 믿게 되도록 모든 수단을 통해서 많은 곳에서 가능한 한 많은 사람들에게 복음을 전해야 한다는 것을 의미한다. 교회는 복음을 전하는 일에 있어서 '보편적'이어야만 한다.

그러나 또 교회는 그 구성에서도 '보편적'이어야 한다.

우리가 섬기는 교회가 온 세상을 향한 하나님의 말씀을 반영할 수 있기를 우리는 기대하고 이를 위해 기도해야 한다.

1900년 당시 그리스도인들의 80퍼센트가 북미와 유럽에 살고 있었다. 2000년에 이르면서 상황이 완전히 바뀌어 그리스도인의 60퍼센트가 남미와 아프리카, 아시아에 살고 있다. 2050년에 이르면, 비라틴계 백인은 전 세계 기독교회의 20퍼센트에 불과할 것이다. 한국에는 미국보다 네 배나 많은 장로교인들이 있으며, 아프리카에는 영국보다 더 많은 성공회 교인들이 있다. 스코틀랜드에서는 주일에 교회에 가는 사람들이 교인의 10퍼센트에 불과한 반면, 필리핀에서는 교인의 70퍼센트가 매주일 교회에 간다. 모든 나라와 종족으로부터 영혼의 열매를 맺고 있는 이 세대에 그리스도의 지상명령이 성취되고 있는 것이다.

교회는 사도적이다

사도적이라는 것은, 교회가 예수의 사도들이 전한 신앙을 따르고 있다는 뜻이다. 사도행전 2장 42절에서는 오순절에 3천 명의 새로운 신자들이 "사도들의 가르침"에 전념했다고 말하고 있다.

우리가 따르는 것은 사도라는 사람들이 아니다. 우리는 그들의 가르침을 따르는 것이다.

교회는 신약 성경에서 말하는 사도들의 가르침을 따르는 한, 사도적이다. 신약 성경 27권은 우리 신앙의 기초를 형성하는 "사도들의 가르침"의 일부이다. 성경이 "성도에게 단번에 주신 믿음"(유 3)에 관해 말할 때, 이것은 곧 신약 성경이 전하고 있는 가르침을 고수하는 교회가 참된 교회라는 의미이다.

그렇다면, 교회란 무엇인가? 교회는 세상의 풍조를 거스르며, 성경에 기초한 믿음으로 모든 민족에게 복음을 전하는, 전 세계에 있는 예수를 믿는 참된 신자들의 모임이다.

제임스 패커(J. I. Packer)는 교회를 "하나님께서 구속하신 이들의 초자연적인 모임"이라고 불렀다. 이것은 우리에게 어떤 의미를 가지는가? 여기 우리가 생각해 보아야 할 몇 가지 의미들이 있다.

우리는 우리보다 더 큰 어떤 것의 일부이다

하나님께서 교회를 통해서 하고자 하시는 것에 대해 우리가 조금이라도 이해하게 되었다면, 근시안적인 생각이나 개교회 이기주의 같은 것을 완전히 버릴 수 있게 될 것이다. 우리는 때때로 사소한 교회 생활에 얽매여서 마치 우리 교회만 중요하다는 식으로 생각하는 경우가 많다. 그러나 제대로 보자면, 개교회는 전 세계에 퍼져 있는 거대한 하나님의 군대에 속한 아주 작은 기지에 불과하다.

> 우리 교회는 전 세계에 퍼져 있는
> 거대한 하나님의 군대에 속한 아주 작은 기지에 불과하다.

우리에게는 서로가 필요하다

불은 이 세상에서 일하시는 하나님의 사역을 나타내는 상징이다.

성령께서 오실 때, 그분께서는 우리 마음 속에 주를 향한 열정을 불같이 일으키신다. 그런데 아무리 환한 불꽃도 결국에는 꺼져 버린다. 그러나 불이 붙은 장작을 한데 모아 놓으면, 불꽃은 점점 더 환해진다.

하나님께서는 우리가 혼자서 그리스도인의 삶을 살기를 원치 않으신다.

우리는 교회 안에서, 단지 우리가 주일에 출석하는 개교회뿐 아니라 보편 교회 안에서 우리의 형제, 자매들과 하나가 되어 함께 살도록 지음 받았다. 교회 없이 영적인 성장을 이룰 수 있겠는가? 어쩌면 잠깐 동안 그럴 수도 있겠다. 하지만 평생 동안 그럴 수는 없으며, 그러한 일시적인 성장은 하나님께서 원하시는 방식이 아닐 것이다. 우정과 친교, 제자도, 기도, 격려, 도움, 예배, 선교의 협력을 위해서, 그리고 필요하다면 잘못을 바로잡고 방향을 재설정하기 위해서, 우리에게는 서로가 필요하다.

우리에게는 전 세계를 볼 수 있는 눈이 필요하다

교회는 온 세상으로 가서 복음을 전하라는 부르심을 받았다. 그리고 이것은 개교회 혼자서 결코 해낼 수 없는 일이다. 참된 '보편' 교회는 세상의 모든 민족을 향한 마음을 가지고 있다. 얼마 전에 나는 놀라운 이름을 가진 교회를 알게 되었다. 열방교회(The Church of All Nations). 세상의 모든 민족을 향한 마음을 가진 교회, 이 얼마나 아름답고, 성경적이며, 도전적인 이름인가. 어떤 점에서 모든 교회는 열방교회이어야 한다.

우리는 교회가 필요하고, 교회는 우리가 필요하다

우리가 교회 안에서 자신의 자리를 찾을 때 우리는 더 좋고 강한 사람이 될 수 있다. 그리고 우리가 교회 안에 있을 때 교회는 더 좋고 강한 교회가 된다. 우리는 때로 교회를 '신앙의 교제', 혹은 '신자들의 공동체'라고 말한다. 그러나 사람들이 나타나서 함께 모이지 않는다면 교제가 있을 수 없다. 그리고 우리가 서로 교제를 나누겠다고 의도적으로 결단하지 않는다면 공동체가 존재할 수 없다. 초대 교회의 교부 키프리아누스(Cyprian)는 "하나님을 아버지로 모시고 있는 이들에게는 교회라는 어머니가 있다."라고 말했다. 이 말은 위대한 진리를 담고 있다.

복음이 세상에 전해지는 것은 바로 교회를 통해서, 교회 안에서, 교회에 의해서이다.

교회는 우리가 다른 신자들과 어깨를 부대낌으로써 배우고 자라며, 그리하여 헌신된 그리스도의 제자가 되는 법을 배우는 곳이다.

디트리히 본회퍼(Dietrich Bonhoeffer)는, "교회란 우리들의 희망이 산산이 부서지는 곳이며 이는 좋은 일"이라고 말했다. 새로운 신자들은 이 땅 위에서 천국의 아주 작은 한 조각을 발견하게 될지도 모른다는 기대를 안고 교회에 오게 되는 경우가 많다. 우리는 모두 그리스도 안의 형제, 자매들이 세상 사람들보다 우리에게 더 잘 대해 줄 것이라고 기대하며 소망한다. 그리고 우리는 모두 음악과 예배, 설교가 어떠해야 한다는 생각을 가지고 있으며, 교회가 해야 할 일과 교회가 그런 일을 어떻게 이루어야 가야 하는가에 대한 생각을 가지고 있다. 그러나 얼마 안 가서 우리는 신자들이 언제나 거룩한 것은 아니며 하나님의 백성들이 언제나 경건한 것은 아니라는 사실을 발견하게 된다. 신자들 중에는 화를 잘 내고 불친절한 이들도 있다. 교회는 우리를 실망시키게 마련이다.

> 현실의 삶이 주는 그 모든 실망감과 잔인한 깨달음 속에서 우리는 우리 안에서 일하시는 성령을 발견할 수 있게 된다.

일단 우리의 잘못된 기대가 현실이라는 단단한 바위 위에서 산산이 부서진 뒤에야 비로소 우리는 하나님의 은총을 경험할 수 있게 된다. 현실의 삶이 주는 그 모든 실망감과 잔인한 깨달음 속에서 우리는 우리 안에서 일하시는 성령을 발견할 수 있게 된다. 교회에서 우리는 다른 방식으로는 결코 교제를 나눌 수 없었을 사람들과 만나게 된다. 그리고 이것은 우리에게 좋은 일이다. 왜냐하면 하나님께서는 우리를 그리스도의 형상으로 빚어 가시기 위해서 다른 이들을 사용하시기 때문이다.

나는 교인이다

이 장을 마치면서 나는 아직도 교회를 믿는다고 기꺼이 고백한다. 나는 교회에 대해서 좋은 것도 보았고, 나쁜 것도 보고 있다. 교회가 좋을 때, 그것은 참 좋은 일이다. 교회가 나쁠 때, 그것은 정말 최악일 수도 있다. 그러나 그 모든 일을 겪고 나서도 나는 아직도 하나님의 교회를 믿는다. 비록 약하고, 잘못을 저지르기도 하고, 정말 많은 개선의 노력이 필요함에도 불구하고 교회는 여전히 이 세상 최고의 소망이다. 이 세상에 기독교 선교사들과 기독교 병원, 요양소, 양로원, 기독교 구제 기관이 없다고 생각해 보라. 기독교 학교와 대학교가 없다면 어떻게 되겠는가? 성경이나 기독교 음악, 사람을 구원하는 복음의 메시지가 없는 세상을 상상해 보라. 만약 오늘날 세상이 나쁘다면, 예수 그리스도의 교회가 없는 세상은 이루 말할 수 없을 정도로 훨씬 더 나쁠 것이다.

단지 교회가 불완전하다는 이유로 우리는 교회로부터 도망칠 수는 없다. 만약 우리가 교회로부터 도망쳐 나온다면, 그것은 예수로부터 도망쳐 나오는 것과 다름없다. 왜냐하면 교회는 이 땅 위에 있는 그리스도의 몸이기 때문이다.

예수께서는 "나는 이 반석 위에다가 내 교회를 세우겠다. 죽음의 문들이 그것을 이기지 못할 것이다."(마 16:18)라고 말씀하셨다. 실제의 상황은 항상 그런 것 같지는 않다. 교회는 분열되어 있으며 약하다. 그러나 결국 승리할 것이다. 교회의 지도자들은 자주 실패하지만, 교회는 승리할 것이다. 예배는 때때로 지루하지만, 교회는 승리할 것이다.

우리가 하는 말이나 행위 때문이 아니라 예수께서 그렇게 말씀하셨기 때문에, 교회는 승리할 것이다. 개교회는 흥했다가 망하기도 한다. 목회자들은 왔다가 떠나기도 한다. 어떤 교회들은 잘못된 교리에 넘어가기도 하고, 지도자들은 우리를 실망시킨다. 그러나 하나님의 교회는 승리할 것이다. 예수께서 그렇게 말씀하셨고, 그분의 말씀은 깨어지지 않을 것이기 때문이다.

그렇다면, 이제 우리는 어떻게 해야 할까?

– 교회를 위해 기도하라!

– 교회를 사랑하라!

– 교회에 다니라!

– 교회에서 섬기라!

– 교회를 도우라!

– 교회 일에 열심히 참여하라!

– 교회의 일부가 되어 더 나은 교회를 만들라!

– 방관자가 되지 말고, 그 팀의 일원이 되라!

왜 교회를 걱정하는가? 예수께서 거기에 계신다. 그것으로 이유는 충분하다.

생각해 볼 문제들

✝ 교회는 하나이다. 이것은 무엇을 의미하는가? 이것이 의미하지 않는 것은 무엇인가? 왜 이렇게 많은 다른 종교와 교파가 있는가? 그것은 좋은 것인가, 나쁜 것인가?

✝ 교회는 거룩하다. '거룩하다'는 것은 무슨 뜻인가? 만약 교회가 거룩하다면, 왜 영적 지도자들이 도덕적으로 실패하는 경우가 그렇게도 많은가?

✝ 교회는 보편적이다. 이것은 무엇을 의미하는가? 이것이 의미하지 않는 것은 무엇인가? 구체적으로 어떻게 교회는 보편적이어야 하는가? 이에 관한 당신의 역할은 무엇인가?

16
우리는 한 몸
: "성도가 서로 교통하는 것과"

여러분이 나아가서 이른 곳은 시온 산,
곧 살아 계신 하나님의 도성인 하늘의 예루살렘입니다.
[이곳은] 하늘에 등록된 장자들의 집회가 있는 곳이기도 합니다.
| 히브리서 12:22-23 |

사도신경은 "성도가 서로 교통하는 것"을 믿는다고 말하고 있다. 이 말은 사도신경의 거의 끝에 등장하기 때문에 그냥 지나치는 경향이 있다. 그러나 이 말은 기독교회에 관한 중요한 사실을 말해 주고 있기 때문에 이를 간과해서는 안 된다. 이 장을 준비하면서, 나는 "성도가 서로 교통하는 것과"라는 구절이 후대에 사도신경에 첨가된 것이라는 흥미로운 사실을 발견했다. 이 구절은 수 세기가 지나서 "거룩한 공회와" 뒤에 첨가되었다. 그렇다면 이 첨가된 구절은 정확히 어떤 뜻을 사도신경에 덧붙이고 있는지 생각해 보는 것이

좋을 것이다. 한 친구가 이 두 구절을 이해할 수 있는 열쇠를 제공해 주었다. 그는 이렇게 말했다.

> 거룩한 공회는 교회가 **전 세계에 퍼져있다는** 것을 우리에게 가르쳐 준다.
> 성도의 교제는 교회가 **시간을 초월해** 있다는 것을 우리에게 가르쳐 준다.

'교제'라는 말은 그리스어 코이노니아(koinonia)를 번역한 말이다. 이 말은 신약 성경에 매우 자주 등장하는데 우정이나 동업자 관계를 뜻한다. 이것은 가까운 관계를 맺고 함께 나눈다는 의미를 가지고 있다. 비종교적인 맥락에서 이 그리스 말은 결혼이나, 사업상의 동업자 관계, 공동 목표 아래에 연합한 공동체나 국가 등을 나타낼 때 사용되었다. 사도행전 2장 42절에서는 함께 생활하며 식사를 같이 하고 모든 물건을 통용했던 초대 교회 그리스도인들의 친밀한 사귐을 묘사하기 위해서 이 단어를 사용하고 있다.

'성도'라는 말은 그저 '거룩한 이들'이라는 뜻이다. 신약 성경에 '성도'는 '그리스도인'이나 '신자'와 같은 뜻을 가진 말이다. 사도 바울은 자신이 쓴 몇몇 서신서에서 모든 신자들을 일컫는 말로 이 말을 사용하고 있다. 그는 로마에 있는 성도들에게, 고린도에 있는 성도들에게, 에베소에 있는 성도들에게, 빌립보에 있는 성도들에게 편지를 썼다. 많은 이들이 성도[혹은 성인]를 뭔가 특별한 그리스도인을 지칭하는 말로 사용하고 있다. 그러나 신약 성경은 한번도 이 말을 그런 식으로 사용하지 않았다.

나는 플로리다의 허드슨에서 열리는 생명의 말씀 성경 수련회에서 일 년에 한번씩 설교를 하고 있다. 지금까지 몇 년 동안 같은 사람이 공항으로 우리를 태우러 왔고 또 우리를 공항에 데려다 주었다. 그의 이름은 기억이 나지 않지만, 나는 그를 잊을 수가 없다. "성도님, 안녕하세요!"라고 늘 인사를 했기 때문이다. 그는 모든 이들에게 이런 식으로 인사한다. 그의 인사는 지극히 성경적이다. 왜냐하면 우리는 모두 하나님의 성도들이기 때문이다. 예수를 알고 있다면, 당신은 진정한 하나님의 성도이다.

> 우리의 교제는 그리스도의 몸 전체만큼이나 폭넓은 것이어야 한다.

성도의 교제를 믿는다고 말하는 것은, 예수를 믿는 참된 신자들 사이에 친밀한 관계가 있다는 것을 믿는다는 말이다.

예수께 속한 모든 이들은 나에게 속해 있으며, 나 또한 그들에게 속해 있다.

나는 이 명제로부터 한 가지 단순한 결론을 끌어냈다. 즉, 우리의 교제는 그리스도의 몸 전체만큼이나 폭넓은 것이어야 한다. 몇 해 전 하나님께서 이에 관한 나의 시각을 넓혀 주셨다. 나는 하나님께서는 매우 특이한 곳에 그분의 백성들을 흩어 놓으신다는 사실을 알게 되었다. 그리고 하나님을 신령과 진정으로 예배하는 방법은 참으로 다양하다는 것도 배우게 되었다. 나는 벨리즈에 있는 예수전도단(YWAM) 지부에서 워쉽 댄스를 배웠다. 러시아의 상트페테

르부르크에서는 나의 친구 존 세르게이와 함께 그리스정교회의 예전에 참여하기도 했다. 나는 볼가(Volga) 강변에 있는 복음주의적 교회에서 설교를 하기도 했으며, 예루살렘의 YMCA에서 집회를 갖는 은사주의적 회중인 만왕의왕교회(King of Kings Church)의 예배에 참석하기도 했다. 몇 해 전 나이지리아(Nigeria)의 조스(Jos)를 방문했을 때 갔던 교회에서는 건축 기금을 위한 특별 헌금을 드리고 있었다. 그들은 사람들에게 무리를 지어 앞으로 나와서 큰 통 속에 헌금을 넣어 달라고 말했다. 우리가 서서 손뼉 치며 노래하는 동안, 다른 사람들은 앞으로 나가서 노래하고 춤을 추며 헌금을 드렸다. 교회 지도자들이 앞으로 나갈 때가 되었을 때, 나도 그들과 함께 나가 춤을 추며 헌금을 드렸다. 솔직히 말해서 내가 추는 춤이란 어색하게 발을 끄는 것에 지나지 않았고 그나마도 매우 서툴렀다. 하지만 나는 즐겁게 춤을 추었다. 지난 몇 년 동안 하나님께서는 그분의 가족이 내가 상상했던 것보다 훨씬 더 크다는 것을 나에게 보여 주시려고 계속해서 나를 나만의 좁은 울타리 밖으로 이끌어 내셨다.

복음은 모든 이를 위한 것이다

이 점에 관한 로마서 1장 16절 말씀은 매우 유익하다. "나는 복음을 부끄러워하지 않습니다. 이 복음은 유대 사람을 비롯하여 그리스 사람에게 이르기까지, 모든 믿는 사람을 구원하는 하나님의 능력입니다."

마지막 구절은 복음의 보편성에 대해 말하고 있다. 유대인들은 세상 중에서 하나님께서 택하신 백성이었다. 비록 대부분의 유대인들은 그리스도인이 되지 않았지만, 그들이 믿기만 한다면 복음에는 그들을 구원할 능력이 있다. 이 구절에서 '그리스 사람'은 이방인, 즉 유대인이 아닌 모든 사람들을 뜻한다. 예수의 복음에는 인종과 교육, 나이, 사회적 지위, 피부색, 가정 환경, 언어, 문화, 그밖에 인류를 나누어 놓는 모든 것들을 뛰어넘어 사람들을 이어 주는 힘이 있다.

이따금 우리의 교제를 확장하기 위해서 복음을 부드럽게 만들고 싶은 마음이 들기도 한다. 그러나 그 반대가 진리에는 더 가깝다. 복음 위에 굳게 설 때 우리는 전혀 다른 배경을 가진 하나님의 사람들과 즐거운 교제를 누리게 될 것이다.

> 예수의 복음에는 인종과 교육, 나이, 사회적 지위, 피부색, 가정 환경, 언어, 문화, 그밖에 인류를 나누어놓는 모든 것들을 뛰어넘어 사람들을 이어주는 힘이 있다.

우리는 그리스도와 교제하고 있다

요한일서 1장 1-4절은 이 사실을 분명히 말해 주고 있다.

> 이 글은 생명의 말씀에 관한 것입니다. 이 생명의 말씀은 태초부터 계신 것이요, 우리가 들은 것이요, 우리가 눈으로 본 것이요, 우리가 지켜본 것이요, 우리가 손으로 만져본 것입니다. 이 생명이 나타나셨습

니다. 우리는 그것을 보았습니다. 그래서 우리는 이 영원한 생명을 여러분에게 증언하고 선포합니다. 이 영원한 생명은 아버지와 함께 계셨는데, 우리에게 나타나셨습니다. 우리가 보고 들은 바를 여러분에게도 선포합니다. 우리는 여러분도 우리와 서로 사귐을 가지기를 바라는 것입니다. 우리의 사귐은 아버지와 또 그의 아들 예수 그리스도와 함께 하는 사귐입니다. 우리가 이 글을 쓰는 것은 우리 서로의 기쁨이 차고 넘치게 하려는 것입니다.

> 하나님과 참된 교제를 가지게 될 때까지 우리는 결코 다른 이들과 교제를 누릴 수 없다.
>
> Martin Lloyd-Jones, Fellowship with God

우리가 하는 모든 일은 이 진리 위에 기초하고 있다. 우리는 그분의 아들 예수 그리스도를 통해서 하나님과 교제하고 있다. 그리고 오직 그리스도 안에서만 우리는 서로 교제를 나눌 수 있다. 우리를 다른 사교 모임과 구별시켜 주는 것은, 우리는 하나님과 교제하고 있다는 사실이다. 교회는 예수 그리스도와 개인적인 관계를 맺고 있는 사람들의 공동체이다.

우리는 이 땅의 성도들과 교제하고 있다

잠시 요한일서 1장으로 돌아가 보자. 7절에서 그는 중요한 한 가지 사실을 덧붙이고 있다. "그러나 하나님께서 빛 가운데 계신 것과 같이 우리가 빛 가운데 살아가면, 우리는 서로 사귐을 가지게 되고, 하나님의 아들 예수의 피가 우리를 모든 죄에서 깨끗하게 해 주십니다." 나는 이 말씀에서 "서로 사귐을 가지게" 된다는 말은, 하나님과의 사귐과 다른 신자들과의 사귐을 동시에 지칭하고 있다고 생각한다.

빛 가운데에 살 때 우리는 하나님과 그리고 다른 신자들과 교제를 나눌 수 있다.

하나님께서는 빛이시며 우리는 빛의 자녀들이기 때문에, 그 빛 가운데 살아가면 우리도 하나님께서 계신 곳에, 그리고 그분의 자녀들이 있는 곳에 있게 된다. 우리는 더 이상 죄와 반역의 어두움 속에서 홀로 살아가지 않는다. 일단 이 사실을 이해하면, 우리의 관계는 철저하게 바뀌게 될 것이다. 우리는 여전히 죄인일지도 모른다. 그러나 우리는 하나님의 은총으로 구원 받은 죄인이다. 이 사실은 우리가 배우자나 자녀들을 대하는 태도를, 그리고 친구들과 친척들과 관계를 맺는 방식을 바꾸어 놓는다. 일단 하나님께서 우리에게 베푸신 것을 이해하게 되면, 또한 우리는 이것을 깨닫게 되는 것이다. "내게 문제가 아니야. 중요한 것은 예수의 이름으로 다른 이들에게 다가가는 것이야."

우리는 하늘에 있는 성도들과 교제하고 있다

히브리서 12장 1절에서는 "구름 떼와 같이 수많은 증인"이 우리를 둘러싸고 있다고 말한다. 우리가 그리스(Greece) 아테네(Athens)에 있는 올림픽 경기장의 높은 곳에 앉아서 금메달을 놓고 경쟁하는 운동선수들을 내려다보고 있다고 생각해 보라. 어떤 이들은 창던지기를 하고 있고, 또 어떤 이들은 포환던지기를 하고 있다. 저쪽에 한 사람은 장대높이뛰기를 준비하고 있다. 그 옆으로는 몸을 풀면서 마라톤을 준비하고 있는 선수들이 있다. 관중석은 자기 나라 선수들을 응원하는 수많은 나라에서 온 관중들로 가득 차 있다.

히브리서 12장 1절은 천상의 성도들이 응원을 보내는 가운데 경기를 펼치고 있는 지상의 성도들을 묘사하고 있다. 주위를 둘러보면, 야고보와 요한이 보인다. 저쪽에는 바울이 있고, 그곳에서 멀지 않은 곳에 베드로와 마가가 있다. 계속 찾아보니, 그리스도 안에서 죽은 당신이 사랑하던 이들도 보인다. 그들은 하늘에서 "넌 할 수 있어! 계속해서 예수를 의지하기만 하면 돼."라고 소리친다. 당신이 그만두고 싶어질 때, 그들이 당신에게 외치는 소리를 들을 수 있다. "지금 포기하지마. 결승점이 얼마 안 남았어."

천상의 성도들은 정말 이 땅에 있는 우리를 볼 수 있을까? 나는 모르겠다. 그러나 히브리서 12장 1절을 볼 때 적어도 그들이 우리를 응원하고 있음은 분명한 것 같다. 그리고 이것 역시 성도의 교제의 일부이다.

죽음조차도 우리를 천상의 성도들로부터 분리시키지 못한다.

어렸을 때 나는 천국은 가장 먼 은하계보다 멀리 있는 놀라운 곳이고 너무 멀어서 거기에 가려면 로켓이 필요할 것이라고 생각했다. 복음을 통해 우리가 얼마나 놀라운 것을 얻게 되었는지 말하고 있는 히브리서 12장 22-24절에서는 그것과는 다른 이미지를 그리고 있다.

> 그러나 여러분이 나아가서 이른 곳은 시온 산, 곧 살아 계신 하나님의 도성인 하늘의 예루살렘입니다. 여러분은 축하 행사에 모인 수많은 천사들과 하늘에 등록된 장자들의 집회와 만민의 심판자이신 하나님과 완전하게 된 의인의 영들과 새 언약의 중재자이신 예수와 그가 뿌리신 피 앞에 나아왔습니다. 그 피는 아벨의 피보다 더 훌륭하게 말해 줍니다.

그리스어 원문에서 "여러분이 나아가서 이른 곳"은 문자적으로는 "여러분이 다가가고 있는 곳"이라는 뜻이다. 한때 하나님으로부터 멀어졌던 우리들은 이제 그리스도 안에서 하나님께서 계신 바로 그곳으로 들어가게 되었다. 전에는 우리가 아득히 먼 곳에 있었지만, 이제는 천사들이 있는 그곳에 살게 되었다. 그리고 이제 그리스도 안에서 우리는 온전해진 의인들의 영혼, 즉 천상에 있는 신자들이 있는 곳으로 나아가게 되었다.

이 말씀에 대해서 생각해 보자.

- 우리는 지금 천국에서 그렇게 멀지 않은 곳에 있다.
- 우리는 천사들에게서 그렇게 멀지 않은 곳에 있다.
- 우리는 천상에 있는 우리가 사랑했던 이들에게서 그렇게 멀지 않은 곳에 있다.
- 우리는 하나님에게서 그렇게 멀지 않은 곳에 있다.

– 우리는 예수 그리스도에게서 그렇게 멀지 않은 곳에 있다.

천국은 정말 존재하는 곳이다. 그곳은 바로 지금 예수께서 계신 곳이며 우리에게 멀지 않은 곳에 있다. 우리와 천국 사이에는 죽음 이라는 아주 얇은 천이 놓여 있다. 우리에게 이 천은 어둡고 무서운 것처럼 보이지만, 그리스도 안에서 보면 이 천은 우리를 영원한 본향으로 인도하는 관문일 뿐이다. 영원은 이생을 살고 있는 우리에게는 보이지 않는다. 그러나 그것은 항상 우리 가까이에 우리를 둘러싸고 있다. 마치 열왕기하 6장 15-17절에서 엘리사가 자신의 시종에게 보여 주었던 이스라엘의 군대를 포위하고 둘러싼 천사들처럼. 천사들은 항상 그곳에 있었지만, 시종은 자신의 눈이 열릴 때까지 그 천사들을 볼 수 없었다.

> 천국은 정말 존재하는 곳이다.
> 그곳은 바로 지금 예수께서 계신 곳이며
> 우리에게 멀지 않은 곳에 있다.

성도의 교제에 관한 진리를 잘 말해 주고 있는 찬송가들이 있다. 찬송가 "교회의 참된 터는"의 마지막 절에서는 다음과 같이 말하고 있다.

땅 위의 모든 교회 주 안에 있어서
하늘의 성도들과 한 몸을 이루네
오 주여 복을 주사 저 성도들같이

우리도 주와 함께 늘 살게 하소서

"모든 성도 위하여(For All the Saints)"라는 찬송가도 이 진리에 대해서 말하고 있다.

싸움이 격렬해지고, 전투가 길어지나
저 멀리 승리의 노래가 들릴 때,
우리 마음 다시 굳세어지고, 우리 팔은 강해지네.
알렐루야, 알렐루야!

이것은 무엇을 의미하는가?
죽음도 우리와 하나님의 성도들 사이의 교제를 파괴할 수 없다는 것이다.

우리는 그들과 하나이며, 그들은 우리와 하나이다. 그러나 우리가 그들과 의사 소통을 할 수 있다는 뜻이 아니다. 성경은 이런 행위를 명시적으로 금하고 있다. '성도의 교제'는 유령이나 환상, 꿈을 말하는 것이 아니다. 하나님의 성도들은 하늘에 살고 있는 반면, 우리는 이 땅 위에서 살고 있다. 그들은 우리에게서 그리 먼 곳에 있지 않다. 그리고 우리는 언젠가 그들과 다시 연합하게 될 것이다. 그들은 우리가 볼 수 없는 곳에 있지만, 하나님께서 볼 수 없는 곳에 살고 있는 것은 아니다. 그리고 사실 그들은 우리에게서도 그리 멀지 않는 곳에 있다. 우리가 땅에서 하나님을 찬양할 때, 그들도 우리와 함께 하늘에서 노래한다. 이것이 바로 이 찬송가의 작사가가 말하고 있는 "신비롭고 달콤한 교제"[mystic sweet communion, '교회의 참된 터는'의 영어 가사 원문에 나오는 구절로서 의역으로 인해서 한국어 가사에는 빠져 있음 -역자]이다.

"모든 성도 위하여(For All the Saints)"의 다른 절에서는 이러한 진리를 이렇게 종합해서 말하고 있다.

> 이 얼마나 복된 연합이며 거룩한 교제인가!
> 우리는 힘없이 싸우고 있으나, 그들은 영광 중에 빛나네.
> 성삼위 하나님 안에서 모두가 하나일세. 모두가 그분 것.
> 알렐루야, 알렐루야!

싸우는 교회(the church militant)와 승리한 교회(the church triumphant)에 대해서 말하는 신학자들이 있다. 우리 주위에는 매일 격렬한 전투가 벌어지고 있다는 점에서 우리는 싸우는 교회이다. 우리는 하나님의 전신갑주를 취하고 선한 싸움을 싸우라는 부르심을 받았다. 그러나 언젠가 우리는 무기를 내려놓게 될 것이며, 우리의 싸움은 끝나게 될 것이다. 그 행복한 날에 우리는 하늘에 있는 승리한 교회에 참여하게 될 것이다. 그러나 오늘 우리가 이 땅에 있든지 내일 천상에 있게 되든지, 우리는 언제나 예수 그리스도의 교회, 즉 '성도의 교제'의 일원이다.

생각해 볼 문제들

✝ 복음이 인종과 나이, 가정 환경, 교파와 같은 모든 인간적인 장벽을 초월한다는 말에 동의하는가? 이 말의 참된 의미는 무엇일까? 그리고 이러한 진리는 구체적으로 어떻게 표현되고 있는가?

✝ 하나님과 그리스도와의 교제와 이 땅 위의 다른 신자들과의 교제 사이에는 어떠한 관계가 있는가? 이 둘은 서로 영향을 주고 받는가? 둘 중 어떤 것이 선행되어야 하는가?

✝ 하늘이 우리에게서 멀지 않다는 점에 동의하는가? 이것은 당신의 삶에 어떤 의미를 가지는가? 이것은 일상적으로 당신이 내리는 결정에 어떠한 영향을 미치는가?

17
용서가 주는 긍정적인 힘
: "죄를 사하여 주시는 것과"

동이 서에서부터 먼 것처럼,
우리의 반역을 우리에게서 멀리 치우시며
| 시편 103:12 |

교회사에 관심이 있다면, 마르틴 루터가 개신교 종교개혁의 아버지가 되기 전에 가톨릭 사제였다는 것을 알고 있을 것이다. 사제가 되기 위한 수련 과정 동안 그는 수년 간 그리스어와 히브리어, 라틴어, 교부 철학, 로마 가톨릭교회의 교리 등을 공부했다. 그는 명석하고 경건했으며 열심히 공부하는 사제 후보생이었다. 그러나 그의 영혼은 깊은 혼란에 빠져 있었다. 자신의 죄가 용서를 받지 못했다는 무거운 생각을 떨쳐 버리지 못했던 그는, 하나님의 심판이 도저히 들어올릴 수 없는 무거운 저울추처럼 자신에게 매달려 있는 것을 느

겼다. 절망 속에서 해답을 찾게 되기를 바라며 그는 로마로 향했다. 그러나 더 깊은 절망에 짓눌린 채 그곳을 떠나와야만 했다.

몇 년 후 로마서를 공부하던 중 그는 "의인은 믿음으로 살 것이다."(1:17)라는 말씀을 만나게 된다. 이제 그는 하나님께서 우리의 행위 때문이 아니라, 오직 예수께서 십자가에서 죽으시고 죽은 자 가운데서 부활하심으로, 우리를 위해 행하신 그 모든 일 때문에, 하나님께서 우리를 용서하신다는 사실을 분명히 알게 되었다. 그러므로 루터가 "죄를 사하여 주시는 것"을 믿는다는 고백이 사도신경에서 가장 중요한 항목이라고 말했다는 것은 놀라운 일이 아니다. "만약 그것이 진리가 아니라면, 하나님께서 전능하시든지 예수 그리스도께서 나시고 죽으셨으며 부활하셨다는 것이 무슨 의미가 있겠는가? 이런 사실들이 나에게 중요한 것은 바로 그것들이 내 죄를 용서받는 것과 직결되어 있기 때문이다."[1]

이 구절은 그리스도인의 삶 전체를 요약하고 있다. 사도신경이 어떻게 구성되어 있는지를 생각해 보면 이것은 참으로 놀랍다. 사도신경은 성부 하나님과 주 예수 그리스도를 크게 강조하고 있는 하나님 중심적인 기독교 신앙의 진술이다. 짧은 한 구절에서만 성령에 대해서 언급하고 있다. 참된 신자들의 교제인 교회에 대해서는 두 구절에서 다루고 있다. 그러나 그리스도인의 삶에 관해서는 단 네 단어로 된 한 구절 속에 모든 것을 담아내고 있다. "죄를 사하

---

1 Peter Barnes, "I Believe in the Forgiveness of Sins," February 20, 2000, www.fpcboulder.org/Sermons/Sermon2-20-00.htm에서 재인용.

여 주시는 것과."

이것은 오늘날 우리의 사고 방식과는 대단히 다르다. 기독교 서점에 가 보면, 당신은 '성경 교리'나 '신학'이라는 이름이 붙어 있는 작은 선반을 보게 될 것이고, '그리스도인의 삶'이라는 이름이 붙어 있는 넓은 코너를 보게 될 것이다.

그곳에서 당신은 기도와 신앙의 성장, 시련을 이기는 법, 영적 은사, 영적 성장, 유혹을 이기는 법, 신앙의 나눔, 성결의 삶 등에 관한 책들을 발견하게 될 것이다. 또한 몇 가지 예를 들면, 이 코너에는 결혼에 관한 책, 남성을 위한 책, 여성을 위한 책, 가족과 육아, 중독 치료, 용서, 영적 전투, 독신, 성, 건강, 목적이 이끄는 삶, 종말 등에 관한 책이 있다.

우리에게 그리스도인의 삶이란 이 모든 다양한 범주 전체를 뜻하는 것이다. 그러나 사도신경은 그리스도인의 삶 전체를 한 가지 본질적인 것으로 요약하고 있다. "죄를 사하여 주시는 것"을 믿습니다. 마치 "만약 당신의 죄를 용서 받는다면, 다른 모든 것은 그저 사소한 사항들에 불과하다. 그리고 만약 당신의 죄를 용서 받지 못한다면, 그 어떤 것도 의미없다."라고 말하는 것과 같다.

나는 이것이 그리스도인의 삶을 해방적으로 바라볼 수 있는 방법이라고 생각한다. 나는 당신에게 이렇게 묻고 싶다. 당신의 죄를 용서 받았는가? 그리고 당신은 그것을 알고 있는가?

> 당신의 죄를 용서 받았는가? 그리고 당신은 그것을 알고 있는가?

죄 사함에 관한 세 가지 물음에 답하기 위해서 우리는 시편 130편 3-4절에 초점을 맞추게 될 것이다.

왜 우리에게 죄 사함이 필요한가?

3절에서는 "주님, 주님께서 죄를 지켜 보고 계시면, 주님 앞에 누가 감히 맞설 수 있겠습니까?"라고 말하고 있다. 소설가 프란츠 카프카(Franz Kafka)는 자신의 일기에 현대인의 문제는 죄가 없는데 죄인처럼 느낀다는 것이라고 적었다. 우리는 우리 삶 속에서 뭔가 잘못되었다는 것을 느낀다. 그러나 이 사회는 우리가 죄책감을 느끼게 만드는 규칙 자체를 제거해서 죄책감을 없애라고 우리에게 말하고 있다. 그래서 우리는 십계명과 같은 성가신 규칙을 무시하려고 무진 애를 쓴다.

우리는 규칙을 제거해 보려고 애를 쓰고 있다. 그러나 애초에 그것이 사람에 의해서 쓰인 것이 아니기 때문에 규칙은 사라지지 않을 것이다. 우리가 규칙을 무시하고 제거하려고 애를 써도 그것은 계속해서 돌아오게 마련이다. 우리는 속이고 훔치고 정욕을 쫓고 아무하고나 잠을 잔다. 우리는 태아를 살해하고 우리 자신의 뒤틀린 욕망에 맞추어 결혼을 정의하려고 함으로써 하나님을 조롱한다. 그러나 규칙이 더 이상 존재하지 않는 척한다고 죄책감을 제거할 수는 없는 노릇이다. 하나님께서는 분명히 말씀하셨다. "~하지 말지니라."라는 말은 여전히 "~하지 말지니라."이다.

> 하나님께서는 분명히 말씀하셨다.
> "~하지 말지니라"라는 말은 여전히 "~하지 말지니라"이다.

그럼에도 불구하고 우리는 규칙을 무시하고 제거할 수 있다고 생각한다. 내가 섬기고 있는 갈보리기념교회(Calvary Memorial Church)가 있는 일리노이(Illinois) 주 오크 파크(Oak Park)에서 바로 이런 일이 일어나고 있다. 얼마 전에 행정관들은 결혼을 한 남자와 한 여자 사이의 결합으로 정의하는 연방결혼법안(Federal Marriage Amendment)을 부결시켰다. 오크 파크에 살고 있는 사람들은 성적 편견에서 해방된 이들이며 진보적인 사람들이기 때문에 그러한 제한에 반대하고 있다. 성적 자유의 문제에 있어서 오크 파크는 오랫동안 사회적 진화의 최첨단에 서 있었다. 그러나 도덕이라는 규칙을 만든 것은 사람들이 아니다. 행정관들은 중력의 법칙을 무효로 만들 수 없는 것처럼 진리를 바꿀 수는 없다.

이것은 거대한 흐름을 보여 주는 한 가지 사례에 불과하다. 오늘날의 사회에서는, 만약 어떤 규칙이 마음에 들지 않으면 그것을 투표로 부결시키거나 그저 "나는 내가 원하는 대로 하겠어. 아무도 나를 막을 수는 없어."라고 말하면 그만이다. 진정한 도덕적 죄책감이 사라지기를 바라면서 우리는 편리한 대로 규칙을 만들어 낸다. 그러나 결코 그렇게 간단한 것이 아니다. 규칙을 상대화시키고 죄를 정상적인 것으로 만든 후에도 여전히 무언가가 잘못되어 있다. 우리는 절망과 수치, 불안, 불만에 휩싸이게 된다. 우리는 무엇인가 잘

못되었음을 알고 있지만, 무엇이 잘못된 것인지도 모르고 어떻게 고쳐야 할지도 모른다.

시편 130편은 우리를 올바른 방향으로 안내하고 있다. 이 시편은 기독교 전통에서 오랜 역사를 가지고 있다. 이 시편은 De Profundis 라는 제목으로 불려왔는데, 이는 라틴어 성경의 1절에 나오는 구절로서 '깊은 곳에서'라는 뜻을 가지고 있다. 이 시편은 우리 자신의 문제를 해결할 수 있는 능력이 우리 안에 없기 때문에 우리는 결코 스스로를 고칠 수 없음을 가르쳐 주고 있다. 이 시편은, 해답은 우리 안에 있다고 말하는 오프라(Oprah)나 닥터 필(Dr. Phil)[둘 다 인생 상담을 주된 내용으로 하는 텔레비전 토크쇼의 진행자-역자], 그 밖의 수많은 자조(自助)를 가르치는 전문가들과 정반대의 이야기를 하고 있다.

문제는 우리 안에 있다. 해답은 우리 바깥에 있다.

우리가 스스로의 문제를 해결할 수 있다고 생각하는 한, 우리는 계속 더 나빠지게 될 뿐이다. 그러나 결국 우리가 "주님, 저를 도와주세요. 저 스스로는 할 수가 없어요."라고 말하게 될 때, 우리는 하나님께서 베푸시는 구원을 받을 수 있게 되는 것이다.

왜 우리는 죄를 고백하고 우리에게 필요한 죄 사함 받기를 그렇게도 주저하는 것일까? 우리가 만약 자신의 어리석음을 인정하면 주께서 우리를 곧장 지옥으로 보내실지도 모른다고 두려워한다. 그래서 우리는 우리의 거짓말에 대해서 거짓말을 하고 우리가 감춘 것을 다시 감추는 것이다. 우리가 무슨 짓을 했는지 알고 있음에도 불구하고 우리는 모르는 척한다. 우리가 이토록 엉망이 된 것도 전혀 놀라운 일이 아니다. 우리의 자녀들은 우리가 변명하는 것을 보면서 변명하는 법을 배운다. 우리는 우리 자신을 제외한 모든 사람들을 비난한다.

시편 130편은 이런 자기 파괴적인 악순환으로부터 우리를 해방시켜 준다. 3절에서는 '하나님께서 우리의 죄를 적어 두지 않으신다'고 말한다. 그러나 히브리어 원문을 문자적으로 옮겨 보면 이 구절은 '하나님께서 우리의 죄를 지켜보지 않으신다'는 말이다. 다시 말해서, 하나님께서는 우리를 지옥에 보낼 이유를 찾으시지 않으신다는 것이다. 하나님은 우리가 죄를 짓기를 기다렸다가 불바다에 우리를 던져 버릴 기회만 기다리고 있는 심술궂은 늙은이와 같다고 생각하는 이들이 많다. 그러나 그것은 성경의 하나님이 아니다. 성경의 하나님은 죄를 회개하고 자비를 구하는 이들을 기꺼이 용서하시는 분이시다.

"용서는 주님만이 하실 수 있는 것이므로, 우리가 주님만을 경외합니다."라는 시편 103편 4절의 말씀대로, 우리의 행위가 율법을 충분히 따르고 있지 못할 때에도 주께서 은혜로 우리를 용서해 주신다는 것을 깨달을 때, 우리는 더욱더 하나님께 순종하게 된다.

John Calvin, in 1, 2 & 3 John by John Calvin and Matthew Henry

---

우리는 죄책감을 없애기 위해서 규칙을 바꾸려고 하는 죄인들이기 때문에 죄 사함이 필요하다. 그러나 사실 규칙은 바뀔 수 없는 것이기 때문에, 결국 우리는 내면적으로는 완전히 엉망진창이 되고

만다. 결론적으로 말하자면,

> 우리는 죄 사함이 필요하며, 죄 사함 없이는 살 수 없다.

죄 사함 없이 우리는 내면적으로 갈등하는 공허한 사람일 뿐이다. 한 가지 기쁜 소식은, 만약 우리가 그리스도를 믿으면 하나님께서는 우리의 죄를 지켜보지 않으신다는 것이다. 만약 하나님께서 우리 죄를 지켜보고 계신다면, 우리는 모두 이미 지옥에서 살고 있는 것과 다름없다.

죄 사함에 관해 우리는 어떤 소망을 가지고 있는가?

우리는 정말 용서를 받을 수 있는가, 아니면 죄 사함은 그저 머나먼 꿈에 불과한가? 만약 라스베이거스의 도박사들이 우리가 죄 사함을 받을 확률을 예상한다면, 그 확률은 얼마나 될까? 5만 분의 1, 10만 분의 1, 아니면 100만 분의 1? 거울을 보며 자신의 영혼에 대해 생각해 보라. 그러면, 가망이 전혀 없어 보일 것이다. 영국의 한 작가는 이렇게 말했다. "만약 누군가의 비밀스러운 생각들이 낱낱이 밝혀지게 된다면, 누구라도 하루에 열두 번씩 교수형을 받아 마땅할 것이다."

> "만약 누군가의 비밀스러운 생각들이 낱낱이 밝혀지게 된다면, 누구라도 하루에 열두 번씩 교수형을 받아 마땅할 것이다."

4절 상반절은 우리에게 매우 좋은 소식을 전해 주고 있다. "용서는 주님만이 하실 수 있는 것이므로." 혹은 다르게 말하자면, 하나님께서는 죄를 용서하시는 분이시다. 용서는 곧 그분의 속성이기 때문에, 하나님께서는 우리를 용서할 기회를 찾고 계신다.

– 그분께서는 용서하기를 갈망하신다.

– 그분께서는 기꺼이 용서하신다.

– 그분께서는 당신을 용서하기 원하신다.

출애굽기 34장 6-7절에서는 그분을 "자비롭고 은혜로우며, 노하기를 더디하고, 한결같은 사랑과 진실이 풍성한 하나님", "수천 대에 이르기까지, 한결같은 사랑을 베풀며, 악과 허물과 죄를 용서하는 하나님"이라고 부르고 있다.

당신은 죄가 실재한다는 것을 알아야 할 필요가 있다.

규칙을 어기고도 영원히 그 벌을 모면할 수는 없다. 그러나 당신이 자백할 준비가 되었을 때, 바로 그곳에서 주께서 당신을 기다리고 계신다. 죄를 고백하는 것은 결코 쉬운 일이 아니다. 그러나 이사야 55장 7절에서 주께서 우리에게 하시는 말씀을 들어보라. "악한 자는 그 길을 버리고, 불의한 자는 그 생각을 버리고, 주님께 돌아오너라. 주님께서 그에게 긍휼을 베푸실 것이다. 우리의 하나님께로 돌아오너라. 주님께서 너그럽게 용서하여 주실 것이다." 어쩌면 당신은 '악한'이라는 말이나 '불의한'이라는 말이 마음에 들지 않을지도 모른다. 어쩌면 이 말씀이 당신에게 가혹하게 들릴 수도 있다. 그러나 이것은 하나님께서 모든 인류에게 하신 말씀이다. 하나님의 은총 없이는 당신과 내가 그런 존재였다. 부정적인 단어에 얽매어서 주님의 초대를 저버리지 말라. 주께 돌아오라. 그러면 자비와 용서를 얻게 될 것이다.

> 규칙을 어기고도 영원히 그 벌을 모면할 수는 없다.
> 그러나 당신이 자백할 준비가 되었을 때,
> 바로 그곳에서 주께서 당신을 기다리고 계신다.

문을 두 개 그리고 각 문에 다음과 같은 말을 적어보라.

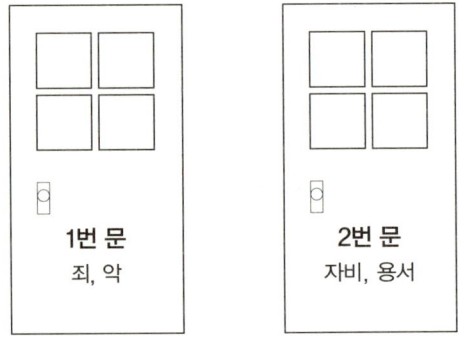

어떤 문이 더 좋은가? 답은 분명하다. 우리는 모두 자비와 용서를 더 좋아한다. 그러나 하나님께서는 자비와 용서의 문에 이르기 위해서 죄와 악의 문을 지나야만 한다고 말씀하신다. 그러나 어떤 이들은 "1번 문은 건너뛰고 2번 문으로 곧장 가겠어."라고 말한다. 이것은 불가능한 일이다. 당신이 죄인임을 인정하지 않으면 당신은 하나님의 용서를 받을 수 없다.

그러나 2번 문을 통과할 때 당신은 하나님께서 당신을 거저 용서

하실 것임을 깨닫게 된다. 거저라는 말은 '아무 값없이', '공짜로'라는 뜻이다. 자비를 원하는가? 당신은 자비를 얻었다. 당신의 모든 죄를 용서 받기 원하는가? 당신은 이미 용서 받았다. 죄와 악의 문으로 들어가지만, 주께서 베푸시는 자비와 온전한 용서의 문으로 나올 수 있게 된다. 이것은 세상에서 가장 좋은 선물이다.

우리가 용서를 받으면 어떤 일이 일어나는가?

4절 하반절에 그 답이 있다. "우리가 주님만을 경외합니다." 달리 말하자면, "그러므로 우리는 주님을 경배합니다." 일단 우리가 용서를 받으면, 모호한 불안감은 사라지게 되고, 우리의 과거지사는 완전히 잊혀지게 되며, 감옥 문이 활짝 열려 우리가 걸어나갈 수 있게 된다. 마침내 우리는 자유롭게 된다. 이것은 가장 받아들이기 힘든 부분이기도 하다. 매주 나는 나의 책 『믿음의 항해』를 읽고 자신들의 이야기를 나에게 적어 보내는 교도소 수감자들로부터 편지를 받는다. 극악 무도한 범죄를 저질렀던 한 남자는, 사람들이 그가 저지른 일을 알고 그를 피하게 될 것 같아서 교회에 가기 두렵다고 말했다. 우리 속에 있는 이런 종류의 수치심이 우리 모두를 옭아매고 있다. 사탄은 우리에게 속삭인다. "너는 나빠. 네가 정말 어떤 사람인지 사람들이 안다면, 그들은 너를 상대도 안 해 줄 거야. 이 위선자야!"

사탄의 비난을 다룰 수 있는 유일한 방법은 하나님의 성품에 의지하는 것이다. "용서하심이 주께 있습니다." 어떤 그리스도인들은 주 앞에 서게 될 때 주께서 수백만 명이 볼 수 있도록 거대한 스크린에 우리의 모든 죄를 상영하실 것이라고 두려워한다. 그들은 그날에 자신들의 모든 추악한 말과 행실, 아무도 몰랐던 자신들의 비밀스러운 죄, 정욕과 교만, 증오, 분노, 탐욕으로 가득 찬 모든 어두운 생각이 온 우주 앞에 전시될 것이라고 두려워한다. 어떻게 그런 순간을 견뎌 낼 수 있을까? 또 하나님께서는 그들의 타락함을 공공연히 까발리신 후에 어떻게 그들을 그분의 나라로 맞아들이실 수 있을까?

여호와여 주께서 죄악을 지켜보실진대 주여 누가 서리이까? 아무도 그럴 수 없다. 우리는 모두 벌을 받고 지옥에 갈 운명이다. 그러나 시편 130편이 말하고자 하는 바는 이것이 아니다. 우리는 수치와 죄책감의 깊은 수렁으로부터 외치고 있다. 그리고 하나님께서는 "너를 위한 좋은 소식이 나에게 있다. 죄 사함이 나에게 있다." 성경은 다양한 이미지를 사용하여 하나님께서 우리의 죄를 어떻게 다루시는지를 묘사하고 있다.

- 하나님께서는 동이 서에서 먼 것같이 우리의 죄를 우리가 측량할 수 없을 정도로 멀리 옮기신다(시편 103:12).
- 하나님께서는 우리 죄를 그분의 등 뒤로 던지신다(이사야 38:17).
- 하나님께서는 짙은 구름을 거두듯 우리의 죄를 지워 버리신다(이사야 44:22).
- 하나님께서는 우리의 죄를 잊으시고 다시는 기억하지 않으신다(예레미야 31:34).

- 하나님께서는 우리의 죄를 저 바다 깊은 곳으로 던지신다(미가 7:19).

하나님께서 우리의 죄를 잊어버리실 때, 그분께서는 영원히 그것을 잊어버리시기로 작정하신다. 우리의 죄는 잊혀지고, 옮겨졌고, 던져졌고, 지워졌다. 다시는 우리의 죄가 우리를 심판할 근거가 될 수 없다. 그러나 어떻게 하나님께서는 우리를 용서할 수 있으실까? 왜 하나님께서는 우리의 죄를 보고도 그것을 잊어버리실까?

오래 전부터 하나님께서는, 우리의 죄를 대신 지신 그분의 아들, 즉 주 예수 그리스도의 십자가에 당신의 눈을 고정시키셨다.

우리가 악하다는 것을 정직하게 받아들인다면, 그리스도의 십자가로부터 자비의 강이 흘러나올 것이며, 우리의 죄는 그분의 피로 덮힐 것이다. 우리는 그 빛나는 순간에 죄 사함이 하나님께 있음을 발견하게 될 것이다.

루터가 이 부분이 사도신경에서 가장 중요하다고 말한 것은 바로 이 때문이다. 죄 사함이 그리스도인의 삶에 관한 사도신경의 유일한 언급인 것도 바로 이 때문이다. 핵심은 바로 여기에 있으며, 다른 모든 것은 그저 세부사항에 불과하다. 그러므로 사도신경은 "죄를 사하여 주시는 것"을 믿는다고 말하고 있다. 이보다 더 중요한 것은 없다.

생각해 볼 문제들

✝ 하나님의 율법이 마땅히 지켜야 할 참된 법임을 인정하는가? 아니면 머리 속으로 그것을 고쳐 쓰려고 노력하고 있는가? 그 이유는?

✝ 당신의 영혼에 대한 하나님의 판결을 받아들이는가? 그분께 당신의 죄를 고백하고 그분의 용서를 구했는가? 그렇지 않다면, 지금 그렇게 하는 것이 어떻겠는가?

✝ 만약 당신이 이미 하나님의 용서를 받았다면, 감사의 기도문을 써서 지금 그분의 용서하심에 감사 드리라.

18
가장 믿기 힘든 교리
: "몸이 다시 사는 것과"

> 우리가 다 잠들 것이 아니라, 다 변화할 터인데, 마지막 나팔이 울릴 때에,
> 눈 깜박할 사이에, 홀연히 그렇게 될 것입니다. 나팔소리가 나면, 죽은 사람은
> 썩어 없어지지 않을 몸으로 살아나고, 우리는 변화할 것입니다.
> 썩을 몸이 썩지 않을 것을 입어야 하고, 죽을 몸이 죽지 않을 것을 입어야 합니다.
> 썩을 이 몸이 썩지 않을 것을 입고, 죽을 이 몸이 죽지 않을 것을 입을 그 때에,
> 이렇게 기록한 성경 말씀이 이루어질 것입니다. "죽음을 삼키고서, 승리를 얻었다."
> | 고린도전서 15:51-54 |

"몸이 다시 사는 것을 믿습니다." 이것은 사도신경에서 가장 믿기 어려운 부분이다. 왜냐하면 이것은 우리가 배운 모든 것과 우리 눈으로 보는 모든 것을 거스르는 가르침이기 때문이다. 우리는 수없이 많은 장례식을 보았다. 그러나 부활이 마지막으로 일어난 것은 2천 년 전의 일이다. 그리고 사랑하는 이의 무덤 곁을 떠나온 경험이 있다면, 죽음이라는 잔인한 현실이 어떻게 우리의 믿음을 잠식하는지 알 것이다. 사도신경의 고백을 통해 우리는 죽음이 최종적으로 승리하지 못할 것이라고 믿고 있음을 스스로 되새길 필요가 있다.

> 사도신경의 고백을 통해 우리는 죽음이 최종적으로
> 승리하지 못할 것이라고 믿고 있음을 스스로 되새길 필요가 있다.

죽음은 인간의 근본적인 문제이며 우리에게 가장 큰 두려움이다. 죽음은 최종적이고, 너무나도 무서우며, 우리의 감각에 너무나도 큰 충격을 가져다 주기 때문에 우리는 죽음이라는 말을 하는 것조차 쉽지 않다는 것을 알고 있다. 우리는 그 충격을 조금이라도 누그러뜨려 보려고 "돌아가셨다"라고 하거나 "운명하셨다", "별세하셨다"라고 말한다. 사랑하는 이가 죽었을 때 완곡한 말을 사용해야 할 필요가 있다는 것을 나는 충분히 이해한다. 그러나 우리가 아무리 현실을 감추기 위해 노력해도 죽음은 여전히 냉혹한 현실로 우리 앞에 남아 있다. 조만간 저승사자가 모든 집을 방문하게 될 것이다.

그래서 우리는 철학자들과 신학자들, 특히 슬픔에 빠진 가족들이 던지는 물음을 마주 대하게 된다. 이 물음은 몇 천 년 전에 욥이 던진 물음이기도 하다. "사람이 죽으면 어찌 다시 살리이까?"(욥 14:14) 고린도전서 15장 32절에서 동일한 물음에 대해 바울이 어떻게 대답하고 있는지 살펴보라. "만일 죽은 사람이 살아나지 못한다면 '내일이면 죽을 터이니, 먹고 마시자' 할 것입니다." 만약 죽은 사람이 다시 살아나지 못한다면, 인생을 즐기지 못할 이유가 무엇인가? 우리가 할 수 있는 모든 재미를 즐기지 못할 이유가 무엇인가? 굳이 귀찮게 교회에 가야 할 이유가 무엇인가? 이생이 전부라면 왜 그리스도를 위해 고난을 받아야 하는가? 죽음이 모든 것의 끝이라면 주를 섬겨야 할 이유가 무엇인가? 영혼의 깊은 곳으로부터 우리는 진리를 알고 싶어 한다. 우리가 죽었을 때 우리는 다시 살 수 있을까? 혹은 결국 죽음이 승리하는 것일까? 만약 죽음에 대한 답을 가지고 있지 않다면 우리의 종교는 무익한 것이다.

바로 이 점에 관해서 사도신경은 우리에게 큰 도움을 준다. 사도신경은 그리스도인의 소망에 대해서 매우 긍정적인 언급을 하면서 끝을 맺고 있다. 마지막에서 두 번째 구절은 "몸이 다시 사는 것"을 믿는다고 말하고 있다. 얼마나 구체적으로 말하고 있는지 다시 한 번 생각해 보라. '죽은 사람이 다시 사는 것'이 아니라 '몸이 다시 사는 것'이다. 사도신경의 오래된 판본에서는 그보다 더 구체적으로 "육체가 다시 사는 것"이라는 말을 사용하고 있다. 그리스도인들은 육신이 죽은 자 가운데서 다시 살아나게 될 것임을 믿는다. 우리는 육신이 죽은 자 가운데서 다시 살아날 때에야 비로소 우리의 구속이 완성되는 것이라고 믿는다.

바울은 부활장인 고린도전서 15장에서 이 진리에 관해서 자세하게 이야기하고 있다.

우리의 몸

우리가 외모를 계속 바꿀 수 있다고 상상해 보라. 그것을 원하는가? 몇 가지만 바꾸고 싶은가, 아니면 완전히 모습을 바꾸고 싶은가? 우리의 몸은 후패한다. 몸은 처지고, 늘어나고, 주름지게 된다. 관절은 삐걱거리게 되고, 혈관은 굳어가고, 중력은 모든 것을 아래로 잡아 당긴다. 심장은 늦어지고, 눈은 침침해지며, 이가 빠지고, 팔에는 힘이 빠지게 된다. 뼈는 부서지고, 근육은 약해진다. 그러지 말아야 할 곳에서 우리의 몸은 불룩 튀어나온다. 조만간 우리 모두에게 일어날 일이다. 우연히 나는 "노화의 51가지 증거(51 Signs You're Getting Older)"라는 기사를 보게 되었다.[1] 몇 해 전만 해도 나는 그런 기사에 주의를 기울이지 않았는데, 요즘에는 그런 것들이 눈에 띈다. 다음 몇 가지 항목이 특히 나의 주의를 끌었다.

1. 모든 운동이 아프고 아프지 않은 것은 효과가 없다.
8. 따분한 저녁이 기다려진다.
11. 흔들의자에 앉았는데 움직일 수가 없다.
12. 무릎은 굽힐 수 있는데 허리띠는 채울 수 없다. [무릎을 굽히는 것이나 허리띠는 채우는 것 모두 "buckle"이라는 동사를 사용한다.─역자]
15. 등이 당신이 하는 일보다 더 약해진다.
19. 이가 스테이크 속에 박혀서 거기 그대로 있다.
39. 자두를 먹는 게 꿈이다.
51. 한번 몸을 구부리면, 그 밑에서 뭔가 더 할 것이 없는지 찾는다.

나이가 들어가면 우리는 다이어트와 운동에 더 많은 관심을 쏟게 된다. 이 글을 쓰는 지금, 앳킨스 다이어트(Atkins Diet)가 큰 인기를 얻고 있다. 지방과 단백질이 함유되어 있지만, 탄수화물은 전혀

---

[1] www.freemaninstitute.com/gettingOlder.htm에서 그 목록을 확인할 수 있다.

없다. (어떤 이들은 변하고 있다고 생각하지만, 이런 유행이 완전히 없어질 것 같지는 않다.) 탄수화물 함량을 낮춘 특별 식품들이 다양하게 나와 있으며, 심지어는 저칼로리 아이스크림까지 나와 있다. 수없이 많은 다이어트 관련 사업들이 번창하고 있다.

그만큼 우리가 건강에 관심이 많다. 달리기 하는 사람, 자전거를 타는 사람, 마라톤을 하는 사람이 있다. 일주일에 네 번씩 헬스클럽에 가는 사람도 있다. 패션도 관계가 있다. 우리는 우리 몸을 어떻게 가릴까에 대단히 관심이 많다. 그리고 대부분의 경우 몸매가 좋지 않아서 다른 이들이 보지 않았으면 하는 부분을 가린다.

여기 우리가 알아두어야 할 사실이 있다. 우리 몸은 영원하지 않을 것이다. 당신이 원하는 대로 저칼로리 아이스크림을 먹는다고 해도, 결국 당신의 몸은 약해져 갈 것이다. 당신이 믿거나 말거나, 이 책을 읽고 있는 지금 이 순간에도 당신의 몸은 무너져 가고 있다.

당신의 몸은 영원히 지속되지 않는 하나님의 선물이다.

우리가 맞이할 죽음

대부분의 사람들은 죽음을 두려워하고 죽음에 관해 이야기하기를 원치 않는다. 죽음은 조만간 우리 모두가 넘어야 할 '마지막 경계선'이다. 우리는 모두 죽음이 다가오고 있음을 알고 있지만, 마치 그러지 않을 것처럼 살아가는 편이 낫다고 생각한다. 현대 과학의 놀라운 성과 덕분에 우리는 더 오래 살 수 있게 되었지만, 아무도 죽음을 피할 수는 없다.

죽음이 다가올 때 오도록 내버려 두라. 그것은 그리스도인에게 아무런 해도 끼칠 수 없다. 죽음은 곧 감옥을 떠나 궁전으로 가는 것이다. 고통의 바다에서 안식처로, 수많은 대적이 있는 곳에서 셀 수 없이 많은 참되고 사랑스러우며 신실한 친구들이 있는 곳으로 가는 것이다. 수치와 비난, 경멸로부터 말할 수 없이 위대하며 영원한 영광 속으로 들어가는 것이다.

존 번연

성경은 죽음에 관해서 뭐라고 하는가?
- **죽음은 확정되어 있다.** "사람이 한번 죽는 것은 정해진 일이요…"(히브리서 9:27상).
- **죽음은 끝이 아니다.** "그 뒤에는 심판이 있습니다"(히브리서 9:27하).
- **그리스도께서 죽음을 이기셨다.** "그리스도께서는 죽음을 폐하시고, 복음으로 생명과 썩지 않음을 환히 보이셨습니다"(디모데후서 1:10).
- **죽음은 마지막 대적으로 남아 있다.** "맨 마지막으로 멸망 받을 원수는 죽음입니다"(고린도전서 15:26).

세 번째 항목과 네 번째 항목 사이에 그리스도인들이 풀어야 할 수수께끼가 놓여 있다. 그리스도께서 이미 죽음을 물리치셨는데 왜 우리는 여전히 죽는가? 이 물음에 대한 해답은 죽음의 본질을 이해하는 것에 있다. 성경적으로 죽음의 본질은 분리이다.

> 죽음은 육체와 영혼의 부자연스러운 분리이다.

이런 생각은 죽음이 인생의 '자연스러운' 한 부분이라는 현재의 통속적인 관념과 정면으로 배치된다. 죽음은 전혀 자연스러운 것이 아니다! 그것은 우주에서 가장 부자연스러운 사건이다. 성경에 따르면 죄로 인해서 죽음이 세상에 들어왔다(롬 5:12). 하나님의 백성을 위하여 죄가 단번에 영원히 제거되었으며, 그들에게 죄는 더 이상 존재하지 않을 것이다. 그러므로 천국에는 죽음이 없을 것이다(계 21:4). 그렇다면 참으로 죽음은 부자연스러운 것이다. 왜냐하면 죄가 부자연스러운 것이기 때문이다. 그것은 우리를 향한 하나님의 계획에 속하지도 않는다. 우리는 죄가 더 이상 존재하지 않는 세상을 상상하기가 힘들다. 그러나 그런 세상이 존재한다. 그리고 성경에 따르면 그런 세상이 진짜 세상인 반면, 우리가 진짜인 것처럼 느끼는 이 세상은 사실 사라져 가고 있는 세상이다. 그러므로 그때가 올 때까지 우리는 죽음이 여전히 우리를 뒤쫓아 오는 부자연스러운 상태에서 살 것이다. 그러나 지금의 상태가 영원히 지속되지는 않을 것이다.

> 그리스도께서는 죽으시고 부활하심으로써 참으로 죽음을 멸하셨으며, 우주를 지배하는 죽음의 힘을 폐하셨다.

그리스도께서는 죽으시고 부활하심으로써 참으로 죽음을 멸하셨으며, 우주를 지배하는 죽음의 힘을 폐하셨다. (죄 사함이라는 하나님의 선물을 거절한 이들을 제외하고는) 죽음이라는 것 자체가 언젠가는 죽게 될 것이다. 그날이 올 때까지, 우리는 이런 이상한 상태에서 살고 있는 것이다. 이 상황에 관해서는 전도서 12장 7절 말씀이 탁월하게 묘사하고 있다. "육체가 원래 왔던 흙으로 돌아가고, 숨이 그것을 주신 하나님께로 돌아가기 전에…." 순전히 인간적인 관점에서 보자면, 그것은 우리의 운명이다. 전도서 12장 7절에서는 우리가 죽을 때 어떤 일이 일어나는지를 정확하게 묘사하고 있다. 그러나 이야기는 여기서 끝나지 않는다.

우리가 누리게 될 부활

만약 죽음이 인간의 근본 문제라면, 이에 대한 기독교의 해답은 무엇인가? 고린도전서 15장 51-55절 속의 바울의 힘찬 목소리를 들어보라.

> 보십시오, 내가 여러분에게 비밀을 하나 말씀 드리겠습니다. 우리가 다 잠들 것이 아니라 다 변화할 터인데, 마지막 나팔이 울릴 때에, 눈 깜박할 사이에, 홀연히 그렇게 될 것입니다. 나팔소리가 나면, 죽은 사람은 썩어 없어지지 않을 몸으로 살아나고, 우리는 변화할 것입니다. 썩을 몸이 썩지 않을 것을 입어야 하고, 죽을 몸이 죽지 않을 것을 입어야 합니다. 썩을 이 몸이 썩지 않을 것을 입고, 죽을 이 몸이 죽지 않을 것을 입을 그때에, 이렇게 기록한 성경 말씀이 이루어질 것입니다. "죽음을 삼키고서, 승리를 얻었다." "죽음아, 너의 승리가 어디에 있느냐? 죽음아, 너의 독침이 어디에 있느냐?"

장차 있을 우리의 부활은 갑자기 일어날 것이다. 본문에서는 '눈 깜박할 사이에, 홀연히' 그렇게 될 것이라고 말하고 있다. 땅 속에 묻혀 있던 죽은 이들은 어느 순간 부활하여 살아날 것이다. 이것은 우리가 예상할 수 있는 그런 점진적인 부활이 아니다. 이 놀라운 기적은 너무 빨리 일어나서 눈을 깜빡이다가는 놓쳐 버리게 될 것이다!

그것은 예수께서 재림하실 때 일어나게 될 것이다. '마지막 나팔'은 그리스도께서 공중에 재림하시는 때를 가리킨다. 나팔이 울리고, 그리스도 안에서 죽었던 이들은 부활할 것이며, 살아 있는 신자들은 이 땅에서 들려서 공중에서 주를 뵐 것이다(살전 4:13-18).

이로써 **우리는 완전히 변화될 것이다.** 그 순간 우리의 본질은 죽을 수밖에 없는 몸에서 영원히 죽지 않을 몸으로, 썩을 수밖에 없는 육신에서 영원히 썩지 않을 몸으로 변화될 것이다. 우리의 개인적인 성격들은 영향을 받지 않은 채로 그대로 남아 있을 것이다. 그러나 죽음과 유한성, 부패 등과 관련된 모든 것은 단번에 영원히 우리에게서 없어지게 될 것이다.

부활에 대해 더 많이 알고 싶어 하는 것은 자연스러운 일이다. 바울이 살았던 시대 사람들 역시 부활에 대해 더 많은 정보를 얻고 싶어 했다.

그러나 "죽은 사람이 어떻게 살아나며, 그들은 어떤 몸으로 옵니까?" 하고 묻는 사람이 있을 것입니다. 어리석은 사람이여! 그대가 뿌리는 씨는 죽지 않고서는 살아나지 못합니다. 그리고 그대가 뿌리는 것은 장차 생겨날 몸 그 자체가 아닙니다. 밀이든지 그밖에 어떤 곡식이든지, 다만 씨앗을 뿌리는 것입니다(고린도전서 15:35-37).

그리스도의 부활을 이해하고 싶다면 정원으로 나가 보라. 유실수를 키울 때, 먼저 땅에 씨를 심고 흙으로 덮은 다음, 물과 거름을 주고 한참을 그대로 두어야 한다. 우리 눈으로 관찰할 수 없는 몇 가지 과정을 거쳐서 씨는 죽게 되고 그 죽음으로부터 새로운 생명이 나오게 된다. 마침내 열매를 맺게 되고 우리는 그것을 거두어 들인다. 씨와 열매를 나란히 두고 보면 그 둘은 전혀 닮지 않았지만 열매가 있기 위해서는 씨가 꼭 필요하다.

혹은 손에다 작은 도토리를 올려놓고 관찰해 보라. 참나무를 한 번도 본 적이 없고 도토리가 커서 무엇이 되는지 전혀 모른다고 생각해 보라. 도토리 그 자체만을 관찰해서는 그 도토리가 커서 참나무가 될 것이라는 것을 결코 알아낼 수 없을 것이다. 눈으로 아무리 관찰해 보아도 그렇게 작은 것에서 그렇게 엄청난 것이 나오게 될 것이라는 생각을 할 수가 없을 것이다. 그러나 도토리를 심고, 그것을 자라게 해서 50년이 지난 후, 도토리가 어떻게 자랐는가를 보게 된다면 당신은 깜짝 놀라게 될 것이다. 그렇게 초라했던 도토리가, 사방으로 뻗은 가지와 거대한 그늘을 만드는 녹색 잎사귀를 가진 믿을 수 없을 정도의 큰 나무가 되었기 때문이다.

그렇게 큰 나무가 그렇게 작은 도토리에서 나왔다는 것을 상상하는 것은 매우 어려운 일일 것이다. 하나는 너무나도 작고 보잘것없지만, 다른 하나는 너무나도 크고 장대하다. 도토리는 거대한 참나무를 그 속에 담고 있었다. 그 참나무는 나올 때와 장소를 기다리면서 오랫동안 도토리 속에 있었다. 어떻게 이런 일이 일어날 수 있는가? 참나부로 자라기 위해서는 도토리가 땅에 심겨서 죽어야만 한다. 그 초라한 도토리 없이는 참나무도 없다.

이것이 바로 바울의 논증의 핵심이다. 지금 우리들은 초라한 도토리와 같다. 보잘것없으며 대단할 것도 전혀 없다. 우리가 죽어서 땅에 묻혀야 할 그날이 올 것이다. (그런데 우리가 "조(Joe)를 땅에 심는다(plant)."라는 말을 할 때, 이것은 단순한 농담이 아니다. 이 말은 훌륭한 성경적 용어이다. 우리는 그리스도인들이 장차 죽은 자 가운데서 부활하게 될 것이라는 소망 가운데 그들을 땅 속에 심는 것이다.) 그러나 성경에 따르면 그렇게 심는 것으로 이야기가 끝나는 것이 아니다.

도토리가 큰 참나무로 자라기 위해서 죽는 것처럼 우리들도 죽는다. 그리고 우리의 죽음은 미래의 부활로 가는 관문이 된다.

우리는 부활한 우리의 몸이 어떨지 정확하게 말할 수는 없다. 그러나 도토리가 참나무가 되듯이 보잘것없는 우리의 몸은 부활 후에 영화로운 몸으로 변화될 것이다.

죄의 영향을 뒤집어 놓기 위해서 몸의 부활은 꼭 필요하다.

노령, 질병, 사고, 끔찍한 비극. 이 모든 것은 죄로 인해 이 땅에 내려진 저주의 일부이다. 구원은 단지 영혼에 관한 것일 뿐만 아니라 몸에 관한 것이기도 하다. 우리 몸이 썩지 않고 죽지 않게 될 때에 비로소 우리의 구원이 완성되는 것이다.

> 구원은 단지 영혼에 관한 것일 뿐만 아니라 몸에 관한 것이기도 하다.
> 우리 몸이 썩지 않고 죽지 않게 될 때에
> 비로소 우리의 구원이 완성되는 것이다.

우리는 부활을 믿지만 윤회는 믿지 않는다.

만약 내가 치와와로 다시 태어난다면 나는 아마 다른 사람의 발목을 물게 될 것이다. 그러나 나는 다른 어떤 사람이나 다른 어떤 것으로 환생하는 것이 아니다. 나는 내 존재 전체에서 파괴적인 죄의 표식이 완전히 사라진 레이 프리차드로 부활하게 될 것이다. 다른 사람들을 짜증나게 만드는 나의 일부들은 영원히 사라지게 될 것이다. 하나님께 감사하라. 여전히 남아 있는 것은, 하나님의 은총으로 깨끗해지고 정화되고 완벽해진 레이 프리차드일 것이다. 나는 여전히 나일 것이고, 당신은 여전히 당신일 것이다. 그러나 우리는 예수와 같이 될 것이다. 왜냐하면 우리는 예수의 참모습 그대로를 보게 될 것이기 때문이다(요일 3:1-3). 우리는 새 예루살렘에서 살게 될 새로운 백성에 걸맞은 새로운 몸을 가지게 될 것이다.

예수께서 죽은 자 가운데서 부활하신 후에도 제자들은 여전히 그분을 알아볼 수 있었다. 그리고 예수께서는 고난을 당하신 표식을 그 몸에 여전히 지니고 계셨다. 그분께서는 제자들과 더불어 먹고 마셨지만, 그들 가운데 나타나기도 사라지기도 하셨다. 이것은 그분의 영화로운 몸은 시간과 공간을 초월했다는 것을 암시한다.

현재의 당신의 몸은 낡은 고물차와 같다. 그것은 결코 잘 작동하지를 않는다. 계속해서 고장이 나고 언젠가는 완전히 멈춰버리게 될 것이다. 그러나 당신의 새로운 몸은 결코 정비를 받을 필요가 없는 롤스로이스(Rolls-Royce)와 같을 것이다. 이것은 암이나 기형, 장애, 질병 등으로 고통 받고 있는 이들에게 놀라운 소식이 아닐 수 없다. 그들이 더 이상 고통 속에서 흐느껴 울지 않아도 될 그날이 오고 있다.

그리스도께서 당신을 구원하실 때, 당신의 모든 부분이 구속 받게 될 것이며 죄로부터 구원을 받게 될 것이다. 한 문장으로 이렇게 말할 수 있겠다. 우리가 믿는 것은 영혼 구원이 아니라 전인 구원이다. 몸의 부활은 구원의 마지막 단계이다.

- 1단계: 우리는 죄로 인한 벌에서 구원을 받는다. 이것은 우리가 그리스도를 믿을 때에 일어난다.
- 2단계: 우리는 죄의 능력으로부터 구원을 받는다. 이것은 성령의 능력으로 우리가 얻게 되는 새로운 생명을 통해서 하루하루 점진적으로 일어난다.
- 3단계: 우리는 죄의 존재 자체로부터 구원을 받는다. 이것은 우리의 몸이 죽은 자 가운데서 부활하고 하나님의 능력으로 변화될 미래에 일어나게 될 것이다.

하나님께서 어떻게 우리를 부활하게 하실까?

세계무역센터(World Trade Center)의 쌍둥이 빌딩이 무너진 9/11 당시 많은 이들이 화장되었다. 그들의 몸은 공기 중으로 사라졌다.

하나님께서 그날 죽은 신자들의 몸을 어떻게 부활하게 만드실까? 혹은 바다나 정글에서 실종된 이들의 몸은 어떻게 하실까? 이 모든 경우에 대해 그 답은 동일하다. 우주의 모든 분자를 그분 손 안에 쥐고 계신 하나님께서는 마지막 부활의 때가 왔을 때 모든 이들의 몸을 회복시킬 수 있으시다. 죽은 이들이 어떤 상황에 죽었든지 그런 것들은 주께서 그 위대한 날에 죽은 이들을 부활하게 하시는 데 아무런 장애가 되지 못한다. 신자로 죽은 모든 이들은 죽지 않을 몸으로 부활하게 될 것이다.

죽음에게는 최후의 진술이 없을 것이다.

우리는 "비천한 것으로 심는데, 영광스러운 것으로 살아납니다"(고전 15:43). '비천한'이라는 말은 죽을 당시 우리의 상태를 말하는 것이다. 왜냐하면 우리의 몸은 생명을 잃게 되는 그 순간부터 썩기 시작하기 때문이다. '영광스러운'이라는 말은 그리스도께서 재림하시고 우리가 죽은 자 가운데서 부활하게 될 그때의 우리 존재를 말하는 것이다. '비천한' 몸에서 '영광스러운' 몸으로. 이것이 우리의 운명이다. 하나님께서 어떻게 이 모든 일을 이루실까? 바울은 "내가 여러분에게 비밀을 하나 말씀 드리겠습니다."라고 말한다(51절). 부활을 설명하는 가장 좋은 방법은 단순한 유비이다. 우리는 바깥의 목소리를 듣고 자궁 안으로 비취는 빛을 볼 수 있는 자궁 속의 태아와 같다. 그 태아가 태어난 후의 삶에 관해서 아는 것만큼 우리는 부활한 몸에 관해서 알고 있다. 우리가 아는 것은 놀라운 것이다. 그러나 실제로 일어나게 될 일은 우리가 상상조차 할 수 없는 것일 것이다.

이 모든 것에 관해서 우리는 바울이 말하고자 하는 핵심을 놓쳐서는 안 된다.

- "죽음아, 너의 승리가 어디에 있느냐?" 그것은 사라졌다!
- "죽음아, 너의 독침이 어디에 있느냐?" 그것은 사라졌다!

몸의 부활은, 하나님께서 우리를 구원하실 때 우리의 전 인격, 즉 몸과 영과 혼을 구원하신다는 뜻이다.

하나님의 말씀을 진정 믿는다면, 왜 우리가 죽기를 두려워해야 하겠는가? 죽음의 패배는 너무나도 철저한 것이기 때문에, 신자들에게 죽음의 순간은 주 예수를 통해 그들이 승리하는 순간과 다름없다.

> 죽음의 패배는 너무나도 철저한 것이기 때문에, 신자들에게 죽음의 순간은 주 예수를 통해 그들이 승리하는 순간과 다름없다.

내가 지금까지 한 말은 달콤하지만 허망한 꿈 같은 그런 말이 아니라 엄연한 성경적 진리이다.

이것은 그리스도께서 죽은 자 가운데서 부활하셨다는 사실에 기초하고 있기 때문에 우리는 이것이 진리임을 안다. 그분께서 부활하셨기 때문에 우리들도 부활하게 될 것이다.

벤저민 프랭클린(Benjamin Franklin)은 스물세 살이었을 때 자신의 비문을 써두었다. 비록 그 비문이 먼 훗날 그가 죽었을 때 실제로 사용되지는 않았지만, 심오한 영적 진리를 담고 있다.

인쇄업자 벤저민 프랭클린의 몸

(오래된 책의 표지처럼 그 내용물은 찢겨 있고 글자와 금박도 지워져 있다.)

여기 누워 벌레의 먹이가 되다. 그러나 그의 업적은 사라지지 않으리.

개정되고 수정된 새롭고 더 고상한 판본으로

(그가 믿었던 대로) 그 몸은 다시 한 번 나타나게 되리.

— 저자 씀.

그의 말은 옳다.

우리는 언젠가 죽은 자 가운데서 부활하게 될 것이다. 그리고 그 몸은 저자가 직접 개정하고 수정한 책처럼 영원히 죽지 않는 몸일 것이다.

죽음은 믿음으로 예수와 하나가 된 사람에게 궁극적인 영향을 미칠 수가 없다. 이것이 바로 "몸이 다시 사는 것"의 의미다.

생각해 볼 문제들

✝ 죽음에 대해서 우리의 문화는 일반적으로 어떠한 태도를 보이는가? 죽음에 대한 당신의 태도는 무엇인가? 그것은 성경의 태도와 일치하는가, 일치하지 않는가?

✝ 성경이 장차 있을 신자들의 부활에 대해 어떻게 말하고 있는지 요약해 보라. 이것이 당신에게 주는 의미는 무엇인가?

✝ 도토리와 참나무의 비유는 당신에게 무엇을 의미하는가? 이것이 유익하다고 생각하는가, 오히려 더 혼란을 주는가? 왜 그런가? 이에 관한 성경의 핵심 구절은 무엇이며, 그것은 당신에게 무슨 의미인가?

19
아직 이르지 못한 본향
: "영원히 사는 것을 믿사옵나이다"

그러므로 우리는 언제나 마음이 든든합니다.
우리가 육체의 몸을 입고 살고 있는 동안에는, 주님에게서 떠나 살고 있음을 압니다.
우리는 믿음으로 살아가지, 보는 것으로 살아가지 아니합니다.
우리는 마음이 든든합니다. 우리는 차라리 몸을 떠나서, 주님과 함께 살기를 바랍니다.
그러므로 우리가 몸 안에 머물러 있든지, 몸을 떠나서 있든지,
우리가 바라는 것은 주님을 기쁘게 해 드리는 사람이 되는 것입니다.
| 고린도후서 5:6-9 |

당신의 고향 [원문에서 고향은 home이다. 이 장에서는 home을 문맥에 따라 고향이나 집으로 번역하였다.-역자] 은 어디인가? 얼마 전에 말린과 나는 장을 보러 슈퍼마켓에 갔다. 거기서 우리는 한 여자가 수박을 하나씩 두드려 보고 있는 것을 보았다. 그녀는 수박을 두드려서 소리를 들어보면서 친구에게 어떤 소리가 나는 수박이 달고 맛있는지를 설명하고 있었다. 평생 사람들이 그런 이야기를 하는 것을 여러 차례 들어보았지만, 정작 나는 한번도 그렇게 해 보지 못했다. 우리가 방향을 바꾸어 다른 곳으로 가려는 순간 나는 그녀가 다른 누군가에게 "앨라배마

에 있는 할아버지한테서 배운 거야."라고 말했다. 그래서 나는 뒤돌아서 말했다. "앨라배마 출신이세요?" "예." "저도 그래요. 앨라배마 어디 출신이세요?" "트로이(Troy)." 그곳은 앨라배마 남부에 있는 좋은 수박이 나는 시골 지역이다. 나는 앨라배마 주의 반대쪽 끝에서 태어나 자랐다.

내가 부탁한 것도 아닌데 그녀는 자기 인생 이야기를 조금 들려주었다. "나는 앨라배마에서 태어나 거기서 21년을 살았어요. 시카고에서는 18년을 살고 있는데 아직도 적응이 안 되네요. 너무 크고 붐비고 사람도 너무 많아요. 해마다 앨라배마의 고향에서 온 가족이 모이는데 올해는 못 가게 됐어요." 나는 그녀가 고향에 갈 수 없게 되어 슬퍼하고 있음을 알 수 있었다. 짧은 만남 후에 헤어져 오면서 나는 계속해서 그녀가 했던 말에 대해서 생각했다. 그녀는 오랫동안 시카고에서 살았다. 그러나 그녀에게 여기는 고향이 아니다. 그녀에게 고향은 앨라배마이다. 그녀의 가족이 있는 곳이다. 그녀가 태어나고 자란 곳이다. 어쩌면 그녀는 "나는 시카고에 살고 있어요. 하지만 난 앨라배마 출신이에요." 하고 말했던 것인지도 모른다. 나도 그와 비슷한 기분을 느끼고 있었다.

앨라배마, 몬태나, 오크 파크

로버트 프로스트(Robert Frost)는 "집이란 당신이 그곳에 갈 때 사람들이 당신을 맞아들여야 하는 곳이다."라고 말했다. 오크 파크는 나에게 집처럼 느껴진다. 얼마 전에 나는 갑자기 앨라배마에서 보낸 시간을 제외하면 다른 어디보다 이곳에서 더 오래 살고 있다는 것을 알게 되었다. 앨라배마의 그 작은 마을을 떠난 것이 벌써 30년 전의 일이다. 거기에 가면 아는 이들이 아직도 많다. 그러나 이제 내가 모르고, 나를 모르는 이들이 훨씬 더 많다.

내 아내 말린은 몬태나(Montana) 출신이다. 크는 동안 대부분을 애리조나(Arizona)에서 보냈지만, 아내에게 몬태나는 나에게 앨라배마와 같은 그런 곳이다. 그곳은 고향이며, 그녀가 태어난 곳, 그녀가 아는 이들이 있는 곳이다. 내 아들 조쉬와 마크는 캘리포니아(California)에서 태어났으며, 닉은 댈러스(Dallas)에서 태어났다. 그러나 아이들에게 어디 출신이냐고 물어보면, 그들은 오크 파크(Oak Park)라고 말한다. 이곳은 그들이 자란 곳이다. 이곳은 아이들에게 아내에게 몬태나와 같고 나에게는 앨라배마와 같은 그런 곳이다. 지금부터 삼사십 년이 지난 후에도 그들은 여전히 이곳, 이 마을, 그들이 아는 이들에게 돌아오게 될 것이다.

때로는 고향이 없는 사람들을 만날 때가 있다. 그들은 너무 많은 곳에서 살아서 그 어느 곳도 그들에게 고향이 아니다. 또 고향에 가게 되었는데 더 이상 우리가 기억하던 그 느낌이 아니었던 경험을 했던 사람들도 많을 것이다. 내가 자란 작은 마을에 돌아가서 그곳의 거리를 걸어가도 대부분의 사람들이 나를 못 알아보는 그런 경우도 있을 것이다. 고향에 간다고 언제나 고향처럼 느껴지는 것은 아니다.

고향에 대한 이야기는 우리를 사도신경의 마지막 구절로 안내한다. "영원히 사는 것을 믿사옵나이다. 아멘."

사도신경의 마지막 구절? "영원히 사는 것"

히브리서 13장 14절에서는 "사실, 우리에게는 이 땅 위에 영원한 도시가 없고, 우리는 장차 올 도시를 찾고 있습니다."라고 말하고 있다. 영어 성경 *New Living Translation*에서는 앞부분을 "이 세상은 우리의 집이 아닙니다."라고 번역하고 있다. 참으로 옳은 말이 아닐 수 없다. 빅토르 위고(Victor Hugo)는 우리 삶의 첫 번째 40년 동안은 집을 떠나려고 하고 다음 40년 동안은 집으로 돌아오려고 한다고 말했다. 우리는 '안녕'이라고 말하며 태어나지만, 이 세상에서의 남은 생애는 긴 작별인사와 다름없다. 우정도 왔다 간다. 사람들이 잠깐 동안 우리의 삶 속에 들어왔다가 떠나간다. 우리는 이 집에서 저 집으로 이사하고, 이 직업에서 저 직업으로, 이 교회에서 저 교회로 옮겨간다. 때로는 이 배우자를 떠나 저 배우자에게 가며 계속해서 우리가 고향처럼 느낄 그런 곳을 찾아 헤맨다. 우리가 쉴 수 있고 온전히 우리 자신이 될 수 있는 그런 곳을 말이다. 자신이 아닌 어떤 사람인 척하거나 다른 이들에게 좋은 인상을 심어 주기 위해 애써 노력하지 않아도 되는 그런 곳. "아, 내가 있어야 할 곳이 바로 여기야." 하고 말할 수 있는 그런 곳.

천국은 예수께서 계신 곳

그리스도인에게 그런 곳은 천국이라고 부르는 곳이다. 그곳은 진짜 사람들로 가득 찬 진짜 장소이다. 성경에서는 우리가 천국에 이르면 그곳에서 "주님과 함께 살게 될 것"이라고 말한다(고후 5:8). 이것은 무슨 뜻일까? 예수께서는 십자가에 못박힌 강도에게 "너는 오늘 나와 함께 낙원에 있을 것이다."라고 말씀하셨다(눅 23:43). 천국의 본질은 그곳에 예수께서 계시다는 것이다.

천국은 예수께서 계신 곳이며, 천국에 있을 때 우리는 영원히 그분과 함께 지낼 것이다.

몇 해 전 나는 기독교출판인대회(Christian Booksellers Convention) 때문에 며칠 간 애틀랜타에 머문 적이 있다. 나는 말린에게 전화해서 자동응답기에 집으로 돌아갈 날이 너무 기다려진다는 메시지를 남겼다. 그때 나는 오크 파크의 웨슬리 가(Wesley Avenue)에 있는 집에 가고 싶다는 뜻으로 그런 메시지를 남긴 것이 아니다. 그리고 집에 도착했을 때 나는 커튼을 부여 안고 "커튼아, 다시 만나서 반가워."라고 말하지 않았다. 양탄자에게 "오, 양탄자야, 너무 보고 싶었어."라고 말하지 않았다. 우리 집의 건물은 아름답지만, 그곳이 집인 까닭은 내가 사랑하는 이들이 거기 살고 있기 때문이다. 나에게 집은 그들이 살고 있는 곳이며, 만약 그들이 거기에 없다면 그곳은 전혀 집처럼 느껴지지 않을 것이다.

'영원히 사는 것' 이라는 구절은 우리에게 우리의 집은 이 세상에 있지 않다고 말하고 있다. 우리의 집은 다른 곳에 있다. 그리고 우리는 이 세상에서는 결코 집에서 사는 것과 같은 편안함을 느끼지 못할 것이다. 살아가는 동안 우리는 너무도 사랑하는 이들에게 계속해서 작별인사를 하게 되기 때문이다. 그들이 우리를 떠나거나, 우리가 그들을 떠난다. 우리의 자녀들은 자라 집을 떠나고 잠시 다니러 돌아온다. 그리고 너무나 일찍 다시 떠나간다. 해가 거듭될수록 그런 방문도 점점 드물어진다. 만약 당신이 작별인사를 할 필요가 없는 곳을 찾고 있다면, 이 지구라는 행성 위에서는 그런 곳을 결코 찾을 수 없을 것이다. 당신은 다른 어떤 곳으로 가야 한다. 이생에서의 작별인사는 우리로 하여금 천국에 대한 향수를 갖게 만든다.

> 이생에서의 작별인사는 우리로 하여금
> 천국에 대한 향수를 갖게 만든다.

예수께서 십자가에 달리시기 전날 밤 다락방에서 기도하실 때 이렇게 선언하셨다. "영생은 오직 한 분이신 참 하나님을 알고, 또 아버지께서 보내신 예수 그리스도를 아는 것입니다"(요 17:3). 예수께서는 영생을, 하나님을 알고 주 예수 그리스도를 아는 것이라고 정의하신다.

만약 당신이 예수를 알고 있다면, 당신은 이미 영생을 소유한 것이다.

우리는 영생이 영원히 사는 것을 뜻한다고 생각한다. 영생은 물론 그런 뜻이 있다. 그러나 영생은 그보다 훨씬 더 많은 것을 의미한다.

영생의 본질은 관계이다.

그것은 단지 백만 년을 살며 결코 죽지 않는다는 말이 아니다. 만약 당신이 예수를 알고 있다면, 당신은 지금 이곳에서 영원한 생명을 소유하고 있는 것이다. 영생은 당신이 그분을 당신의 구주로 믿는 그 순간에 시작되고, 당신이 죽을 때에도 계속되며, 당신을 천국 본향으로 이끌어 준다.

> 만약 때때로 당신이 제자리에 있지 않고, 뿌리도 없고, 어떤 이유로든 고립된 것처럼 느껴진다면, 용기를 내라. 그것은 바로 향수병의 증상이다! 당신의 목자장께서는 당신을 위해 천국에 영원한 집을 마련해 두셨으며, 그곳에서 당신을 만날 날을 기다리고 계신다.
>
> Adrian Rogers, The Lord Is My Shepherd

바람을 잡기

우리들 대부분은 천국이 지금부터 아주 먼 훗날에 일어날 어떤 일인 것처럼 생각한다. 그래서 우리는 이 땅 위에 천국의 한 조각이라도 만들어 보려고 무진 애를 쓴다. 그러나 우리는 실망하고 또 실망한다. 그리고 우리가 성공했을 때조차도, 그것은 영원히 지속되지가 않는다. 존 엘드리지(John Eldredge)는 이렇게 통렬하게 말했다. "하나님께서 우리가 만든 천국을 빼앗아가셔야만 한다. 그렇지 않으면 그것은 우리의 지옥이 될 것이다."[1] 성경에는 책 전체가 이에 관한 설명인 책이 있다. 솔로몬은 인생이 줄 수 있는 모든 것, 즉 돈과 섹스, 재산, 술, 여자, 노래, 파티, 교육, 건물, 책, 군대, 거대한 정원을 가지고 실험했다. 그는 모든 것을 즐겨 보았고, 세상에서 가장 부유한 사람이 되기도 했다. 그러나 그의 결론은 이렇다. "헛되고 헛되다. 헛되고 헛되다. 모든 것이 헛되다"(전 1:2). 그가 이룬 모든 것은 결국 바람을 잡으려 하는 것처럼 허무한 일에 불과했다.

---

1 John Eldredge, 『욕망으로의 여행』, 좋은씨앗 역간.

심지어 그는 "인생살이에 얽힌 일들이 나에게는 괴로움일 뿐이다."(전 2:17)라고 말하기까지 했다. 그러나 만약 살아가는 것을 싫어한 결과가 당신을 주께로 되돌린다면 그것은 좋은 일이다.

왜 그렇게도 많은 사람들이 주께 돌아오기 전에 인생의 가장 밑바닥까지 내려가야만 하는 것인지 궁금하게 생각해 본 적이 있는가? 그것은 우연이 아니다. 하나님께서 그렇게 되도록 만들어 놓으셨다. 우리는 현실의 삶이란 우리가 소유하고 성취한 것들로 이루어진다고 생각한다. 그러나 성공의 최정상에 오르고 난 후에야 비로소 우리는 아무리 성공해도 우리의 내면은 여전히 공허하다는 것을 깨닫게 된다. 어떤 이들은 이것을 깨닫는 데 아주 오랜 시간이 걸린다. 그리고 직업을 너댓 번 바꾸거나 두세 번 결혼을 하고 나서야 이 모든 것을 깨닫게 될지도 모른다.

이 모든 것을 정리해 보자.

- 이 세상은 우리의 진짜 집이 아니다. 그리고 여기서는 정말 집에 있는 것과 같은 느낌을 가지지 못할 것이다.
- 이 세상의 그 무엇도 우리를 궁극적으로 만족시킬 수가 없다.
- 우리는 천국에서 주님과 함께 살게 되기까지 참된 안식을 얻을 수 없을 것이다.
- 대부분의 경우, 우리는 아주 힘들게 이것을 배우게 된다.
- 영생은 우리가 죽는 순간이 아니라, 우리가 믿는 순간에 시작된다.
- "영원히 사는 것"이라는 구절은, 이생의 덧없음과 우리가 죽을 때 일어날 일의 신비로움에 대한 해답이다.

토머스 켈리(Thomas Kelly)는 자신의 유명한 찬송가 "구세주를 아는 이들"(Praise the Savior, Ye Who Know Him)의 마지막 절[찬송가 14장. 아래의 가사는 우리말 찬송가에는 수록되어 있지 않다.-역자]에서 이 진리를 다음과 같이 표현하고 있다.

그때 우리는 우리가 원하는 그곳에 가게 되리.
그때 우리는 우리가 있어야 할 그곳에 있게 되리.
지금은 우리가 가질 수 없는 것들,
이제 곧 우리의 소유가 되리라.

사도신경의 마지막 단어? "아멘"

사도신경의 마지막 단어는 지나치기가 쉽다. 많은 사람들에게 "아멘"이라는 말은 '기도가 끝났군.' 혹은 '이제 먹을 시간이군.'이라는 뜻일 것이다. 그리고 사도신경의 끝에 아멘이라고 할 때, 마치 열차의 맨 마지막 칸 같은 느낌이 들지도 모른다. 우리에게 이 말은 사도신경이 이제 끝났다는 것을 의미한다. 그러나 사도신경을 작성한 이들은 그보다 더 많은 생각을 품고 있었다. 이 단어 자체는 구약 성경에서 유래했으며, '정말 그렇습니다.' 혹은 '저는 동의합니다.' 혹은 '예, 이것은 참입니다.'라는 뜻을 가지고 있다. 이 말은 없어도 되는 그런 말이 아니다. '아멘'이라는 말은 우리에게 중요한 세 가지 사실을 가르쳐 준다.

이 모든 것이 진실로 참되다. 이 점에 관해서, 아멘이라고 말하는 것은, 마치 대통령이 하원과 상원을 다 통과한 법안에 서명하는 것과도 같다. 우리는 사도신경이 참이기 때문에, 그 모든 부분이 참되기 때문에 '아멘'이라고 말한다.

전능하사 천지를 만드신 하나님 아버지를 내가 믿사오며 – 아멘!
그 외아들 우리 주 예수 그리스도를 믿사오니 – 아멘!
이는 성령으로 잉태하사 동정녀 마리아에게 나시고 – 아멘!
본디오 빌라도에게 고난을 받으사 – 아멘!
십자가에 못박혀 죽으시고 – 아멘!
장사한 지 사흘 만에 죽은 자 가운데서 다시 살아나시며 – 아멘!
하늘에 오르사 전능하신 하나님 우편에 앉아 계시다가 – 아멘!
저리로서 산 자와 죽은 자를 심판하러 오시리라 – 아멘!
성령을 믿사오며 – 아멘!
거룩한 공회와 – 아멘!
성도가 서로 교제(교통)하는 것과 – 아멘!
죄를 사하여 주시는 것과 – 아멘!
몸이 다시 사는 것과 영원히 사는 것을 믿사옵나이다 – 아멘!

이 모든 것이 진정으로 참되기 때문에 기독교회는 사도신경 전체에 대해, 그리고 사도신경의 모든 부분에 대해 '아멘'이라고 말하는 것이다.

진리는 개인적인 반응을 요구한다. 주일마다 사도신경을 암송하는 것으로는 충분하지 않다. 어느 시점엔가는 당신이 말하는 것을 정말 믿을지, 말지를 결단해야만 한다. '아멘'을 말하는 것은 당신에게 선택을 촉구하는 것이다.

> 주일마다 사도신경을 암송하는 것으로는 충분하지 않다.
> 어느 시점엔가는 당신이 말하는 것을
> 정말 믿을지, 말지를 결단해야만 한다.

진리는 궁극적으로 예수 안에서 완성된다. 아멘이 성경에 나타난 우리 주의 이름들 중 하나라는 사실을 알고 있는가? 요한계시록 3장 14절은 그분을 "아멘이신 분이시요, 신실하시고 참되신 증인"이라고 말하고 있다.

사도신경의 끝에 '아멘'이라고 말한다면, 당신은 "주님, 이 모든 것이 참됩니다. 그리고 나는 진정으로 이 모든 것을 믿습니다. 나는 진정으로 예수 그리스도를 나의 구주로 믿습니다."라고 말하는 것이다. 정말 그렇게 생각하지 않는다면 그렇게 말하지 말라. 사도신경이 "믿사옵나이다"라는 말로 시작해서 [영문 사도신경에서는 그렇지만, 어문의 구조상 국어에서는 그렇지 않다. -역자] "아멘"이라는 말로 끝난다는 점에 주목하라. 이것은 하나의 교리적 진술 이상이다. 그것은 사도신경이 말하는 바에 대해서 당신이 개인적으로 헌신하겠다는 선언이다. 당신은 사도신경에 대해 "믿사옵나이다. 아멘."이라고 말할 수 있겠는가?

마지막 생각

이제 사도신경을 모두 살펴보았다. 우리는 하나님으로부터 시작해서 영생으로 마치게 되었다. 그 사이에는 우리의 신앙의 중요한 교리들을 다 다루었다.

그리스도인으로서 우리는 사도신경보다 더 많은 것을 믿지만, 사도신경보다 더 적게 믿지는 않는다.

사도신경은 그리스도인들이 언제나 믿어 왔던 더 이상 축소할 수 없는 최소한이다. 사도신경은 기독교가 교리적 기초를 가지고 있다는 것을 우리에게 일깨워 준다. 우리는 예수와의 개인적인 관계에 관해서 많은 이야기를 했지만, 그것은 어떤 감정이나 개인적 체험 이상이다. 그것은 성경에 계시된 진리에 기초한 관계이다. 몇 해 전 나는 크로스웨이 출판사(Crossway Books)의 25주년 기념 만찬에 참석한 적이 있다. 그날 저녁 행사의 일부로, 작고한 프랜시스 쉐퍼(Francis Schaeffer)가 개인적인 안녕과 풍요의 시대에 진리를 수호하는 일이 얼마나 중요한가에 관해서 말하는 영상물을 상영했었다. 1970년대 중반에 그는 생각할 수 없는 일이 생각해 볼 만한 일이 되고 심지어 사회적으로 받아들여질 만한 일이 되는 시대가 올 것이라고 예측했다. 나는 그가 얼마나 위대한 예언자였는지를 다시 한 번 생각하게 되었다. 그런 다음 이제 90대인 에디스 쉐퍼(Edith Schaeffer)의 짧은 영상물이 있었다. 느리고 분명한 목소리로 그녀는 "중요한 것은 오직 진리뿐입니다."라고 말했다. 그녀의 말은 옳다.

진리는 중요하다. 그렇기 때문에 우리는 사도신경으로 돌아가야 할 필요가 있다. 나는 우리가 반지성주의적인 시대에 살고 있음을 알고 있다. 그러나 진리는 여전히 중요하다. 나는 복음주의 운동에서 우리가 개인적인 경험을 거의 성경 자체의 수준으로 격상시켰음을 알고 있다. 그러나 진리는 여전히 중요하다.

진리는 우리의 개인적인 경험 위로 우뚝 솟아 있으며, 우리의 개인적인 견해를 판단하는 기준으로 남아 있다.

언젠가는 우리가 결단을 해야만 한다. 언제까지고 우리가 계속 경계에 서 있을 수는 없다. 첫 번째 장에서는 나는 통나무 위에 앉아 있는 개구리 세 마리에 대해서 이야기했다. 둘은 뛰어내리기로 결심했다. 몇 마리가 남아 있는가? 셋 모두 남아 있다. 뛰기로 결심하는 것과 실제로 뛰어내리는 것은 전혀 다르기 때문이다. 이제 우리가 통나무에서 뛰어내려, 하나님의 진리의 편으로 내려앉아야 할 때이다. 진리의 기초 위에 든든히 서는 것은 하나님과, 우리 자신, 우리가 살고 있는 이 세상에 대한 우리의 책임이다. 우리가 제대로 믿고 있지 않는 것에 대한 미지근한 헌신으로는 이 세상을 움직일 수가 없다.

진리는 중요하다. 그렇기 때문에 우리는 사도신경을 공부하고 암송하는 것이다. 사도신경은 우리가 알아야 할 모든 것을 말하고 있지는 않다. 그러나 우리가 어디에서 시작해야 할지를 말해 주고 있다. 진리의 편에 서겠다고 결단하라. 모든 말과 행동에서 하나님의 말씀 위에 당신의 삶을 세워가라. 당신의 믿음에 관해서 담대하라. 우리는 아직 본향에 이르지 않았다는 것을 알고 당신의 눈을 예수께 고정하라.

생각해 볼 문제들

✝ 당신의 고향은 어디인가? 왜 그런가? 영적으로, 어디가 당신의 고향인가? 왜 그런가?

✝ 천국의 가장 좋은 점은 무엇이라고 생각하는가? 설명해 보라.

✝ 당신은 진지하게 사도신경을 암송하고 "아멘"으로 마치는가? 사도신경이 말하는 모든 성경적 진리를 진심으로 믿고 있는가? 왜 그런가? 아니라면 왜 안 믿는가? 이것은 당신의 삶에 실질적으로 어떤 의미가 있는가?